经济模型与实验
——基于 MATLAB 与 Python

谢富生 顾倩倩 翁跃明 编著

北京理工大学出版社
BEIJING INSTITUTE OF TECHNOLOGY PRESS

内 容 简 介

本教材主要包括三个模块：模型与软件概述、软件操作实验和模型实验。模型与软件概述介绍了经济模型的概念和意义，以及 MATLAB 和 Python 两种软件的概述和比较。软件操作实验模块详细介绍了常见的矩阵、微积分、函数可视化、统计等基本运算和机器学习的基础知识。模型实验模块提供了不同领域模型应用的案例研究。

本教材强调理论和实践的结合，提供丰富的案例研究和实证分析，鼓励读者将经济模型和实验方法应用于解决实际经济金融问题，从而提高决策的准确性和效果。

本教材的使用对象是财经类院校二、三年级本科学生，可以单独设立课程，也可以选择某些实验课题结合高等数学、线性代数、概率统计三门课程的教学内容同步进行。本教材的编写旨在为读者提供实用的知识和工具，以帮助读者理解如何将理论转化为实践，从而更好地应对经济金融环境的挑战。

图书在版编目（C I P）数据

经济模型与实验：基于 MATLAB 与 Python／谢富生，顾倩倩，翁跃明编著. -- 北京：北京理工大学出版社，2024.2

ISBN 978-7-5763-3549-1

Ⅰ. ①经⋯　Ⅱ. ①谢⋯　②顾⋯　③翁⋯　Ⅲ. ①经济模型-应用软件　Ⅳ. ①F224.0

中国国家版本馆 CIP 数据核字（2024）第 050377 号

责任编辑：时京京	**文案编辑**：时京京	
责任校对：周瑞红	**责任印制**：李志强	

出版发行 ／ 北京理工大学出版社有限责任公司

社　　址 ／ 北京市丰台区四合庄路 6 号

邮　　编 ／ 100070

电　　话 ／（010）68914026（教材售后服务热线）

　　　　　　（010）68944437（课件资源服务热线）

网　　址 ／ http://www.bitpress.com.cn

版 印 次 ／ 2024 年 2 月第 1 版第 1 次印刷

印　　刷 ／ 河北盛世彩捷印刷有限公司

开　　本 ／ 787 mm×1092 mm　1/16

印　　张 ／ 18.25

字　　数 ／ 430 千字

定　　价 ／ 99.00 元

前 言

金融科技的迅速发展对经济金融环境产生了巨大的影响，这促使我们对经济模型和实验的研究进行更新和扩展。本教材不仅关注机器学习和人工智能在金融领域中的应用，还引入了 Python 语言作为软件应用工具，以满足最新发展的需求。

在运用 MATLAB 的前提下，因 Python 拥有广泛的开源库和包，如 NumPy、Pandas 和 Scikit-learn 等，可以支持金融数据的处理、分析和建模。因此，我们决定将 Python 引入实践中，为读者提供更多选择和灵活性，以适应不断发展的技术和工具。

本教材关注经济模型和实验方法在金融领域中的应用。经济模型不仅可以帮助我们理解经济金融现象的本质，还能提供预测和政策分析的框架。通过建立模型，我们可以对各种经济变量之间的关系进行定量分析，从而更好地理解经济体系的运行机制。此外，经济模型还可以帮助我们预测未来的经济发展趋势，为决策者提供科学依据。

本教材强调理论和实践的结合，鼓励读者将经济模型和实验方法应用于解决实际经济金融问题。我们将提供更多的案例研究和实证分析，以帮助读者理解如何将理论转化为实践，从而提高决策的准确性和效果。通过对真实经济情境的分析，读者将能够更好地理解经济模型和实验方法的应用场景，并能够灵活运用它们来解决实际问题。

我们希望能为研究者、决策者和学生提供关于经济模型和实验的最新进展和应用。通过探索机器学习和人工智能的发展，以及整合 Python 语言在软件应用方面的优势，为读者提供更加全面和实用的知识，以应对不断变化的经济金融环境带来的挑战。希望本书能够为您的研究和学习带来更多的启发和帮助。

本教材主要编写人员有上海师范大学天华学院的谢富生、顾倩倩、翁跃明。谢富生完成了第 1~3、第 8~11、第 18~20 章的撰写，顾倩倩完成了第 4~7、第 12~13 章的撰写，翁跃明完成了第 14~17 章的撰写和本教材的框架结构设计，并多次审阅本教材。

本教材的主要读者对象是财经类院校二、三年级本科学生。由于模型与实验具有模块式的特点，因此在安排上有较大的灵活性，既可以单独设立课程，也可以选择某些实验课题结合高等数学、线性代数、概率统计三门课程的教学内容同步进行。学生可以在老师指导下完成部分实验课题，其他课题由学生自己课外独立完成。本教材写作过程中得到了相关人员的关心和支持，在此表示衷心的感谢。由于水平所限，书中难免存在待商榷之处，敬请有关专家和广大读者批评指正。

作者

上海师范大学天华学院

fushengx@ sina. com，2596650452@ qq. com

目　录

第一篇　模型与软件概述

第二篇　软件操作实验

第三篇 模型实验

第一篇　模型与软件概述

第1章 经济模型绪论

随着科学技术的迅猛发展，数学在社会科学、自然科学、经济金融和工程技术等领域的应用，受到人们越来越广泛的关注。而数学建模在这些领域的应用尤为关键。特别是在经济、金融等领域，数学建模起到了非常重要的作用。

1.1 经济数学模型

数学模型是指把某种事物系统的主要特征、主要关系抽象出来，用数学语言概括地或近似地表述出来的一种数学结构。它是对客观事物的空间形式和数量关系的一个近似的反映。数学建模是基于数学模型构建以有效解决实际问题的简称，即以数学方式方法切实解决具体问题的实践。通过抽象并简化实际问题，明确变量与参数，利用既定规律构建变量参数之间的数学模型，从而进行模型求解，验证所得解。实际上就是以数学方式表达实际问题，构建数学模型，并通过先进数学方法与计算机技术加以求解。简而言之，通过数学式子进行客观对象或系统存在规律阐述。通过模型表述实际问题，以检验问题在不同的假定条件下时产生的不同结果，还可预测不同条件下特定问题在未来的具体发展态势。

经济数学模型是指用数学语言（数学符号表示的函数式和方程式）对经济系统变量间的相互作用及因果关系的抽象描述。经济数学模型以定量分析为基础，把错综复杂的实际经济问题用数学符号表示，采用合理的数学结构对经济现象中各要素间的相互关系进行反映，继而分析、解释经济对象的运行规律。它具有严密的逻辑推导，可以输入基础数据进行运算求解，准确地测定经济系统各要素间的数量依存关系以及发展的目标值。一般分为三类：（1）经济计量模型。它综合考虑多种因素，描述经济系统中经济变量间复杂的因果关系，用于结构分析；预测未来时期国民经济的发展；分析评价各种经济政策的影响。经济计量模型属于概率模型。（2）投入产出模型。它主要反映、分析和计量经济系统各部分（部门、地区、产品等）间的平衡关系，以生产的工艺技术联系为基础，研究经济系统的结构，通过对中间产品、最终产品和总产品关系的分析，揭示经济系统各部分生产中的连锁关系，从而达到协调各种经济活动的目的。（3）最优规划模型。它研究在既定目标下，如何最有效地利用各种有限的资源，从而达到最好的结果，用于政策的评价、计划方案的择优、措施的选取等。

1.2　数学建模应用在经济活动中的意义

　　数学建模使经济领域中的问题变得简单化和直观化。许多经济领域中出现实际问题的描述都十分复杂且抽象难懂，而且有些经济领域中的实际问题还需要做大量的数据处理。通过数学建模的方法可以将经济领域中实际问题的数据进行可视化处理，从而将较复杂的经济问题转化为数学问题来求解，一定程度上降低了解题的难度。

　　数学建模使经济领域中的问题解决变得更有说服力。通过数学建模的方法，首先运用数学逻辑思维对经济问题进行分析，然后通过给出的相关变量之间的具体关系列出数学表达式，并应用数学软件进行求解，最终得到可靠的数据分析结果。这种严谨的方法可以使决策者更好地分析经济变化趋势，为决策者提供更科学的依据，这也正是数学建模在经济问题中得以应用的最直接体现。

1.3　数学建模人力资源教育现状分析及存在的问题

（一）没有领会高等数学在经济活动中的重要作用

　　高等经济管理专业大多课程都要用到经济数学，所以高等数学是经济管理专业一门必修基础课，很多诺贝尔经济学奖都是由于科学、恰当地应用了现代数学方法来解决经济问题而获得的。随着我国快速发展，经济管理领域对数学应用越来越广泛，也越来越频繁，但是我们高等院校经济管理专业学生还没有充分认识到数学在经济领域中的重要性，一直以为经济管理类专业开设的高等数学没有多大用处，觉得无须开设此课程，因此很多经济管理专业学生学习数学不认真。

（二）高等数学教材设计偏重纯理论知识，忽略其经济实践应用

　　目前，高校普遍设置有微积分、线性代数、概率论与数理统计及统计学4门数学课；所选用的教材仍然是过去的旧教材；教学内容单一，主要是传授学生较系统的数学知识，教材内容安排及例题和学生经济管理类专业基本没有联系。经济方面在教学中应用很少，都是纯粹的定义、定理及其证明，虽注重对学生解题能力的培养，但忽视数学对经济最前沿应用的阐述，学生很难从高等数学课程感受到数学分析在经济实践中的重要作用，忽视训练学生运用数学方法去分析、解决经济问题，教学内容不能体现与经济实践相关性，导致学生不了解数学与经济之间的关系，当然也无法领会高等数学在经济中的重要作用，很难激起他们学习数学的积极性。另外，在教学中过于强调推理的严密性、演算的技巧性和方法的多变性，也使部分学生对高等数学产生畏惧心理失去学习兴趣。

（三）设置数学课程门数及安排数学课时偏少

　　经济管理专业一般会开设高等数学、线性代数、概率论与数理统计课程。数学建模虽然能解决经济生活中的实际问题，属于基础的工具课程，但大多数院校并未开设此课，或少数院校仅把数学建模设置成选修课，设置数学课程门数及安排课时偏少使学生数学理论

基础及数学方法应用于解决经济问题的能力薄弱，不能达到学生对未来研究和经济工作实践要求。

（四）教学方法和教学手段不适宜，很难激发学生学习兴趣

高等数学教学过程目前都以教师为中心，以讲授传统教材为主，讲定理、定义，填鸭式推导，再解题举例、做习题，最后考试。这个过程没有实验，缺乏创新，没有运用数学分析解决实际问题的思考训练；多媒体采用不恰当，切换 PPT 速度太快，学生跟不上教师思路，导致学习困难，同时，也限制学习者自主能动性，难以激发他们的学习积极性。

（五）数学建模课程的师资能力不强

数学建模要求知识面广，运用知识解决实际问题更灵活，承担这门课教师要综合素质更高。因此，高校开设经济模型较其他学科难度要大。高校大多数教授数学教师一般都毕业于基础性数学专业，对数学建模关联的经济、工程技术等其他领域知识必然有限，计算机应用能力不强，因此，这类教育背景的教师承担经济管理类专业数学建模课，本身有着知识结构短缺能力不强问题。另外，高校数学教师觉得此课程与自己掌握知识相差太远，有很多与自己专业没有联系，无法激起教师参与数学建模教学的积极性。

（六）学生的数学基础差异较大

经济管理专业学生部分毕业于文科，相对于理科学生而言其数学基础较差，如果教师仅简单讲授数学定理、推导、证明和类型题计算，那么学生数学语言表达和应用能力以及逻辑思维等能力不会得到很好的训练和提升，从实际问题抽象为数学问题能力就很弱，使学生以后学习数学建模障碍会更大，从而导致学生缺乏自信心，学习热情不高，认为数学建模是理工科要学的，对自己用处不大，这也是高校经济管理专业文科生普遍存在的一个问题。

1.4　经济建模的若干问题分类

经济领域的实际问题是多样化的，根据应用数学模型的不同，大致可以将此类问题作如下分类：

（一）经济发展中的最优化问题

很多经济领域的问题都可以转化为求解最大值或者最小值的问题。即数学建模中的优化模型，主要是根据问题中所蕴含的约束条件和目标列出相关的不等式进行求解，约束条件可以是线性规划问题，也可以是非线性规划问题。

（二）经济领域中的预测问题

在经济领域中，有时需要根据已有的部分数据对未来的经济发展趋势作出相关预测，这就是数学建模中的预测模型，我们可以运用 MATLAB 软件或 Python 软件对数据进行拟合与回归分析，或通过观察回归曲线的总体趋势，给出对未来发展趋势的预测。

（三）经济领域中的政策问题

政策评价是指决策者从已有的众多方案中选出做好的执行方案，其中可以用到的数学模型包括层次分析模型、综合评价模型等，本文将就部分模型给出实例。

1.5　经济数学建模能力分析

(一)经济管理领域的数学建模应能力要求

(1)逻辑推理能力：学生学习和工作必备基本能力。

(2)数学应用能力：数学建模是用数学语言表达经济活动内在变量关系而解决经济问题的过程，所以其基本能力是数学应用能力。

(3)计算机应用能力：当不能用数学语言表达经济变量关系时，有时也可用计算机程序设计来模拟表达其变量关系，所以计算机应用能力也是数学建模的基本能力。

(4)统计分析能力：经济变量关系除可表达为确定函数关系外，还可表达为不确定随机关系，随机关系表达需要统计分析理论和方法，所以统计分析是经济建模一项很重要能力。

(5)实证研究能力：实证研究是目前会计、金融、经济、管理领域很重要的研究方法，其不但可检验原理论的正确性和有效性，也能探索出新经济变量关系。所以实证研究是数学建模方法之一，实证研究能力也应为经济管理建模的一项重要能力。

(6)实践创新能力：数学建模不仅可证明原有理论还可能发现新的理论，所以数学建模需要学生善于思索且敢于创新。

(二)经济管理领域中数学建模的理论基础

经济管理领域的数学建模是用数学或计算机的方法研究分析经济变量关系而解决经济问题的实践。这需要宽厚扎实的理论基础，包括数学、统计学、经济学、管理学、金融学、会计学以及计算机程序设计知识。经济建模需用数学语言来表达经济问题，自然就需要扎实的数学理论基础。它有确定经济变量关系建立的确定性数学建模，更有大量不确定经济变量关系建立的随机性模型，这种不确定的一定概率下的经济变量关系要用统计理论才能建立经济数学模型而帮助解决经济问题，所以统计学是经济数学建模很重要的理论基础。在建立经济管理领域数学建模时还会用到经济学和管理学原理，所以经济学、管理学也是建模不可缺少的知识。会计学作为企业财务与财务管理的学科，实质上它是经济财务问题成熟完善的模型以及在模型基础上建立的理论，所以也可以说会计学是经济数学建模的成果，经济数学建模是会计学理论发现、发展与研究的过程和方法，如资本资产定价模型、投资组合模型、证券估价模型、期权定价模型等，都是会计很重要的理论。金融、会计、经济彼此紧密联系，很多经济建模也是会计建模、金融建模，金融学与会计学一样，与经济数学建模是互为依存的，都是经济数学建模重要的理论基础。当用计算机方法模拟建立经济数学建模时，就会用到计算机程序设计等理论知识，所以计算机理论也是经济数学建模必不可少的理论。因此，经济管理建模是融会计、金融、经济、数学、计算机理论知识为一体的交叉性学科。

1.6　经济数学建模的内容与步骤

经济金融领域数学建模实际上就是指应用于数学方法解决经济金融领域所发生的现实

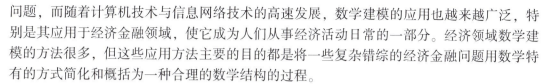

问题，而随着计算机技术与信息网络技术的高速发展，数学建模的应用也越来越广泛，特别是其应用于经济金融领域，使它成为人们从事经济活动日常的一部分。经济领域数学建模的方法很多，但这些应用方法主要的目的都是将一些复杂错综的经济金融问题用数学特有的方式简化和概括为一种合理的数学结构的过程。

经济金融领域数学建模一般分为以下六个步骤：

（一）数学建模准备阶段

经济领域的数学建模属于一项金融创新性活动，它是人在生产经营活动中，通过数学的知识实践，解决一些典型的经济金融问题和矛盾性问题。因此，利用数学建模来分析解决经济金融领域所遇到的矛盾问题，给出定量分析与解答，是经济金融领域数学建模的应用价值体现。

（二）数学模型假设阶段

在这一阶段，应掌握影响经济运行的主要因素，并用已知的条件，做出相应的假设。这主要是因为，如果把经济领域的所有因素都用数学建模的方式方法来解答，那么，此项工作就可能无法正常地推进下去，而这些提供的经济金融假设的依据就是对相关矛盾问题内在规律的数学建模应用的总结和判断。

（三）数学建模的构成

根据对经济金融问题的假设，用数学应用语言来描述经济运行发展的客观规律，建立起包括有常量和变量的定量分析理论的数学模型。如：涉及金融和经济领域的投资问题、贷款问题、证券问题等，一般都是通过数学建模来对已知问题进行定量分析。如：会计核算的最优化问题，就是通过方案的最优化选择，建立函数模型，而利用函数知识转化求得函数的最值，通过对几种方案的选择比较，从中得到最佳方案。这里面可能还包括一些相关学科的知识，因此，要善于发挥想象空间，重视使用类比的方法，也可以借用已有的数学模型组合。

（四）数学模型的求解

结合使用数学计算软件和计算机运算技术，利用方程组、数值计算、函数、统计学知识和微积分导数等知识，对数学模型进行求解运算。

（五）数学模型的分析

通过对数学模型可行性的分析研究，对不符合数学逻辑及数学运算规律的部分进行修改及删减。对推导出来的数学模型也可以增加相应的数学算式或重新建模，直至相应的经济金融问题通过数学建模得到合理性分析为止。最后，通过定量分析得出了符合要求的结论，那么，也可以对数学模型进行科学的评估、预测和优化等方面的探讨。

（六）数学模型的检验

将已经分析研究得到的结论重新与原问题相对照，看是否符合原问题的设计思路，如果不符合，那么，原因可能在于数学模型的假设推导不正确，应该加以修改和完善或重新建模。

第 2 章　软件介绍

2.1　MATLAB 概述

2.1.1　MATLAB 发展重要贡献者

MATLAB 发展中的重要贡献者有以下几位：

Cleve Moler：MATLAB 的创始人之一，他在 20 世纪 80 年代开发了 MATLAB 以及其核心数值计算库。他的工作为 MATLAB 的初始设计和开发奠定了基础。

John N. Little：MATLAB 的另一位创始人，他对 MATLAB 进行了商业化的营销策划和推广，帮助将 MATLAB 推向了全球市场。

Steve Bangert：MathWorks 公司的联合创始人和前首席技术官。他在 MATLAB 的设计和演进中起到了关键作用，特别是在构建可扩展性和高性能的算法方面。

Doug Hull：MATLAB 社区的活跃成员，还创建了 MATLAB Central(一个用于交流和分享 MATLAB 代码、资源和解决方案的在线平台)。

这些人的工作使 MATLAB 成为当今最流行和广泛使用的科学计算环境之一，应用范围涵盖了多个领域，如工程、科学、金融等。

2.1.2　MATLAB 简介

随着计算机技术的日新月异以及科学技术的发展，应用、掌握数学软件与我们的日常工作和科研工作越来越密切地联系在一起。在科学研究和工程应用的过程中，往往需要进行大量的数值计算、符号解析运算和图形及文字处理，传统的纸笔和计算器已经不能满足工作的要求。而用计算机语言编程有一定的学习难度，且调试程序费时较多。于是由专业人士用计算机语言编制好的数学软件便应运而生。

MATLAB 是一种高级的计算语言和环境，主要用于数值计算、数据分析和可视化。它由 MathWorks 公司开发，并广泛应用于科学研究、工程设计、金融建模等领域。

MATLAB 提供了丰富的内置函数和工具箱，可以方便地处理矩阵运算、信号处理、图像处理、优化问题等。它还具有灵活的编程功能，支持脚本文件和函数的开发与调用。

MATLAB 的特点之一是其直观易用的界面，能够通过图形化操作快速实现数据的探索和可视化分析。同时，它也提供了强大的绘图和图表制作功能，使用户可以轻松生成高质量的图形结果。

另外，MATLAB 还具备与其他编程语言(如 C、C++、Java)的接口功能，可以实现多语言的混合编程，方便用户在不同领域结合使用。

总的来说，MATLAB 是一款功能强大、易于上手的计算工具，适用于各种学术及工程领域的计算和分析任务。

2.1.3　MATLAB 的历史

MATLAB 的历史可以追溯到 1984 年，当时 MathWorks 公司的创始人之一的 Cleve Moler 在一台苹果 Ⅱ 型电脑上开发了 MATLAB 的最初版本，这是一款为了进行算法开发、数据可视化、数据分析、数值计算、机器人等研究的数学软件。从那时起，MATLAB 一直在不断发展和改进，成为工程和科学领域中广泛使用的工具。其时间线发展历程如下：

1984 年，MATLAB 推出第一个商业化的版本——3.0 DOS 版本；

1992 年，MathWorks 公司推出了 4.0 版本；

1994 年，4.2 版本扩充了 4.0 版本的功能，尤其在图形界面设计方面提供了更多新的方法；

1997 年，推出的 5.0 版本允许了更多的数据结构，比如单元数据、多维数据、对象与类等，使其成为一种更方便编程的语言；

1999 年，推出的 MATLAB 5.3 版本在很多方面又进一步改进了 MATLAB 语言的功能；

2000 年 10 月底，推出了全新的 MATLAB 6.0 正式版(Release 12)，在核心数值算法、界面设计、外部接口、应用桌面等诸多方面有了极大的改进；

2002 年 6 月，发布了其全新的 MATLAB 6.5 正式版(Release 13)；

2004 年 5 月，推出了 MATLAB7.0 (Release 14)；

2005 年，MATLAB 7.1；

2006 年，MATLAB 7.2 MATLAB R2006a，MATLAB R2006b；

2007 年，MATLAB 7.4 MATLAB R2007a，MATLAB R2007b；

2008 年，MATLAB 7.6 MATLAB R2008a，MATLAB R2008b；

2009 年，MATLAB 7.8，7.9 MATLAB R2009a，MATLAB R2009b；

2010 年，MATLAB 7.10，7.11 MATLAB R2010a，MATLAB R2010b；

2011 年，MATLAB 7.12，7.13 MATLAB R2011a，MATLAB R2011b；

2012 年，MATLAB 7.114，8.0 MATLAB R2012a，MATLAB R2012b；

2013 年，MATLAB 8.1，8.2 MATLAB R2013a，MATLAB R2013b；

2014 年，MATLAB 8.3，8.4 MATLAB R2014a，MATLAB R2014b；

2015 年，MATLAB 8.5，8.6 MATLAB R2015a，MATLAB R2015b；

2016 年，MATLAB 9.0，9.1 MATLAB R2016a，MATLAB R2016b；

2017 年，MATLAB 9.2，9.3 MATLAB R2017a，MATLAB R2017b；

2018 年，MATLAB 9.4，9.5 MATLAB R2018a，MATLAB R2018b；

2019 年，MATLAB 9.6，9.7 MATLAB R2019a，MATLAB R2019b；

2020 年，MATLAB 9.8，9.9 MATLAB R2020a，MATLAB R2020b；

2021 年，MATLAB 9.10，9.11 MATLAB R2021a，MATLAB R2021b；

2022 年，MATLAB 9. 12，10. 13 MATLAB R2022a，MATLAB R2022b。

时至今日，经过 MathWorks 公司不断完善，MATLAB 已经发展成为适合多学科、多种工作平台的功能强大的大型软件。在国外，MATLAB 已经过多年实践的检验。尤其是在欧美等高校，MATLAB 已经成为线性代数、自动控制理论、数理统计、数字信号处理、时间序列分析、动态系统仿真等高级课程的基本教学工具。

MATLAB 已经成为攻读学位的大学生、硕士生、博士生必须掌握的基本技能。在设计研究单位和工业部门，MATLAB 被广泛用于科学研究和解决各种具体问题。在国内，特别是在工程学术界，MATLAB 也逐步盛行起来。

总之，MATLAB 的历史可以追溯到 20 世纪 80 年代，经过几十年的发展，已经成为工程和科学领域中不可或缺的工具，为全球的科学家和工程师提供了强大的数学计算和数据可视化功能。

2.1.4　MATLAB 的功能与特点

MATLAB 是一种高级的数值计算和编程环境，具有以下功能和特点：

（1）数值计算：MATLAB 提供了丰富的数学函数库，可以进行各种数值计算，包括线性代数、插值、优化、微积分等。

（2）数据可视化：MATLAB 提供了强大的绘图工具，可以生成二维、三维甚至多维的图形，帮助用户直观地理解数据和模型。

（3）矩阵操作：MATLAB 以矩阵为基本数据结构，支持全面的矩阵运算和线性代数操作，例如矩阵乘法、特征值分解、奇异值分解等。

（4）编程接口：MATLAB 拥有易于学习和使用的编程语言，用户可以通过编写脚本或函数来实现自己的计算任务，并进行批量处理和自动化。

（5）并行计算：MATLAB 支持并行计算，可以利用多核处理器和集群系统，加速计算过程，提高计算效率。

（6）应用领域广泛：MATLAB 在工程、科学、金融、生物医学等领域都有广泛的应用，可以用于数据分析、信号处理、控制系统设计、模型建立等工作。

2.1.5　MATLAB 的语言优势

MATLAB 是一种高级的科学计算和数据分析编程语言，具有诸多优势。以下列举了该语言几个核心的竞争优势：

（1）简洁友好的语法：MATLAB 提供了简单易懂的语法，使用户可以快速上手并编写清晰的代码。

（2）大量数学和科学计算工具箱：MATLAB 内置了众多数学和科学计算工具箱，包括线性代数、统计分析、信号处理等工具，可直接调用以满足各种计算需求。

（3）广泛的应用领域：MATLAB 被广泛应用于科学研究、工程设计、数据分析、金融建模等领域，其功能强大且灵活，适用性广泛。

（4）强大的图形和可视化功能：MATLAB 提供了丰富的图形和可视化工具，使用户可以轻松绘制各种图表、曲线、三维模型等，有助于数据的展示和解读。

（5）方便的并行计算能力：MATLAB 具备强大的并行计算能力，可轻松利用多核处理器和分布式计算资源来加速计算任务。

（6）丰富的文档和社区支持：MATLAB 拥有完善的官方文档、示例代码和交流社区，用户可以方便地获取帮助和分享经验。

2.1.6　MATLAB 工具箱

MATLAB 主要包含两个部分：核心部分和各种可选的工具箱。核心部分中有数百个核心内部函数。工具箱主要分成两大类：功能性工具箱和学科性工具箱。

（1）功能性工具箱：用来扩充其符号计算功能、图示建模仿真功能、文字处理功能以及与硬件实时交互的功能。功能性工具箱可被用于多种学科。

（2）学科性工具箱：包含 control，signal，processing，communication toolbox 等。这些工具箱一般由该领域内学术水平很高的专家编写，所以用户无须编写自己学科范围内的基础程序。

先列举一些常用的工具箱：

- 符号数学工具箱(Symbolic Math Toolbox)。
- SIMULINK 仿真工具箱。
- 控制工具箱。
- 信号处理工具箱。
- 图像处理工具箱(Image Processing Toolbox)。
- 通信工具箱。
- 系统辨识工具箱。
- 神经元网络工具箱(Neural Network Toolbox)。
- 金融工具箱(Finance Toolbox)。
- Optimization Toolbox。
- 统计工具箱(Statistics Toolbox)。
- Partial Differential Equation (PDE) Toolbox。
- GARCH Toolbox。
- Mapping toolbox。
- 样条工具箱(Spline Toolbox)。
- NAG Foundation Toolbox。
- 模糊逻辑工具箱(Fuzzy Logic Toolbox)。
- 高阶谱分析工具箱(Higher Order Spectral Analysis Toolbox)。
- 计算机视觉工具箱(Computor Vision System Toolbox)。
- 模型预测控制工具箱(Model Predictive Control Toolbox)。
- 鲁棒控制工具箱(Robust Control Toolbox)。
- 小波工具箱(Wavelet Toolbox)。
- DSP 处理工具箱(DSP System Toolbox)。
- 线性矩阵不等式工具箱(LMI Control Toolbox)。
- μ 分析工具箱(μ-Analysis and Synthesis Toolbox)。

2.1.7　MATLAB 的科学计算

MATLAB 具有三大基本功能：数值计算、符号计算、图形处理，还可以作为程序设计

与应用程序的接口。

MATLAB 在科学计算中应用广泛，现在举以下六个例子：

①数值分析中的应用。

- 数值微分与数值积分。
- 线性代数。
- 多项式插值，数据的曲线拟合。
- 非线性方程求根。
- 微分方程。

②最优化问题的应用。

③概率统计中的应用。

④偏微分方程解法中的应用。

⑤数学问题的非传统解法。

- 神经网络在数据拟合中的应用。
- 遗传算法在最优化求解中的应用。

⑥计算机模拟。

2.1.8 MATLAB 的安装与启动

MATLAB 安装的系统需求（System Requirements-Release 2022b-Windows）如表 2-1 所示。

表 2-1 MATLAB 安装的系统需求

Operating System	• Windows 11 • Windows 10（version 20H2 or higher） • Windows Server 2019 • Windows Server 2022
Processor	• Minimum：Any Intel or AMD X86-64 processor • Any Intel or AMD x86-64 processor with four logical cores and AVX2 instruction set support Note： • A future release of MATLAB will require a processor with AVX2 instruction set support
RAM	• Minimum：4GB • Recommended：8 GB For Polyspace，4 GB per core is recommended
Storage	• 4. 0 GB for just MATLAB • 5-8 GB for a typical installation • 31. 5 GB for an all products installation • An SsD is strongly recommended
Graphics	• No specific graphics card is required，but a hardware accelerated graphics card supportingOpenGL 3. 3 with 1GB GPU memory is recommended. • GPU acceleration using Parallel Computing Toolbox requires a GPU with a specific rangeof compute capability. For more information，see *GPU Computing Requirements*

MATLAB 的安装指导如下。

①打开 MATLAB 2022a 文件夹，运行 setup. exe 程序；

②右上角单击"高级选项"，选择"我有文件安装密钥"；

③选择"是"接受条款→"下一步"；

④复制"50874 - 33247 - 14209 - 37962 - 45495 - 25133 - 28159 - 33348 - 18070 - 60881 - 29843-35694-31780-18077-36759-35464-51270-19436-54668-35284-27811-01134-26918-26782-54088"，粘贴密钥；

⑤浏览许可证文件，打开下载文件中的 Crack 文件，选择"license. lic"→"下一步"；

⑥选择安装路径→全选产品"下一步"；

⑦将快捷方式添加到桌面→下一步；

⑧开始安装→等待安装完成(过程比较久，耐心等待)→安装完成；

⑨在下载文件中打开 Crack 文件夹，复制 bin 文件夹，粘贴到安装路径中，替换原有文件；

⑩到桌面双击启动 MATLAB R2022a，如图 2-1 所示。

图 2-1　MATLAB 启动页面

2.2　Python 概述

2.2.1　Python 发展重要贡献者

Python 的发展离不开许多重要贡献者。以下是其中一些：

吉多·范罗苏姆(Guido van Rossum)：他创造了 Python 语言，并在其早期版本的开发过程中起到了关键作用，被誉为 Python 的创始人和 Benevolent Dictator For Life。

巴里·瑟尔（Barry Warsaw）：他对 Python 社区的发展做出了巨大贡献，曾任 Python 主要开发组的成员和核心开发者之一。

亚历克斯·马丁尼科夫（Alex Martelli）：作为 Python Community Manager 和 *Python Cookbook* 的作者，他致力于向 Python 社区提供支持和帮助，在 Python 发展中起到了重要的推动作用。

包括著名的软件公司如 Google、Facebook、IBM、微软等，在推动 Python 发展中都做出了重要贡献，例如提供了许多流行的 Python 库、框架和工具。

这里只列举了部分重要贡献者，还有很多其他的个人和机构也为 Python 的发展做出了积极贡献。他们的努力使 Python 成为一门广泛应用于各领域的编程语言。

2.2.2　Python 简介

Python 由荷兰数学和计算机科学研究学会的 Guido van Rossum 于 20 世纪 90 年代初设计，作为一门叫作 ABC 语言的替代品。Python 提供了高效的高级数据结构，还能简单有效地面向对象编程。Python 语法和动态类型，以及解释型语言的本质，使它成为多数平台上写脚本和快速开发应用的编程语言。随着版本的不断更新和语言新功能的添加，逐渐被用于独立的、大型项目的开发。

Python 是一种解释型、面向对象、动态数据类型的高级程序设计语言。它拥有简单易懂的语法以及丰富的库，这使 Python 在开发 Web 应用、桌面应用、科学计算、机器学习等方面都有广泛的应用。Python 的创始人 Guido van Rossum 借用了 C++的一些设计理念，但摒弃了 C++中一些难以理解的部分，使 Python 的设计更加清晰和直观。

Python 的用途广泛，它不仅适用于开发 Web 应用，还可以用于数据分析、机器学习、自动化脚本、游戏开发等许多其他领域。Python 的库和框架非常丰富，可以满足各种不同的需求。2021 年 10 月，语言流行指数的编译器 Tiobe 将 Python 加冕为最受欢迎的编程语言，20 年来首次将其置于 Java、C 和 JavaScript 之上。

2.2.3　Python 优点

（1）简单：Python 是一种代表简单主义思想的语言。阅读一个良好的 Python 程序就感觉像是在读英语一样。它使你能够专注于解决问题而不是去搞明白语言本身。

（2）易学：Python 极其容易上手，因为 Python 有极其简单的说明文档。

（3）易读、易维护：风格清晰划一、强制缩进。

（4）免费、开源：Python 是 FLOSS（自由/开放源码软件）之一。使用者可以自由地发布这个软件的拷贝，阅读它的源代码，对它做改动，或把它的一部分用于新的自由软件中。FLOSS 是基于一个团体分享知识的概念。

（5）高层语言：用 Python 语言编写程序的时候无须考虑诸如如何管理你的程序使用的内存一类的底层细节。

（6）规范的代码：Python 采用强制缩进的方式使代码具有较好可读性。而 Python 语言写的程序不需要编译成二进制代码。Python 的作者设计限制性很强的语法，使不好的编程习惯（例如 if 语句的下一行不向右缩进）都不能通过编译。其中很重要的一项就是 Python 的缩进规则。一个和其他大多数语言（如 C）的区别就是，一个模块的界限，完全是由每行的首字符在这一行的位置来决定（而 C 语言是用一对花括号{}来明确模块的边界，与字符的位置毫无关系)。通过强制程序员们缩进(包括 if, for 和函数定义等所有需要使用模块的地方)，Python 使程序更加清晰和美观。

(7)用途广泛：网络爬虫、数据挖掘、文本分析等。

(8)速度快：Python 的底层是用 C 语言写的，很多标准库和第三方库也都是用 C 写的，运行速度非常快。

(9)解释性：一个用编译性语言比如 C 或 C++写的程序可以从源文件(即 C 或 C++语言)转换到一个你的计算机使用的语言(二进制代码，即 0 和 1)。这个过程通过编译器和不同的标记、选项完成。

(10)可移植性：由于它的开源本质，Python 已经被移植在许多平台上(经过改动使它能够工作在不同平台上)。运行程序的时候，连接/转载器软件把你的程序从硬盘复制到内存中并且运行。而 Python 语言写的程序不需要编译成二进制代码。你可以直接从源代码运行程序。在计算机内部，Python 解释器把源代码转换成称为字节码的中间形式，然后再把它翻译成计算机使用的机器语言并运行。这让 Python 操作更加简单，也使 Python 程序更加易于移植。

(11)面向对象：Python 既支持面向过程的编程，也支持面向对象的编程。在面向过程的语言中，程序是由过程或仅仅是可重用代码的函数构建起来的。在面向对象的语言中，程序是由数据和功能组合而成的对象构建起来的。Python 是完全面向对象的语言(函数、模块、数字、字符串都是对象)，并且完全支持继承、重载、派生、多继承，有益于增强源代码的复用性。Python 支持重载运算符和动态类型。相对于 Lisp 这种传统的函数式编程语言，Python 对函数式设计只提供了有限的支持。有两个标准库(Functools, Itertools)提供了 Haskell 和 Standard ML 中久经考验的函数式程序设计工具。

(12)可扩展性、可扩充性：如果需要一段关键代码运行得更快或者希望某些算法不公开，可以部分程序用 C 或 C++编写，然后在 Python 程序中使用它们。Python 本身被设计为可扩充的，并非所有的特性和功能都集成到语言核心。Python 提供了丰富的 API 和工具，以便程序员能够轻松地使用 C 语言、C++、Cython 来编写扩充模块。Python 编译器本身也可以被集成到其他需要脚本语言的程序内。因此，很多人还把 Python 作为一种胶水语言(Glue Language)使用，也就是使用 Python 将其他语言编写的程序进行集成和封装。

(13)可嵌入性：可以把 Python 嵌入 C/C++程序，从而向程序用户提供脚本功能。

(14)丰富的库：Python 标准库确实很庞大。它可以帮助处理各种工作，包括正则表达式、文档生成、单元测试、线程、数据库、网页浏览器、CGI、FTP、电子邮件、XML、XML-RPC、HTML、WAV 文件、密码系统、GUI(图形用户界面)、Tk 和其他与系统有关的操作。这被称作 Python 的功能齐全理念。除了标准库以外，还有许多其他高质量的库，如 wxPython、Twisted 和 Python 图像库等。

(15)高级动态编程：虽然 Python 可能被粗略地分类为脚本语言(Script Language)，但实际上一些大规模软件开发计划例如 Zope、Mnet 及 BitTorrent、Google 也广泛地使用它。Python 的支持者较喜欢称它为一种高级动态编程语言，原因是脚本语言泛指仅作简单程序设计任务的语言，如 shellscript、VBScript 等只能处理简单任务的编程语言，并不能与 Python 相提并论。

(16)做科学计算优点多：说起科学计算，首先被提到的可能是 MATLAB。除了

MATLAB 的一些专业性很强的工具箱还无法被替代之外，MATLAB 的大部分常用功能都可以在 Python 世界中找到相应的扩展库。

2.2.4　Python 缺点

（1）单行语句和命令行输出问题：很多时候不能将程序连写成一行，如 import sys］，[for i in sys.path：print i。而 perl 和 awk 就无此限制，可以较为方便地在 shell 下完成简单程序，不需要如 Python 一样，必须将程序写入一个 .py 文件。

（2）给初学者带来困惑：独特的语法，这也许不应该被称为局限，但是它用缩进来区分语句关系的方式还是给很多初学者带来了困惑。即便是很有经验的 Python 程序员，也可能陷入陷阱当中。

（3）运行速度慢：解释执行的速度较慢，尤其是与 C++等编译型语言相比。此外，Python 的 GIL(全局解释器锁)机制也可能会限制多线程程序的性能。这些缺点来源于 Python 自身的特性和设计理念。

2.2.5　Python 标准库及主要功能

Python 标准库是 Python 解释器附带的一组模块和包，用于支持 Python 的基本功能和高级特性，包括文件操作、网络通信、线程调度、正则表达式等。以下是 Python 标准库主要模块及其功能：

os：提供一种与操作系统交互的便捷方式，用于处理文件和目录。

sys：提供对 Python 解释器和环境的访问。

re：提供正则表达式匹配和操作。

datetime：提供日期和时间相关的类和函数。

socket：提供网络通信相关的套接字函数。

threading：提供多线程编程相关的类和函数。

multiprocessing：提供多进程编程相关的类和函数。

json：提供 json 格式数据的编码和解码。

pickle：提供 Python 对象的序列化和反序列化。

math：提供常用数学函数，如三角函数、指数函数等。

random：提供随机数生成和洗牌函数。

urllib：提供通过 URL 获取资源的函数。

xml、html、csv 等：提供处理 XML、HTML、CSV 等格式数据的解析器和生成器。

2.2.6　Python 安装

根据系统选择下载的版本，此处演示 Windows 的版本。Python 官网下载地址：https://www.python.org/。

①双击 Python-3.9.2-amd64.exe 文件；

②勾选 Add Python 3.9 to PATH，然后再单击 Customize installation 进入下一步；

③进入 Optional Features 后，不需其他操作，直接单击 Next；

④单击 Browse 进行自定义安装路径，也可以直接单击 Install 进行安装；

⑤单击 Disable path length limit(修改电脑中对程序字符长度的限制)；

⑥单击 Close，安装完成。

2.2.7　Python jupyter notebook 下载与安装

①官网 https://www. anaconda. com/ 下载最新版 anaconda；

②找到下载文件，双击该文件运行进行安装；

③单击"下一步"→"I agree"→"All users"→"next"。

安装结束后，打开电脑的 CMD 命令行(使用 WIN 徽标键+R，然后输入 CMD，单击 OK)，在代码内输入 Python，如果返回的信息为图 2-2 中的 2，并且提示符为图 2-2 中的 3，则安装顺利完成。

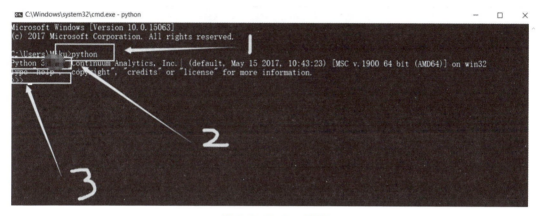

图 2-2　Python 安装

2.2.8　Jupyter Notebook 的界面介绍

主界面有三个选项卡，如图 2-3 所示。

图 2-3　Jupyter Notebook 的主界面

Files 将显示工作目录下的记事本文件列表。可以选择已有的记事本文件进行编辑和运行，可以单击 New 来新建一个记事本文件。

这里新建一个记事本文件，如图 2-4 所示。

图 2-4　新建记事本文件

此时，会新打开一个文件，如图 2-5 所示。

☐ Jupyter Notebook界面

在Jupyter Notebook中，是以cell为基本单位的，即图中的**内容编辑区**

图 2-5　**Jupyter Notebook 界面**

在 Jupyter Notebook 中，是以 cell 为基本单位的，即图中的内容编辑区。文档后缀名为 .ipynb，可做相应修改和编辑，如图 2-6 所示。

☐ 编辑代码

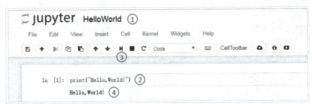

① 在**名称**区域修改文件名称　　保存后会在工作目录下生成一个
② 在**内容编辑区**输入代码　　　　**HelloWorld.ipynb**文件，并显示
③ 点击**运行按钮**　　　　　　　　在**home页面**的文件列表中
④ **运行结果**

图 2-6　**Jupyter Notebook 编辑**

或者使用 Ctrl + Enter 运行程序。

默认生成的 cell 是一个代码类型的 cell，如图 2-7 所示。

☐ 添加标题和注释文字

图 2-7　**Jupyter Notebook cell**

下面来演示添加标题和注释文字。标记模式的 cell 可使用 Markdown 语法编写。完成之后，单击运行，结果如图 2-8 所示。

□　添加标题和注释文字

图 2-8　标题和注释

Jupyter 在编辑或运行过程中会自动保存。

在完成代码的编写后，直接退出即可。返回 home 界面，可在 home 页面的文件列表中看到刚刚编写好的记事本文件。

单击 Help 选项，可以了解关于 Jupyter Notebook 使用方法的更多内容，如图 2-9 所示。

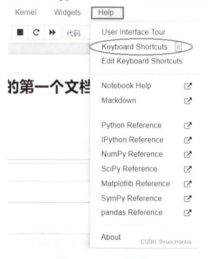

图 2-9　help 选项

2.3　MATLAB 与 Python 编程对照

2.3.1　基础操作

（1）循环。

for 循环
· MATLAB 编程
for i = 1:3

```
        i
end
```
· MATLAB 输出
```
i=1
i=2
i=3
```
· Python 编程
```
for i in range (1,4):
    print(i)
```
· Python 输出
```
1
2
3
```

while 循环

· MATLAB 编程
```
a = [0],
while a < 3
    a = a+1
end
```

· MATLAB 输出
```
a=1
a=2
a=3
```
· Python 编程
```
a = 0
while a < 3:
    a = a+1
    print(a)
```
· Python 输出
```
1
2
3
```

（2）if 判断。

大小判断
· MATLAB 编程
```
% 输出 a,b 中较大的数
a = [1];
b = [2];
if a > b
```

```
        a
elseif a == b
        a
elseif a < b
        b
end
% 未涉及的符号还有：
%    大于等于:>=
%    小于等于:<=
%    不等于:~=
```

· MATLAB 输出

```
b=2
```

· Python 编程

```
# 输出 a,b 中较大的数
a = 1
b = 2
if a > b:
        print (a)
elif a == b:
        print (a)
elif a < b:
        print (b)
# 未涉及的符号还有：
#    大于等于:>=
#    小于等于:<=
#    不等于:! =
```

· Python 输出

```
2
```

（3）与、或、非。

· MATLAB 编程

```
% 输出 a,b,c 中较大的数
a = [1];
b = [2];
c = [3];
if a >= b && a >=c
        a
elseif b >= a && b >= c
        b
else
        c
end
```

% 或的符号为'||',用法同上

% 非的符号为'~',主要用作'~=',还有逻辑值判断

· MATLAB 输出

c = 3

· Python 编程

```
# 输出 a,b,c 中较大的数
a = 1
b = 2
c = 3
if a >= b and a >=c :
    print (a)
elif b >= a and b >= c :
    print (b)
else:
    print (c)
```

或的符号为'or',用法同上

% 非的符号为'!',主要用作'!='

· Python 输出

c = 3

（4）一维数组。

创建数组

· MATLAB 编程(矩阵)

a = [1,2,3,4]

· MATLAB 输出

1 2 3 4

· Python 编程(列表)

```
a = [1,2,3,4]
print(a)
```

· Python 输出

[1,2,3,4]

（5）置换数组中特定索引的元素。

· MATLAB 编程

% 创建[1,2,3,4]一维数组,并将其中的第 3 个元素置换为 0(MATLAB 的索引自 1 开始,所以第 3 个元素的索引为 3)

```
a = [1,2,3,4];
a(1,3) = 0
```

· MATLAB 输出

a = [1,2,0,4]

· Python 编程

创建[1,2,3,4]一维数组,并将其中的第 3 个元素置换为 0(Python 的索引自 0 开始,所以第 3 个元素的索引为 2)

```
a = [1,2,3,4]
a[2] = 0
print(a)
```

· Python 输出

```
[1, 2, 0, 4]
```

(6)输出数组中倒数第一和倒数第二个元素。

· MATLAB 编程

```
a = [1,2,3,4];
a(end)
a(end- 1)
```

· MATLAB 输出

```
ans=4
ans=3
```

· Python 编程

```
a = [1,2,3,4]
print(a[- 1])
print(a[- 2])
```

· Python 输出

```
4
3
```

(7)扩大数组的长度。

· MATLAB 编程

```
a = [1,2,3,4];
a(1,5) = 0
```

· MATLAB 输出

```
1  2  3  4  0
```

· Python 编程

```
a = [1,2,3,4]+[0]
print(a)
```

· Python 输出

```
[1, 2, 3, 4, 0]
```

(8)缩小数组的长度(删除指定索引的元素)。

· MATLAB 编程

```
% 删除 a 中的第 2 个元素
a = [1,2,3,4];
```

```
a(2) = [ ]
```
· MATLAB 输出

1　3　4

· Python 编程
```
# 删除 a 中的第 2 个元素
a = [1,2,3,4]
del a[1]
print(a)
```
· Python 输出
```
[1, 3, 4]
```

（9）数组同时加上相同的数值。

· MATLAB 编程
```
% a 数组中的元素全部加 1
a = [1,2,3,4];
b = a + 1
```
· MATLAB 输出

2　3　4　5

· Python 编程
```
# a 数组中的元素全部加 1
a = [1,2,3,4]
b = [i+1 for i in a]
print(b)
```
· Python 输出
```
[2, 3, 4, 5]
```

（10）数组同时乘以相同的数值。

· MATLAB 编程
```
% a 数组中的元素全部乘以 2
a = [1,2,3,4];
b = a*2
```
· MATLAB 输出

2　4　6　8

· Python 编程
```
# a 数组中的元素乘以 2
a = [1,2,3,4]
b = [i*2 for i in a]
print(b)
```
· Python 输出
```
[2, 4, 6, 8]
```

（11）找到特定元素在数组中的位置（索引）。

· MATLAB 编程

```
a = [1,2,3,4];
b = [3];
find(a==b)
```

· MATLAB 输出

3

· Python 编程

```
a = [1,2,3,4]
b = 3
print(a. index(b))
```

· Python 输出

2

（12）创建数值相同的数组。

· MATLAB 编程

```
% 创建长度为 5,数值都为 2 的数组
a = ones(1,5)*2
```

· MATLAB 输出

2　2　2　2　2

· Python 编程

```
# 创建长度为 5,数值都为 2 的数组
a = [2]*5
print(a)
```

· Python 输出

[2, 2, 2, 2, 2]

（13）创建数值连续（等差）的数组。

· MATLAB 编程

```
% 创建 1 到 5,间隔为 1 的数组
a = (1:5)
% 创建 2 到 8,间隔为 2 的数组
b = (2:2:8)
```

· MATLAB 输出

1　2　3　4　5

2　4　6　8

· Python 编程

```
# 创建 1 到 5,间隔为 1 的数组
a = list(range(1,6))
print(a)
# 创建 2 到 8,间隔为 2 的数组
b = list(range(2,9,2))
```

```
print(b)
```
· Python 输出
$[1, 2, 3, 4, 5]$
$[2, 4, 6, 8]$

（14）数组排序。

· MATLAB 编程
```
a = [1,3,5,2,4];
b = sort(a,"ascend")
c = sort(a,"descend")
```
· MATLAB 输出
· Python 编程
```
a = [1,3,5,2,4]
b = sorted(a,reverse=0)
c = sorted(a,reverse=1)
print(b)
print(c)
```
· Python 输出
$[1, 2, 3, 4, 5]$
$[5, 4, 3, 2, 1]$

（15）数组排序后的原索引。

· MATLAB 编程
```
a = [1,3,5,2,4];
[~,b] = sort(a,'ASCEND');
[~,c] = sort(a,'DESCEND');
```
· MATLAB 输出
```
1  4  2  5  3
3  5  2  4  1
```
· Python 编程
```
a = [1,3,5,2,4]
b = sorted(range(len(a)), key=lambda k:a[k], reverse=0)
c = sorted(range(len(a)), key=lambda k:a[k], reverse=1)
print(b)
print(c)
```
· Python 输出
$[0, 3, 1, 4, 2]$
$[2, 4, 1, 3, 0]$

（16）排除数组中重复的元素。

· MATLAB 编程
```
a = [1,2,1,2,3];
```

```
b = unique(a)
```
· MATLAB 输出
1 2 3
· Python 编程
```
a = [1,2,1,2,3]
b = list(set(a))
print(b)
```
· Python 输出
[1, 2, 3]

2.3.2 二维矩阵(Python 基于 numpy)

(1)创建指定行数和列数的矩阵。

· MATLAB 编程
```
a = zeros(2,3)
```
· MATLAB 输出
```
a =
    0    0    0
    0    0    0
```
· Python 编程
```
import numpy
a = numpy. zeros((2,3))
print(a)
```
· Python 输出
[[0. 0. 0.]
[0. 0. 0.]]

(2) 置换矩阵指定行的元素。

· MATLAB 编程
```
a = zeros(2,3);
a(2,:) = [1,1,1]
```
· MATLAB 输出
```
a =
    0    0    0
    1    1    1
```
· Python 编程
```
import numpy
a = numpy. zeros((2,3))
a[1] = [1,1,1]
print(a)
```
· Python 输出
[[0. 0. 0.]
[1. 1. 1.]]

（3）置换矩阵指定列的元素。

· MATLAB 编程

```
a = zeros(2,3);
a(:,2) = [1,1]
```

· MATLAB 输出

```
a =
     0     1     0
     0     1     0
```

· Python 编程

```
import numpy
a = numpy. zeros((2,3))
a[::,1] = [1,1]
print(a)
```

· Python 输出

```
[[0. 1. 0.]
[0. 1. 0.]]
```

（4）扩大矩阵·增加行。

· MATLAB 编程

```
a = zeros(2,3);
a(end+1,:) = [1,1,1]
```

· MATLAB 输出

```
a =
     0     0     0
     0     0     0
     1     1     1
```

· Python 编程

```
import numpy
a = numpy. zeros((2,3))
b = [1,1,1]
a = numpy. insert(a,2,b,axis=0)
print(a)
```

· Python 输出

```
[[0. 0. 0.]
[0. 0. 0.]
[1. 1. 1.]]
```

（5）扩大矩阵·增加列。

· MATLAB 编程

```
a = zeros(2,3);
a(:,end+1) = [1,1]
```

· MATLAB 输出

```
a =
     0    0    0    1
     0    0    0    1
```

· Python 编程

```
import numpy
a = numpy. zeros((2,3))
b = [1,1]
a = numpy. insert(a,3,b,axis=1)
print(a)
```

· Python 输出

```
[[0. 0. 0. 1. ]
 [0. 0. 0. 1. ]]
```

（6）缩小矩阵·删除指定行。

· MATLAB 编程

```
a = zeros(2,3);
a(2,:) = [ ]
```

· MATLAB 输出

```
a(2,:) = [ ]
a =
     0    0    0
```

· Python 编程

```
import numpy
a = numpy. zeros((2,3))
a = numpy. delete(a,1,axis=0)
print(a)
```

· Python 输出

```
[[0. 0. 0. ]]
```

（7）缩小矩阵·删除指定列。

· MATLAB 编程

```
a = zeros(2,3);
a(:,2) = [ ]
```

· MATLAB 输出

```
a =
     0    0
     0    0
```

· Python 编程

```
import numpy
a = numpy. zeros((2,3))
a = numpy. delete(a,1,axis=1)
print(a)
```

- Python 输出

```
[[0. 0. ]
 [0. 0. ]]
```

（8）查看矩阵的行数和列数。

- MATLAB 编程

```
a = [[1,1,1];[2,2,2]];
b = size(a,1)
c = size(a,2)
```

- MATLAB 输出

```
  b =
      2
c =
      3
```

- Python 编程

```
import numpy
a = numpy. zeros((2,3))
a[0] = [1,1,1]
a[1] = [2,2,2]
b = a. shape[0]
c = a. shape[1]
print(b)
print(c)
```

- Python 输出

```
2
3
```

（9）矩阵转置。

- MATLAB 编程

```
a = [[1,1,1];[2,2,2]];
b = a'
```

- MATLAB 输出

```
  b =
      1      2
      1      2
      1      2
```

- Python 编程

```
import numpy
a = numpy. ones((2,3))
a[0] = [1,1,1]
a[1] = [2,2,2]
b = numpy. transpose(a)
```

```
print(b)
```
· Python 输出
```
[[1. 2. ]
 [1. 2. ]
 [1. 2. ]]
```

2.3.3　其他对照

（1）MATLAB 的 cell 格式与 Python 对照。

· MATLAB 编程
```
a = [{0},{[1,2,3]},{'str'}]
b = a{1,2}
```
· MATLAB 输出
```
a =
    [0] [1x3 double] 'str'
b =
      1    2    3
```
· Python 编程
```
a = [0,[1,2,3],"str"]
b = a[1]
print(a)
print(b)
```
· Python 输出
```
[0, [1, 2, 3], 'str']
[1, 2, 3]
```

（2）MATLAB 的 struct 格式与 Python 的字典对照。

· MATLAB 编程
```
a = struct('Name',['Alice', 'Sebastian'],'Age',[18,19])
b = a.Name(1,1)
c = a.Age(1,1)
```
· MATLAB 输出
```
a =
    Name: 'Alice Sebastian'
     Age: [18 19]


b =
Alice
c =
    18
```
· Python 编程

```
a = {"Name":["Alice","Sebastian"],"Age":[18,19]}
b = a["Name"][0]
c = a["Age"][0]
print(a)
print(b)
print(c)
```

· Python 输出

```
{'Name':['Alice','Sebastian'],'Age':[18,19]}
Alice
18
```

(3)小数取整。

· MATLAB 编程

```
a = 1.414
b = floor(a)%  向下取整
c = ceil(a)%  向上取整
d = round(a)%  四舍五入
```

· MATLAB 输出

```
a =
    1.4140
b =
    1
c =
    2
d =
    1
```

· Python 编程

```
import math
a = 1.414
b = math.floor(a)    # 向下取整
c = math.ceil(a)     # 向上取整
d = round(a)         # 四舍五入
print(a)
print(b)
print(c)
print(d)
```

· Python 输出

```
1.414
1
2
1
```

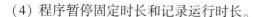

（4）程序暂停固定时长和记录运行时长。

　・MATLAB 编程

```
tic
for i = 1:3
    pause(1)
end
toc
```

　・MATLAB 输出

Elapsed time is 3. 030618 seconds.

　・Python 编程

```
import time
tic = time. time()
for i in range(1,4):
    time. sleep(1)
toc = time. time()
print (toc- tic)
```

　・Python 输出

3. 000171422958374

（5）生成随机数和随机数矩阵。

　・MATLAB 编程

```
a = rand
b = rand(2,3)
```

　・MATLAB 输出

```
a =
    0. 8147
b =
    0. 9058    0. 9134    0. 0975
    0. 1270    0. 6324    0. 2785
```

　・Python 编程

```
import numpy
a = numpy. random. rand()
b = numpy. random. rand(2,3)
print(a)
print(b)
```

　・Python 输出

```
0. 25082462001521255
[[0. 22951932 0. 05046531 0. 06556944]
 [0. 75324537 0. 077926   0. 43374954]]
```

第二篇　软件操作实验

## 第 3 章

矩阵的基本运算

3.1 问题

考虑设备更新问题。

某企业要更换一批设备，如果买新设备花钱较多，但创造价值高；如果继续使用旧设备，需大量维修费，而且创造价值低。现准备在几年之内将设备更新，预先测算一下，以确定方案。

我们以考虑一种设备为例，以四年为一限期。假设这种设备在四年内各年度新设备售价、在使用年度内维修费、创造的价值如表 3-1 所示。

表 3-1 设备售价、维修费、创造的价值

单位：万元

年度	1	2	3	4
新设备售价	10	11	12	15
新设备维修费	5	7	9	13
新设备创造值	43	50	48	44
旧设备维修费	13	17	21	28
旧设备创造值	35	34	33	30

我们构造费用矩阵与价值矩阵，在不同年度里更换设备，新设备的维修费用矩阵为

$$N = \begin{pmatrix} 5 & 7 & 9 & 13 \\ 0 & 5 & 7 & 9 \\ 0 & 0 & 5 & 7 \\ 0 & 0 & 0 & 5 \end{pmatrix}$$

旧设备尚需维修费用矩阵为

$$M = \begin{pmatrix} 0 & 0 & 0 & 0 \\ 13 & 0 & 0 & 0 \\ 13 & 17 & 0 & 0 \\ 13 & 17 & 21 & 0 \end{pmatrix}$$

注:

(1) N 矩阵表示:如果在第一年就更新了一台设备,则这台设备在四年内的维修费列于矩阵 N 第一行。如果这台设备是第二年更新的,则它的各年(三年)维修费列于矩阵 N 的第二行。依此类推。

(2) M 矩阵表示:第一年就更新设备,无须考虑旧设备维修费,M 矩阵的第一行元素全为零。第二年就更新设备,而被它换掉的那一台旧设备在第一年还使用了的,因此这台旧设备在第一年耗掉维修费,就是矩阵 M 的第二行第一个元素所表示的。当这台设备更换了以后,无须再耗维修费,因此矩阵 M 中第二行的后面各元素为零。依此类推。

同样地,可以作出设备的创造价值矩阵如下:

新设备创造价值矩阵为

$$N_t = \begin{pmatrix} 43 & 50 & 48 & 44 \\ 0 & 43 & 50 & 48 \\ 0 & 0 & 43 & 50 \\ 0 & 0 & 0 & 43 \end{pmatrix}$$

旧设备创造价值矩阵为

$$M_t = \begin{pmatrix} 0 & 0 & 0 & 0 \\ 35 & 0 & 0 & 0 \\ 35 & 34 & 0 & 0 \\ 35 & 34 & 33 & 0 \end{pmatrix}$$

新设备成本费用矩阵为

$$C = \begin{pmatrix} 10 & 0 & 0 & 0 \\ 0 & 11 & 0 & 0 \\ 0 & 0 & 12 & 0 \\ 0 & 0 & 0 & 15 \end{pmatrix}$$

应用 MATLAB 和 Python 软件进行矩阵的输入及各种基本运算。

3.2 实验目的

(1)熟悉 MATLAB 和 Python 软件的基本操作和界面。
(2)学习如何在 MATLAB 和 Python 中输入矩阵数据。
(3)理解并掌握 MATLAB 和 Python 中的矩阵运算命令。
(4)练习使用 MATLAB 和 Python 进行矩阵的加法、减法、乘法等基本运算。
(5)掌握 MATLAB 和 Python 中矩阵的转置、逆矩阵等高级运算。

3.3 预备知识

在进行本实验之前,你需要掌握以下预备知识:
(1)线性代数中的矩阵运算,包括矩阵的加法、减法、乘法等基本运算。

（2）矩阵的转置和逆矩阵的概念及其计算方法。

（3）熟悉 MATLAB 和 Python 软件的基本操作，如变量的定义、命令的输入和运行等。

（4）了解 MATLAB 和 Python 软件中关于矩阵运算的基本命令和函数，如+、−、＊等。熟悉 MATLAB 和 Python 软件中关于矩阵运算的各种命令。

1. 本实验所用 MATLAB 命令提示

（1）$N=[a_{11}\ a_{12}\ a_{13};\ a_{21}\ a_{22}\ a_{23};\ a_{31}\ a_{32}\ a_{33}]$；　　%三阶矩阵的输入格式。

（2）$N^{'}$；　　%求 N 的转置。

（3）N+M；　　%求 N 加 M。

（4）k ＊ N；　　%求某数 k 乘以 N。

（5）N ＊ M；　　%求 N 乘以 M。

（6）det（N）；　　%求 N 的行列式。

（7）rank（N）；　　%求 N 的秩。

（8）inv（N）或 N^{-1}；　　%求 N 的逆。

（9）M／N；　　%求 M 右乘 N 的逆。

（10）N ＼ M；　　%求 M 左乘 N 的逆。

（11）eig（N）；　　%求 N 的特征值。

（12）[X，D]＝eig（N）；　　%求 N 的特征向量矩阵 X 及对角阵 D。

（13）N^n；　　%求方阵 N 的 n 次幂。

（14）Orth（N）　　%矩阵 N 的正交化。

（15）rref（N）　　%将矩阵 N 化为阶梯形的最简形式。

（16）通过函数产生矩阵：

zeros（n，m）　　%n 行 m 列零矩阵。

ones（n，m）　　%n 行 m 列壹矩阵。

rand（n，m）　　%n 行 m 列随机阵。

eye（n）　　%n 阶单位阵。

vander（c）　　%由向量 c 构成的范德蒙矩阵。

2. 本实验所用 Python 命令提示

```
import numpy as np  #导入 numpy 模块
a=np. array([['a11', 'a12', 'a13'],
        ['a21', 'a22', 'a23'],
        ['a31', 'a32', 'a33']])  # 生成 3*3 数组
N = np. mat(a)  # 定义 3*3 矩阵
```

（1）N. T　　%求 N 的转置。

（2）N+M　　%求 N 加 M。

（3）k ＊ N　　%求某数 k 乘以 N。

（4）N ＊ M　　%求 N 乘以 M。

（5）np. linalg. det（N）　　%求 N 的行列式。

（6）np. linalg. matrix_rank（N）　　%求 N 的秩。

（7）np. linalg. inv（N） %求 N 的逆。

（8）M * np. linalg. inv（N） %求 M 右乘 N 的逆。

（9）np. linalg. inv（N）* M %求 M 左乘 N 的逆。

（10）np. linalg. eigvals（N） %求 N 的特征值。

（11）[D，X] = np. linalg. eig（N） %求 N 的特征向量矩阵 X 及特征值 D。

（12）orth（N） %矩阵 N 的正交化。

（13）N * *n; %求方阵 N 的 n 次幂。

（14）rref(N) %将矩阵 N 化为阶梯形的最简形式。

（15）通过函数产生矩阵：

np. zeros((n，m)) %n 行 m 列零矩阵。

np. ones((n，m)) %n 行 m 列壹矩阵。

np. random. rand（n，m） %n 行 m 列随机阵。

np. eye（n） %n 阶单位阵。

np. vander（c） %由向量 c 构成的范德蒙矩阵。

3.4　实验内容与要求

（1）输入设备更新问题中的矩阵 N、M、N_t、M_t、C；

（2）作 $X_1 = N'$，记维修费用矩阵为 $X_2 = N + M$，记总创造价值矩阵为 $X_3 = N_t + M_t$，记 $X_4 = (X_3 - X_2 - C)$，为找出 X_4 某一行元素和最大者，即计算 $X_5 = X_4 J$，其中 $J = (1, 1, 1, 1)'$，$\max\{X_5\}$ 即为某一年即更换新设备，总收益最大。

3.5　思考与练习

1. 设矩阵 A、B、b 如下：

$$A = \begin{pmatrix} 1 & 0 & 1 \\ 2 & 1 & 0 \\ -3 & 2 & -5 \end{pmatrix} \quad B = \begin{pmatrix} 0 & 1 & 2 \\ 1 & 1 & 4 \\ 2 & -1 & 0 \end{pmatrix} \quad b = \begin{pmatrix} 1 \\ 2 \\ 3 \end{pmatrix}$$

求 $|A|$、$|B|$。

2. 求满足方程组：$AX = b$ 的解 X（A、B、b 同1）。

3. 求满足矩阵方程：$XA = B$ 的解矩阵 X（A、B、b 同1）。

4. 求 A、B 的秩。

5. A 的特征值构成的对角阵与特征向量构成的矩阵。

6. A 的三次幂。

7. A 的正交化。

8. A 与 B 的阶梯形的最简式。

3.6　软件操作提示

3.6.1　MATLAB 操作提示

（1）计算过程：

设备更新问题中的矩阵 N、M、Nt、Mt、C 的输入程序：

N=[5 7 9 13;0 5 7 9;0 0 5 7;0 0 0 5]
M=[0 0 0 0;13 0 0 0;13 17 0 0;13 17 21 0]
Nt=[43 50 48 44;0 43 50 48;0 0 43 50;0 0 0 43]
Mt=[0 0 0 0;35 0 0 0;35 34 0 0;35 34 33 0]
C=[10 0 0 0;0 11 0 0;0 0 12 0;0 0 0 15]

计算结果：

N =

5	7	9	13
0	5	7	9
0	0	5	7
0	0	0	5

M =

0	0	0	0
13	0	0	0
13	17	0	0
13	17	21	0

Nt =

43	50	48	44
0	43	50	48
0	0	43	50
0	0	0	43

Mt =

0	0	0	0
35	0	0	0
35	34	0	0
35	34	33	0

C =

10	0	0	0
0	11	0	0
0	0	12	0
0	0	0	15

（2）求：哪一年就更换新设备，其总收益最大?

```
N=[5 7 9 13;0 5 7 9;0 0 5 7;0 0 0 5];
M=[0 0 0 0;13 0 0 0;13 17 0 0;13 17 21 0];
Nt=[43 50 48 44;0 43 50 48;0 0 43 50;0 0 0 43];
Mt=[0 0 0 0;35 0 0 0;35 34 0 0;35 34 33 0];
C =[10 0 0 0;0 11 0 0;0 0 12 0;0 0 0 15];
J =[1;1;1;1]
x1=N'
x2=N+M
x3=Nt +Mt
x4=(Nt +Mt- N- M- C)
x5=(Nt +Mt- N- M- C)*J
```

计算结果：

N =

5	7	9	13
0	5	7	9
0	0	5	7
0	0	0	5

M =

0	0	0	0
13	0	0	0
13	17	0	0
13	17	21	0

Nt =

43	50	48	44
0	43	50	48
0	0	43	50
0	0	0	43

Mt =

0	0	0	0
35	0	0	0
35	34	0	0
35	34	33	0

C =

10	0	0	0
0	11	0	0
0	0	12	0
0	0	0	15

J =   1

     1

     1

     1

运行结果：

x1 =

5	0	0	0
7	5	0	0
9	7	5	0
13	9	7	5

x2 =

5	7	9	13
13	5	7	9
13	17	5	7
13	17	21	5

x3 =

43	50	48	44
35	43	50	48
35	34	43	50
35	34	33	43

x4 =

28	43	39	31
22	27	43	39
22	17	26	43
22	17	12	23

x5 =

    141

    131

    108

    74

3.6.2　Python 操作提示

（1）设备更新问题中的矩阵 N、M、N_t、M_t、C 的输入程序：

```
import numpy as np
N= np.mat([[5,7,9,13],[0,5,7,9],[0,0,5,7],[0,0,0,5]])
M= np.mat ([[0,0,0,0],[13,0,0,0],[13,17,0,0],[13,17,21,0]])
Nt = np.mat ([[43,50,48,44],[0,43,50,48],[0,0,43,50],[0,0,0,43]])
Mt = np.mat ([ [0,0,0,0],[35,0,0,0],[35,34,0,0],[35,34,33,0]])
C = np.mat ([ [10,0,0,0],[0,11,0,0],[0,0,12,0],[0,0,0,15]])
```

计算结果：

N =

matrix([[5,   7,   9, 13],
        [0,   5,   7, 9],
        [0,   0,   5, 7],
        [0,   0,   0, 5]])

M =

matrix([[0,   0,   0,   0],
        [13,   0,   0,   0],
        [13,   17,   0,   0],
        [13,   17,   21,   0]])

Nt =

matrix([[43,   50,   48,   44],
        [0,   43,   50,   48],
        [0,   0,   43,   50],
        [0,   0,   0,   43]])

Mt =

matrix([[0,   0,   0,   0],
        [35,   0,   0,   0],
        [35,   34,   0,   0],
        [35,   34,   33,   0]])

C =

matrix([[10,   0,   0,   0],
        [0,   11,   0,   0],
        [0,   0,   12,   0],
        [0,   0,   0,   15]])

(2)求：哪一年就更换新设备，其总收益最大？

```
N= np. mat([[5,7,9,13],[0,5,7,9],[0,0,5,7],[0,0,0,5]])
M= np. mat ([[0,0,0,0],[13,0,0,0],[13,17,0,0],[13,17,21,0]])
Nt = np. mat ([[43,50,48,44],[0,43,50,48],[0,0,43,50],[0,0,0,43]])
Mt = np. mat ([ [0,0,0,0],[35,0,0,0],[35,34,0,0],[35,34,33,0]])
C = np. mat ([ [10,0,0,0],[0,11,0,0],[0,0,12,0],[0,0,0,15]])
J = np. mat ([ [1],[1],[1],[1]])
x1=N. T
x2=N+M
x3= Nt +Mt
x4=(Nt +Mt- N- M- C)
x5=( Nt +Mt- N- M- C)*J
```

计算结果：

N =

matrix([[5,　 7,　 9, 13],
　　　　 [0,　 5,　 7,　 9],
　　　　 [0,　 0,　 5,　 7],
　　　　 [0,　 0,　 0,　 5]])

M =

matrix([[0,　 0,　 0,　 0],
　　　　 [13,　 0,　 0,　 0],
　　　　 [13,　17,　 0,　 0],
　　　　 [13,　17,　21,　 0]])

N_t =

matrix([[43,　50,　48,　44],
　　　　 [0,　43,　50,　48],
　　　　 [0,　 0,　43,　50],
　　　　 [0,　 0,　 0,　43]])

M_t =

matrix([[0,　 0,　 0,　 0],
　　　　 [35,　 0,　 0,　 0],
　　　　 [35,　34,　 0,　 0],
　　　　 [35,　34,　33,　 0]])

C =

matrix([[10,　 0,　 0,　 0],
　　　　 [0,　11,　 0,　 0],
　　　　 [0,　 0,　12,　 0],
　　　　 [0,　 0,　 0,　15]])

J =

matrix([[1],
　　　　 [1],
　　　　 [1],
　　　　 [1]])

运行结果：

x1 =

matrix([[5,　 0,　 0,　 0],
　　　　 [7,　 5,　 0,　 0],
　　　　 [9,　 7,　 5,　 0],
　　　　 [13,　 9,　 7,　 5]])

x2 =

matrix([[5,　 7,　 9,　13],
　　　　 [13,　 5,　 7,　 9],
　　　　 [13,　17,　 5,　 7],
　　　　 [13,　17,　21,　 5]])

x3 =
    matrix([[43,   50,   48,   44],
            [35,   43,   50,   48],
            [35,   34,   43,   50],
            [35,   34,   33,   43]])

x4 =
    matrix([[28,   43,   39,   31],
            [22,   27,   43,   39],
            [22,   17,   26,   43],
            [22,   17,   12,   23]])

x5 =
    matrix([[141],
            [131],
            [108],
            [74]])

在第一年就更换新设备，总效益最大。

max(141，131，108，74)=141。但是如果要求净利润剩余价值不少于 130 万元，考虑到提高旧设备利用率及新设备的使用寿命及其他一些因素，在第二年更新设备也是可以的。

3.7　上机练习参考答案

3.7.1　MATLAB 操作提示

（1）求 A 与 B 的行列式。
计算过程：

```
A=[1 0 1;2 1 0;-3 2-5];
B=[0 1 2;1 1 4;2-1 0];
x6=det(A)
x7=det(B)
```

计算结果：
A 与 B 的行列式的值为：
    x6 =2
    x7 =2
（2）求 $X = A^{-1}b$。
计算过程：

A＝[1 0 1;2 1 0;-3 2-5];
b＝[1;2;3];
x8＝inv(A)*b

计算结果：
方程组的解 X 为：
```
     x8 =
        -2. 0000
         6. 0000
         3. 0000
```
(3)求 $X = BA^{-1}$ 的解矩阵 X；（A、B、b 同上）。
计算过程：

A＝[1 0 1;2 1 0;-3 2-5];
B＝[0 1 2;1 1 4;2-1 0];
x9＝B*inv(A)

计算结果：
矩阵方程的解 X 为：
```
     x9 =
        12. 0000      -3. 0000      2. 0000
        16. 5000      -4. 0000      2. 5000
       -10. 0000       3. 0000     -2. 0000
```
(4)求 A、B 的秩。
计算过程：

A＝[1 0 1;2 1 0;-3 2-5];
B＝[0 1 2;1 1 4;2-1 0];
rank(A)
rank(B)

计算结果：
ans = 3
ans = 3

(5)A 的特征值构成的对角阵与特征向量构成的矩阵。
计算过程：

[D,X]＝eig(A)

计算结果：
```
D =
      0. 1853      0. 4444      0. 2767
     -0. 0701     -0. 6867      0. 9473
```

$$-0.9802 \quad -0.5752 \quad 0.1617$$

$$X =$$
$$-4.2899 \qquad 0 \qquad 0$$
$$0 \quad -0.2943 \qquad 0$$
$$0 \qquad 0 \quad 1.5842$$

（6）A 的三次幂。

计算过程：

```
x10 = A^3
```

计算结果：

x10 =

$$\begin{array}{rrr} 14 & -6 & 18 \\ 0 & 5 & -6 \\ -66 & 36 & -94 \end{array}$$

（7）A 的正交化。

计算过程：

```
x11 = orth(A)
x12 = orth(A)*orth(A)'
```

计算结果：

$$x11 = \begin{array}{rrr} -0.2094 & -0.2137 & 0.9542 \\ -0.1220 & -0.9625 & -0.2423 \\ 0.9702 & -0.1672 & 0.1755 \end{array}$$

（x11 为正交矩阵）

$$x12 = \begin{array}{rrr} 1.0000 & -0.0000 & 0.0000 \\ -0.0000 & 1.0000 & 0.0000 \\ 0.0000 & 0.0000 & 1.0000 \end{array}$$

（验证矩阵 x11 是否为正交矩阵，只需做 x11 * x11′看其是否得单位矩阵 E 即可）

（8）A 与 B 的阶梯形的最简式。

计算过程：

```
x13 = rref(A)
x14 = rref(B)
```

计算结果：

x13 =

$$\begin{array}{rrr} 1 & 0 & 0 \\ 0 & 1 & 0 \\ 0 & 0 & 1 \end{array}$$

x14 =

$$\begin{array}{rrr} 1 & 0 & 0 \end{array}$$

$$\begin{array}{ccc} 0 & 1 & 0 \\ 0 & 0 & 1 \end{array}$$

（为 A、B 的阶梯形的最简式）

3.7.2　Python 操作提示

（1）求 A 与 B 的行列式。

计算过程：

```
import numpy as np
A＝np. mat([[1,0,1],[2,1,0],[-3,2,-5]])
B＝ np. mat([ [0,1,2],[1,1,4],[2,-1,0]])
x6＝ np. linalg. det(A)
x7＝ np. linalg. det(B)
```

计算结果：

A 与 B 的行列式的值为：

　　x6 = 2

　　x7 = 2

（2）求 $X = A^{-1}b$。

计算过程：

```
A＝ np. mat([[1,0,1],[2,1,0],[-3,2,-5]])
b＝ np. mat([[1],[2],[3]])
x8＝ np. linalg. inv(A)*b
```

计算结果：

方程组的解 X 为：

　　x8 =

　　　　matrix([[-2.],

　　　　　　　　[6.],

　　　　　　　　[3.]])

（3）求 $X = BA^{-1}$ 的解矩阵 X。

计算过程：

```
A＝ np. mat([[1,0,1],[2,1,0],[-3,2,-5]])
B＝ np. mat([[0,1,2],[1,1,4],[2,-1,0]])
x9＝B* np. linalg. inv(A)
```

计算结果：

矩阵方程的解 X 为：

　　x9 =

　　　　matrix([[12. ,　　-3. ,　　 2.],

　　　　　　　　[16. 5,　　-4. ,　　 2. 5],

$$[-10., \quad 3., \quad -2.]])$$

（4）求 A、B 的秩。

计算过程：

```
A= np. mat([[1,0,1],[2,1,0],[-3,2,-5]])
B= np. mat([[0,1,2],[1,1,4],[2,-1,0]])
np. linalg. matrix_rank (A)
np. linalg. matrix_rank (B)
```

计算结果：

3

3

（5）A 的特征值构成的对角阵与特征向量构成的矩阵。

计算过程：

```
[X,D]= np. linalg. eig(A)
```

计算结果：

$[X, D] =$

$[array([-4.28994508, \quad -0.29428036, \quad 1.58422544]),$

$\quad matrix([[0.18529178, \quad 0.4444229, \quad 0.27670645],$

$\quad\quad\quad [-0.07005433, \quad -0.68674904, \quad 0.94725916],$

$\quad\quad\quad [-0.98018332, \quad -0.57520783, \quad 0.16165895]])]$

（6）A 的三次幂。

计算过程：

```
x10=A* * 3
```

计算结果：

$x10 = matrix([[14, \quad -6, \quad 18],$

$\quad\quad\quad\quad\quad [0, \quad 5, \quad -6],$

$\quad\quad\quad\quad\quad [-66, \quad 36, \quad -94]])$

（7）A 的正交化。

计算过程：

```
from scipy import linalg
A = np. array([[1,0,1],[2,1,0],[-3,2,-5]])
x11= linalg. orth(A)
x11=np. mat(x11)
x12= x11*x11. T
```

计算结果：

$x11 = array([[-0.2094, \quad -0.2137, \quad 0.9542],$

$\quad\quad\quad\quad [-0.122, \quad -0.9625, \quad -0.2423],$

$$[\begin{array}{ccc} 0.9702, & -0.1672, & 0.1755 \end{array}]])$$

$$x12 = \text{matrix}(\left[\begin{array}{ccc} 1., & -0., & -0. \\ -0., & 1., & -0. \\ -0., & -0., & 1. \end{array}\right])$$

(验证矩阵 x11 是否为正交矩阵，只需做 x11 * x11′看其是否得单位矩阵 E 即可)

(8)A 与 B 的阶梯形的最简式。

计算过程：

```
from sympy import Matrix
A = np.array([[1,0,1],[2,1,0],[-3,2,-5]])
MA = Matrix(A)   # 将 numpy.array 转为 sympy.Matrix
x13= MA.rref()
B= np.array([[0,1,2],[1,1,4],[2,-1,0]])
MB = Matrix(B)
x14= MB.rref()
```

计算结果：

$$x13 = (\text{Matrix}(\left[\begin{array}{ccc} 1, & 0, & 0 \\ 0, & 1, & 0 \\ 0, & 0, & 1 \end{array}\right]), (0, 1, 2))$$

$$x14 = (\text{Matrix}(\left[\begin{array}{ccc} 1, & 0, & 0 \\ 0, & 1, & 0 \\ 0, & 0, & 1 \end{array}\right]), (0, 1, 2))$$

（为 A、B 的阶梯形的最简式）

第4章 | 线性方程组及矩阵的初等变换

4.1 考虑投入产出问题

假设某企业生产甲、乙两种产品，在生产过程中，甲、乙两种产品的总产量，可提供的商品量及消耗量的关系统计如表4-1所示。

表4-1 商品量与消耗量

项目		消耗状况		商品量	总产量
		甲	乙		
生产状况	甲	50 t	125 t	75 t	250 t
	乙	35 m³	25 m³	40 m³	100 m³

（1）假设在下一个生产周期内，设备和技术条件不变，商品需求量增加。其中甲增到85 t，乙增到50 m³。应如何计划甲、乙两种产品的总产量才能满足市场需求？

（2）假设下一个生产周期计划总产量甲为260 t，乙为110 m³，那么可提供给市场的商品量各是多少？

考虑在下一个生产周期内，设备和技术条件不变，这决定了生产甲、乙单位产品时原材料的消耗量不变。用甲、乙两种产品的总产量分别去除表的第一、第二列，所得的比值表示甲、乙两种产品各生产单位商品量时对甲、乙产品的消耗量。而对原材料的消耗量不变，说明在下一个生产周期内这样的比值仍然适用。

若设下一个生产周期内甲、乙产品的总产品量和可提供的商品量分别为 x_1，x_2 和 y_1，y_2，则可得表4-2。

表4-2 总产量和商品量

项目		消耗比值		商品量	总产量
		甲	乙		
生产状况	甲	0.2	1.25	y_1	x_1
	乙	0.14	0.25	y_2	x_2

由于，消耗量+商品量=总产量，因此有：

$$\begin{cases} 0.2x_1 + 1.25x_2 + y_1 = x_1 \\ 0.14x_1 + 0.25x_2 + y_2 = x_2 \end{cases}$$

整理得：$\begin{cases} 0.8x_1 - 1.25x_2 = y_1 \\ -0.14x_1 + 0.75x_2 = y_2 \end{cases}$

写成矩阵形式：

$$\begin{pmatrix} y_1 \\ y_2 \end{pmatrix} = \begin{pmatrix} 0.8 & -1.25 \\ -0.14 & 0.75 \end{pmatrix} \begin{pmatrix} x_1 \\ x_2 \end{pmatrix} \quad 或 \quad \begin{pmatrix} x_1 \\ x_2 \end{pmatrix} = \begin{pmatrix} 0.8 & -1.25 \\ -0.14 & 0.75 \end{pmatrix}^{-1} \begin{pmatrix} y_1 \\ y_2 \end{pmatrix}$$

4.2　实验目的

学习使用 MATLAB 和 Python 软件实施初等变换将矩阵化为上三角矩阵。

理解初等变换的概念和方法，包括行交换、行倍乘和行加减等操作。

能根据由软件求得的非齐次线性方程组增广矩阵的阶梯形的行最简形式写出线性方程组的通解。

理解增广矩阵的阶梯形和行最简形式的概念，以及它们与线性方程组解的关系。

掌握如何使用 MATLAB 和 Python 软件进行矩阵运算和变换，以解决线性方程组和矩阵相关的问题。

学会使用 MATLAB 和 Python 软件进行线性方程组求解和通解的计算，以解决实际问题。

4.3　预备知识

在进行本实验之前，我们需要掌握以下预备知识：

1. 线性方程组的矩阵形式、上三角矩阵、初等变换、向量组的线性相关性等知识：

熟悉线性方程组的矩阵形式和向量组的线性相关性的概念。

了解上三角矩阵的定义和性质，包括主对角线上方的元素都为零的特点。

理解初等变换的概念和方法，包括行交换、行倍乘和行加减等操作。

掌握线性方程组求解的基本原理和方法，包括高斯消元法和矩阵求逆法。

2. 本实验所用 MATLAB 命令提示：

(1) ai = A(i, :);　　　　　　　　%选择 A 第 i 行做一个行向量。

(2) aj = A(:, j);　　　　　　　　%选择 A 第 j 列做一个列向量。

(3) a1 * a2';　　　　　　　　　%两个行向量 a1 与 a2 的内积。

(4) A([i, j], :) = A([j, i], :);　　%让 A 第 i 行与第 j 行互换。

(5) A(i, :) = K * A(i, :);　　　　%让 K 乘以 A 的第 i 行。

（6）A(i,:)=A(i,:)+K∗A(j,:);   %让 A 第 i 行加上第 j 行 K 倍。

（7）Poly(A);   %求矩阵 A 的特征多项式。

3. 本实验所用 Python 命令提示：

（1）ai＝A[i,:]   %选择 A 第 i 行做一个行向量。

（2）aj＝A[:,j]   %选择 A 第 j 列做一个列向量。

（3）np.dot(a1,a2)   %两个行向量 a1 与 a2 的内积。

（4）A[[i,j],:]=A[[j,i],:]   %让 A 第 i 行与第 j 行互换。

（5）A[i,:]=K∗A[i,:]   %让 K 乘以 A 的第 i 行。

（6）A[i,:]=A[i,:]+K∗A[j,:]   %让 A 第 i 行加上第 j 行 K 倍。

4.4 实验内容与要求

1. 若当 $\begin{pmatrix} y_1 \\ y_2 \end{pmatrix} = \begin{pmatrix} 85 \\ 50 \end{pmatrix}$ 时，计算 $\begin{pmatrix} x_1 \\ x_2 \end{pmatrix} = \begin{pmatrix} 0.8 & -1.25 \\ -0.14 & 0.75 \end{pmatrix}^{-1} \begin{pmatrix} 85 \\ 50 \end{pmatrix}$，可得下一个生产周期内甲产品的计划总产量和乙产品的计划总产量，且扣除消耗掉的产品量后的商品量才能满足市场的需求。

2. 若当 $\begin{pmatrix} x_1 \\ x_2 \end{pmatrix} = \begin{pmatrix} 260 \\ 110 \end{pmatrix}$ 时，比原来 $\begin{pmatrix} x_1 \\ x_2 \end{pmatrix} = \begin{pmatrix} 250 \\ 100 \end{pmatrix}$ 的计划总产量增加了，由于增产比例不当，通过计算 $\begin{pmatrix} y_1 \\ y_2 \end{pmatrix} = \begin{pmatrix} 0.8 & -1.25 \\ -0.14 & 0.75 \end{pmatrix} \begin{pmatrix} 260 \\ 110 \end{pmatrix}$，可知下一个生产周期内甲产品可提供的商品量反而比原来减少了 4.5t。

3. 求线性方程组 $\begin{cases} 5x_1 - x_2 - x_3 - x_4 = -4 \\ -x_1 + 10x_2 - x_3 - x_4 = 12 \\ -x_1 - x_2 + 5x_3 - x_4 = 8 \\ -x_1 - x_2 - x_3 + 10x_4 = 34 \end{cases}$ 的解。

4. 已知向量组 $\boldsymbol{M}$：

$\boldsymbol{a}_1 = (1 \quad -2 \quad -5)$，$\boldsymbol{a}_2 = (-2 \quad 4 \quad 10)$，$\boldsymbol{a}_3 = (3 \quad -4 \quad -17)$，$\boldsymbol{a}_4 = (0 \quad 1 \quad -1)$，$\boldsymbol{a}_5 = (-1 \quad 3 \quad 4)$

求：（1）向量组 $\boldsymbol{M}$ 的秩；

（2）判断 $\boldsymbol{M}$ 的相关性；

（3）写出 $\boldsymbol{M}$ 的一个极大无关组；

（4）将其余向量用极大无关组线性表示。

4.5 操作提示

4.5.1 MATLAB 操作提示

(1)计算过程:

    A=[0.8 - 1.25;- 0.14 0.75];
    B=[85;50];
    x1=inv(A)*B

计算结果:

    x1 =
          297.0588
          122.1176

(即甲增到 85t,乙增到 50m³ 时,计划总产量甲、乙两种产品分别为 297.0588 与 122.1176,才能满足市场需求。)

(2)计算过程:

    A=[0.8 - 1.25;- 0.14 0.75];
    C=[260;110];
    x2=A*C

计算结果:

    x2 =
          70.5000
          46.1000

(结果表明,虽然计划总产量都增加了,但由于增产比例不当,在下一个生产周期内甲产品可提供的商品量反而比原来的 75t 少了 4.5t。)

(3)计算过程:

解线性方程组:

    A=[5 - 1 - 1 - 1;- 1 10 - 1 - 1;- 1 - 1 5 - 1;- 1 - 1 - 1 10];
    D=det(A)
    b=[- 4;12;8;34];
    x=A\b

计算结果:

    D =
         2112
    x =   1
           2
           3
           4

（4）计算过程：

将向量按列写成矩阵，可以求出行的最简形式并回答所有问题。

```
M= np. mat([[1,-2,3,0,-1],[-2,4,-4,1,3],[-5,10,-17,-1,4]])
M1 =rref(M)
```

计算结果：

M =

1	−2	3	0	−1
−2	4	−4	1	3
−5	10	−17	−1	4

M1 =

1. 0000	−2. 0000	0	−1. 5000	−2. 5000
0	0	1. 0000	0. 5000	0. 5000
0	0	0	0	0

因 M1 非零行行数为 2，向量组 M 的秩为 2；因为秩 2 小于个数 5，故 M 为线性相关向量组；又因为行最简形式中单位向量对应的 a_1、a_3 为一个极大无关组；由 M1 得：

$$a_2 = -2a_1 + 0a_3,$$
$$a_4 = -1.5a_1 + 0.5a_3,$$
$$a_5 = -32.5a_1 + 0.5a_3$$

4.5.2 Python 操作提示

（1）计算过程：

```
A=np. mat([[0. 8,-1. 25],[-0. 14,0. 75]])
B= np. mat([[85],[50]])
x1 =np. linalg. inv(A)*B
```

计算结果：

x1 = matrix([[297. 05882353],
                    [122. 11764706]])

（即甲增到 85t、乙增到 50m³ 时，计划总产量甲、乙两种产品分别为 297. 0588 与 122. 1176，才能满足市场需求。）

（2）计算过程：

```
A=np. mat([[0. 8,-1. 25],[-0. 14,0. 75]])
C= np. mat([[260],[110]])
    x2=A*C
```

计算结果：

x2 = matrix([[70. 5],
                    [46. 1]])

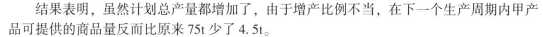

结果表明，虽然计划总产量都增加了，由于增产比例不当，在下一个生产周期内甲产品可提供的商品量反而比原来 75t 少了 4.5t。

（3）计算过程：

解线性方程组：

```
A = np. mat([[5,-1,-1,-1],[-1,10,-1,-1],[-1,-1,5,-1],[-1,-1,-1,10]])
D = np. linalg. det(A)
b = np. mat([[-4],[12],[8],[34]])
x = A\b
```

计算结果：

D = 2112.0

x = matrix([[1.],
　　　　　　 [2.],
　　　　　　 [3.],
　　　　　　 [4.]])

（4）计算过程：

将向量按列写成矩阵，可以求出行的最简形式并回答所有问题。

```
from sympy import Matrix
M = np. array([[1,-2,3,0,-1],[-2,4,-4,1,3],[-5,10,-17,-1,4]])
M2 = Matrix(M)  # 将 numpy. array 转为 sympy. Matrix
M1 = M. rref()
```

计算结果：

M = array([[1, -2, 3, 0, -1],
　　　　　　[-2, 4, -4, 1, 3],
　　　　　　[-5, 10, -17, -1, 4]])
M1 = Matrix([
[1, -2, 0, -3/2, -5/2],
[0, 0, 1, 1/2, 1/2],
[0, 0, 0, 0, 0]]), (0, 2))

因 M1 非零行行数为 2，向量组 M 的秩为 2；因为秩 2 小于个数 5，故 M 为线性相关向量组；又因行最简形式中单位向量对应的 a_1、a_3 为一个极大无关组；由 M1 得：

$$a_2 = -2a_1 + 0a_3$$
$$a_4 = -1.5a_1 + 0.5a_3$$
$$a_5 = -32.5a_1 + 0.5a_3$$

4.6　上机练习

1. 求 $A = \begin{pmatrix} 0.8 & -1.25 \\ 0.14 & 0.75 \end{pmatrix}$ 的行向量组：a_1、a_2；

2. 求 $A = \begin{pmatrix} 0.8 & -1.25 \\ 0.14 & 0.75 \end{pmatrix}$ 的列向量组：b_1、b_2；

3. 求 a_1 与 a_2 的内积 A_1；

4. 完成以下初等变换：将 A 的一、二行互换，再将其第一行乘以 $1/0.14$，再将其第一行的 0.8 倍加至第二行；

5. 求下列非齐次方程组的通解（矩阵及增广矩阵的秩，矩阵阶梯形的行最简形式）：

$$\begin{cases} x_1 + 2x_2 + 4x_3 + 6x_4 - 3x_5 + 2x_6 = 4 \\ 2x_1 + 4x_2 - 4x_3 + 5x_4 + x_5 - 5x_6 = 3 \\ 3x_1 + 6x_2 + 2x_3 + 5x_5 - 9x_6 = -1 \\ 2x_1 + 3x_2 + 4x_4 + x_6 = 8 \\ -4x_2 - 5x_3 + 2x_4 + x_5 + 4x_6 = -5 \\ 5x_1 + 5x_2 - 3x_3 + 6x_4 + 6x_5 - 4x_6 = 2 \end{cases}$$

4.7 上机练习参考答案

4.7.1 MATLAB 操作提示

（1）计算过程：

```
A=[0.8 - 1.25;- 0.14 0.75];
a1=A(1,:)
a2=A(2,:)
```

计算结果：
a1 = 0.8000   −1.2500
a2 =−0.1400   0.7500
（2）计算过程：

```
A=[0.8 - 1.25;- 0.14 0.75];
b1=A(:,1)
b2=A(:,2)
```

计算结果：
b1 =0.800 0
    −0.140 0
b2 =−1.250 0
    0.750 0
（3）计算过程：

```
A=[0.8- 1.25;- 0.14 0.75];
x3=a1*a2'
```

计算结果：

x3 =

$$-1.0495$$

（4）计算过程：

A=[0. 8- 1. 25;- 0. 14 0. 75];
A2= A([1,2],:)=A([2,1],:)
A2(1,:)=1/0. 14*A2(1,:)

计算结果：

A2 =

$$\begin{matrix} -0.1400 & 0.7500 \\ 0.8000 & -1.2500 \end{matrix}$$

A2 =

$$\begin{matrix} -1.0000 & 5.3571 \\ 0.8000 & -1.2500 \end{matrix}$$

（5）计算过程：

解非齐次方程组的通解：

A21=[1 2 4 6 - 3 2;2 4 - 4 5 1 - 5;3 6 2 0 5 - 9;
　　2 3 0 4 0 1;0 - 4 - 5 2 1 4;5 5 - 3 6 6 - 4]
D=det(A21)
B21=[4;3;- 1;8;- 5;2];
A22=[A21 B21];
R1=rank(A21)
R2=rank(A22)
RR=rref(A22)

计算结果：

A21 =

1	2	4	6	−3	2
2	4	−4	5	1	−5
3	6	2	0	5	−9
2	3	0	4	0	1
0	−4	−5	2	1	4
5	5	−3	6	6	−4

D = 0

R1 = 5

R2 = 5

RR = Columns 1 through 7

| 1.0000 | 0 | 0 | 0 | 0 | 6.806 8 | 11.097 2 |
| 0 | 1.0000 | 0 | 0 | 0 | −2.252 0 | −0.419 2 |

0	0	1.0000 0	0	0	−0.2041	−1.1384
0	0	0	1.0000 0	0	−1.4644	−3.2342
0	0	0	0	1.0000	−3.1000	−5.9000
0	0	0	0	0	0	0

由于未知量的个数 n 减系数矩阵的秩 r 为 $n-r=6-5=1$，故对应齐次方程组的基础解系中含一个解向量，有一个自由未知量，取为 x_4 赋非零值 1 得基础解系、赋零值得非齐次方程组的特解，于是得通解：

$$y = k \begin{pmatrix} -6.8068 \\ 2.2520 \\ 0.2041 \\ 1.4644 \\ 3.100 \\ 1 \end{pmatrix} + \begin{pmatrix} 11.097\,2 \\ -0.419\,2 \\ -1.138\,4 \\ -3.234\,2 \\ -5.900\,0 \\ 0 \end{pmatrix}$$

4.7.2 Python 操作提示

(1)计算过程：

```
A= np. mat([[0.8,-1.25],[-0.14,0.75]])
a1=A[0,:]
a2=A[1,:]
```

计算结果：

a1 =

    matrix([[0.8， −1.25]])

a2 =

    matrix([[−0.14，　0.75]])

(2)计算过程：

```
A= np. mat([[0.8,-1.25],[-0.14,0.75]])
b1=A[:,0]
b2=A[:,1]
```

计算结果：

b1 =

    matrix([[0.8]，

        [−0.14]])

b2 =

    matrix([[−1.25]，

        [0.75]])

(3)计算过程：

```
A = np. mat([[0.8,-1.25],[-0.14,0.75]])
a1 = A[0,:]
a2 = A[1,:]
x3 = np. dot(a1,a2)
```

计算结果：

x3 =

$$-1.0495$$

(4)计算过程：

```
A = np. mat([[0.8,-1.25],[-0.14,0.75]])
A2 = A[[0,1],:] = A[[1,0],:]
A2[0,:] = 1/0.14*A2[0,:]
```

计算结果：

A2 =

matrix([[-0.14,　　0.75],
　　　　　[0.8,　-1.25]])

A2 =

matrix([[-1.,　　5.35714286],
　　　　　[0.8,　-1.25　　　　]])

(5)计算过程：

解非齐次方程组的通解：

```
A21 = np. mat([[1,2,4,6,-3,2],[2,4,-4,5,1,-5],[3,6,2,0,5,-9],[2,3,0,4,0,1],[0,-4,-5,
2,1,4],[5,5,-3,6,6,-4]])
D = np. linalg. det(A21)
B21 = np. mat([[4],[3],[-1],[8],[-5],[2]])
A22 = np. hstack((A21,B21))
R1 = np. linalg. matrix_rank(A21)
R2 = np. linalg. matrix_rank(A22)
M = np. array(A22)
M = Matrix(M)   # 将 numpy. array 转为 sympy. Matrix
RR = M. rref()
RR
```

计算结果：

A21 =

matrix([[　1,　　2,　　4,　　6,　　-3,　　2],
　　　　　[　2,　　4,　　-4,　　5,　　1,　　-5],
　　　　　[　3,　　6,　　2,　　0,　　5,　　-9],
　　　　　[　2,　　3,　　0,　　4,　　0,　　1],
　　　　　[　0,　　-4,　　-5,　　2,　　1,　　4],

$$\begin{bmatrix} 5, & 5, & -3, & 6, & 6, & -4 \end{bmatrix}])$$

D = -2.379813517966966e-12

R1 = 5

R2 = 5

RR = (Matrix([

$$\begin{bmatrix} 1, 0, 0, 0, 0, & 4969/730, & 8101/730 \end{bmatrix},$$
$$\begin{bmatrix} 0, 1, 0, 0, 0, & -822/365, & -153/365 \end{bmatrix},$$
$$\begin{bmatrix} 0, 0, 1, 0, 0, & -149/730, & -831/730 \end{bmatrix},$$
$$\begin{bmatrix} 0, 0, 0, 1, 0, & -1069/730, & -2361/730 \end{bmatrix},$$
$$\begin{bmatrix} 0, 0, 0, 0, 1, & -31/10, & -59/10 \end{bmatrix},$$
$$\begin{bmatrix} 0, 0, 0, 0, 0, & 0, & 0 \end{bmatrix}]), (0, 1, 2, 3, 4))$$

第 5 章 微积分基本运算

5.1 边际、弹性、利润问题

求经济学上的边际、弹性、利润等问题实际上就是求函数的导数、极值、积分以及级数的部分和、常微分方程的数值解等问题。

5.2 实验目的

学习使用 MATLAB 和 Python 软件解决高等数学中的计算问题，包括函数的导数、极值、不定积分、定积分、广义积分和无穷级数等。

掌握如何使用 MATLAB 和 Python 软件进行数值计算和数值解析，以解决实际问题。

学会使用 MATLAB 和 Python 软件进行函数的作图，以可视化数学概念和解决方案。

5.3 预备知识

在进行本实验之前，我们需要掌握以下预备知识：

(1)高等数学中函数的图形、函数的极限、导数、极值、不定积分、定积分、广义积分、无穷级数以及常微分方程的数值解等有关知识：

熟悉函数的图形和性质，包括函数的极限、导数、极值点等。

理解不定积分和定积分的概念和计算方法，包括基本积分公式、换元法、分部积分法等。

掌握广义积分的概念和计算方法，包括无穷限积分和瑕积分。

了解无穷级数的概念和性质，包括收敛性、绝对收敛性和条件收敛性等。

熟悉常微分方程的基本概念和解法，包括一阶和高阶常微分方程的数值解法。

(2)本实验中所用 MATLAB 命令提示：

①常用的创建符号命令：

sym var;	%创建单个符号变量。
syms var1 var2 …;	%创建多个符号变量。
f = sym('符号表达式');	%创建符号表达式,赋予 f。
equ = sym('equation');	%创建符号方程。
limit('表达式', var, a);	%求当 var→a,表达式极限。
diff(f, 'var', n);	%求函数 f 对 var 的 n 阶导数。
Y = diff(X);	%计算 X 相邻两元素的差分。
int(f, var,);	%求函数 f 的不定积分。
int(f, var, 积分下限, 积分上限);	%求函数 f 的定积分或广义积分。
dsolve;	%求解常微分方程(组)命令。
symsum(fn, n1, n2);	%fn 是求和的通项,记为 $\sum_{n=n_1}^{n_2} f_n$。
taylor(f, n, x0)。	%f 在 x0 的泰勒展开式,n 是项数。

②求函数的极值点:Xmin = fmin('f', x1, x2)。

③绘图命令:绘制二维图形的调用格式:plot(X 轴变量, Y 轴变量, 选项)。

绘制三维图形的调用格式:plot3d(X 轴变量, Y 轴变量, Z 轴变量, 选项)。

④控制循环语句:while(条件式)。

循环体语句组

end

注意:File→New → M-File →键入函数文件→保存,然后在工作区运行命令。

(3)本实验中所用 Python 命令提示:

①常用的创建符号命令:

```
from sympy import*
x = Symbol('x')%创建单个符号变量
x1,x2,x3 = symbols('x1,x2,x3')%创建多个符号变量
f=symbols('f',function=True)%创建符号表达式,赋予 f
Eq(exp1,exp2)%创建符号方程,表示 exp1=exp2
sympy. limit(
    f,          #函数或代数表达式
    x,          #变量
    a,          #指定变量的趋向值
    dir=''      #趋向方式,dir='-' 即从左侧趋近,dir='+' 即从右侧趋近,dir='+-' 即从双侧趋近)
sympy. diff(
    f,          #代数或符号表达式,即需要求导的表达式,可以是一元,也可以是多元,只能传入
一个表达式
    symbols,    #如果是只有一个符号,或求偏导,则可直接传入指定符号;如果求高阶导,则可以
元组(x,3)形式传入,如果需要求全导,则可传入多个元组,并分别指定对应的高阶导的值
    )
import numpy as np
Y = np. diff(X)%计算 X 相邻两元素的差分
```

sympy. integrate(

　　f, #主要是传入待求积分的表达式,只能传入一个,可传一元表达式,也可传多元表达式

　　var, #主要传入待积分的符号,比如 x 等,有以下三种形式:

　　#1. 只传入符号,则此时求的是不定积分,即该表达式的原函数

　　#2. 传入一个元组,但只指定了符号的积分下限,比如(x,a),则此时求的也是不定积分,不过会将结果中的 x 用 a 替换

　　#3. 传入一个元组,同时指定符号的积分上下限,比如(x,a,b),则此时求的是定积分,即一个值

)

dsolve;% 求解常微分方程(组)命令

sympy. summation(

　　f,　　　　　　　#含有指定符号的表达式

　　*symbols,　　　#元组格式,传入需迭代求值的符号,符号的取值返回(x,1,n)

　　**kwargs　　　#元组,一般不需要,也可以元组形式,传入指定符号的取值范围(x,1,n),(n,1,100),即进行双重求和

sympy. summation($f_n(n, n_1, n_2)$)　　　　　% 记为 $\sum\limits_{n=n_2}^{n_2} f_n$

import sympy　　f . series(x,x0,n)　　　% f 在 x0 的泰勒展开式,n 是项数

② 求函数的极值点:

from scipy. optimize import fmin, fminbound

fmin(f, x0)　　　　　　　　　　　　#求 x0 附近的极小值;

fminbound ('f', x1, x2)　　#求区域[x1, x2]的最小值。

③ 绘图命令: import matplotlib. pyplot as plt。

绘制二维图形的调用格式: plt . plot(X 轴变量, Y 轴变量, 选项)。

绘制三维图形的调用格式: plot3d(X 轴变量, Y 轴变量, Z 轴变量, 选项)。

④ 控制循环语句: while(条件式)。

循环体语句组

end

注意: File→New →py-File →键入函数文件→保存, 然后在工作区运行命令。

5.4　实验内容与要求

1. 设一个整值寿命为 K 的投保人所付年缴保费现值之和在他得到赔付时为:

$$y_1 = 1 + v + v^2 + \cdots + v^K = \frac{1 - v^{K+1}}{1 - v}$$ (其中: $v = \frac{1}{1+i}$ 称为贴现因子, i 为年利率, 每年所缴保费为 $P = 1$ 单位。)

　　求: 当 $i = 0.05$, $K = 80$ 时, $y_1 = ?$

2. 求极限 $y_2 = \lim\limits_{x \to \infty} \dfrac{(3x - 5)}{x^3 \sin\left(\dfrac{1}{x^2}\right)}$, $y_3 = \lim\limits_{x \to a} \dfrac{\tan(x) - \tan(a)}{x - a}$。

3. 设成本函数 $C(x) = 1\ 000 + 7x + 50\sqrt{x}$ ，求边际成本函数。

4. 已知边际需求为 $Q'(P) = -1\ 000 \ln3 \cdot \left(\dfrac{1}{3}\right)^P$ ，求需求量 Q 与价格 P 的函数关系式。

5. 已知边际收益函数为 $R'(x) = 200 - \dfrac{x}{50}$ （元／单位），求生产 x 单位时总收益 $R(x)$ 。

6. 求微分方程满足所给初始条件 $\begin{cases} y' + y = 0 \\ 0 \leqslant x \leqslant 10 \\ y(0) = 10 \end{cases}$ 的特解，作出特解曲线的图形。

7. 同第 1 题，当 $k = 80$ 和等于无穷时的值。

8. 将 $f = e^x$ 在 $x_0 = 0$ 点作 5 阶泰勒展开， $x_0 = 1$ 点作 4 阶泰勒展开。

5.5 操作提示

5.5.1 MATLAB 操作提示

（1）计算过程：

```
sum=' sum=1+(1/1.05)+(1/1.05)^2+⋯+(1/1.05)^80';
    disp(sum)
    sum=0;
    i=0;
    while(i<=80)
    sum=sum+(1/1.05)^i;
    i=i+1;
    end
    sum
```

计算结果：

sum =

    1+(1/1.05)+(1/1.05)^2+⋯+(1/1.05)^80

sum =

    20.5965（单位）

（2）计算过程：

```
syms x a
y2=limit('(3*x-5)/(x^3*sin(1/x^2))',x,inf)
y3=limit('(tan(x)-tan(a))/(x-a)',x,a)
```

计算结果：

y2 =

    3

y3 =

    1+tan(a)^2

（3）计算过程：

```
sym x
c=sym('1000+7*x+50*sqrt(x)')
diff(c,x)
```

计算结果：

ans =

    x

c =

    1000+7 * x+50 * sqrt(x)

ans =

    7+25/x^(1/2)

（为边际成本函数）

（4）计算过程：

```
syms  p
int(-1000*log(3)*(1/3)^p,p)
```

计算结果：

ans =

    603968492904095/549755813888/log(3) * (1/3)^p

（5）计算过程：

```
sym  x
r=int(200-x/50,x,0,x)
```

计算结果：

ans =x

r =200 * x−1/100 * x^2

（为生产 x 单位时总收益 R(x)）

（6）计算过程：

```
y=dsolve('Dy+y=0','y(0)=10','x')
x=0:0.2:10; y =10*exp(-x);
plot(x,y,'+r')#见图 5-1
```

计算结果：

y =

    10 * exp(−x)

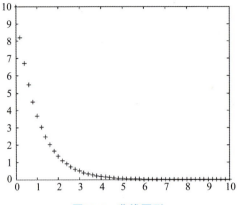

图 5-1 曲线图形

（7）计算过程：

```
syms n
fn=(1/1. 05)^n;
s80=symsum(fn,n,0,80);
sinf=symsum(fn,n,0,inf);
s80,sinf
```

计算结果：

s80 =

123405970463101469709682519646396993781924854087897873550413500214540284704192612790133635243620957813457621÷599161057630146324090927960220938065628213590894751778811492858164477546210441013286350644017242656254560

（约等于 20.596485，效果与第 1 题接近）

sinf = 21

（8）计算过程：

```
syms x
f=exp(x);
p5=taylor(f,5,0);
p4=taylor(f,4,1);
p5
p4
```

计算结果：

p5 =

$$1+x+1/2*x^2+1/6*x^3+1/24*x^4$$

p4 =

$$exp(1)+exp(1)*(x-1)+1/2*exp(1)*(x-1)^2+1/6*exp(1)*(x-1)^3$$

5.5.2 Python 操作提示

(1)计算过程:

```
sum=0
i=0
while(i<=80):
    sum=sum+(1/1.05)**i
    i=i+1
sum
```

计算结果:

sum =

$$1+(1/1.05)+(1/1.05)^2+\cdots+(1/1.05)^{80}$$

sum =

20.5965(单位)

(2)计算过程:

```
from sympy import *
x = Symbol(' x ')
y2=sympy.limit(' (3*x- 5)/(x**3*sin(1/x**2))' ,x,sympy.oo)
x,a= symbols(' x,a' )
y3= sympy.limit (' (tan(x)- tan(a))/(x- a)' ,x,a)
```

计算结果:

y2 =

3

y3 =

$$1+\tan(a)^2$$

(3)计算过程:

```
x = Symbol(' x ')
sympy.diff(1000+7*x+50*sqrt(x),x)
```

计算结果:

ans =

x

c =

$$1000+7*x+50*sqrt(x)$$

ans =

$$7+25/x^(1/2)$$

(4)计算过程:

```
p= Symbol(' p ')
sympy.integrate (- 1000*log(3)*(1/3)**p,p)
```

计算结果：
ans =603968492904095/549755813888/log(3) ＊(1/3)^p

（5）计算过程：

```
x= Symbol(' x' )
r= sympy. integrate (200- x/50,(x,0,x))
```

计算结果：

r =200 ＊ x−1/100 ＊ x^2

［为生产 x 单位时总收益 R（x）］

（6）计算过程：

```
import sympy
from sympy import symbols,Function,Eq
from sympy. abc import*
y=symbols(' y' ,cls=Function)
eq=Eq(y(x). diff(x),- y(x))
sympy. dsolve(eq,y(x),ics={y(0):10}) #求满足特定条件的特解
import sympy
from sympy import symbols
x=symbols(' x' )
f1=10*exp(- x)
sympy. plot(f1 ,(x,0,10))    #绘图结果如图5- 2所示
```

计算结果：

y ＝

      $10 * \exp(-x)$

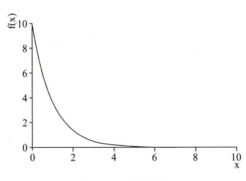

图5-2　曲线图形

（7）计算过程：

```
import sympy
from sympy. abc import*
n=symbols(' n' )
fn=(1/1. 05)**n
```

s80=sympy. summation(fn,(n,0,80)) #如下左图所示
sinf=sympy. summation(fn,(n,0,sympy. oo)) #如下左图所示
s80

计算结果：
s80 =
　　20. 596460482797
（约等于 20. 596485，效果与第 1 题接近）
　　sinf = 21
（8）计算过程：

```
import sympy
"""自定义函数,求其在 x=0 附近的泰勒展开(5 项)"""
x = sympy. symbols(' x' )
f =exp(x)
"""级数展开:series(函数表达式, x0, n),使用 . removeO()去除皮亚诺余项,remove 后面的 o 大写"""
p4= f. series(x, 0, 5) . removeO()
p5 = f. series(x, 1, 4). removeO()
p5
p4
```

计算结果：
p5 =
　　1+x+1/2 * x^2+1/6 * x^3+1/24 * x^4
p4 =
　　exp(1)+exp(1) * (x-1)+1/2 * exp(1) * (x-1)^2+1/ 6 * exp(1) * (x-1)^3

5.6　上机练习

1. 求导数：$\dfrac{\mathrm{d}}{\mathrm{d}x}\left[\mathrm{e}^{-2x}\cos(3\sqrt{x})\right]$。

2. 求积分：$\displaystyle\int\sin(xy+z)\,\mathrm{d}z$，$\displaystyle\int_0^1\dfrac{1}{3+2x+x^2}\mathrm{d}x$，$\dfrac{1}{\sqrt{2\pi}}\displaystyle\int_{-\infty}^{\infty}\mathrm{e}^{-\frac{x^2}{2}}\mathrm{d}x$ 或 $\displaystyle\int_{-\infty}^{\infty}\mathrm{e}^{-\frac{x^2}{2}}\mathrm{d}x$。

3. 求函数的极值：$f(x)=2x^3-6x^2-18x+7$，$x\in[-5,5]$ 并作图。

4. 求 $y''=-a^2y$，$y(0)=1$，$y'(pi/a)=0$ 的二阶特解。

5. 求 $\displaystyle\sum_{n=1}^{\infty}\dfrac{n^2}{2^n}$，$\displaystyle\sum_{n=1}^{\infty}\dfrac{1}{(2n-1)(2n+1)}$，$x^5+5x+1=0$（有唯一实根）上网查命令。

5.7 上机练习参考答案

5.7.1 MATLAB 操作提示

(1)计算过程:

```
syms x y
f=sym(' exp(- 2*x)*cos(3*x^(1/2))' )
diff(f,x)
```

计算结果:

f =

$$\exp(-2 * x) * \cos(3 * x^{(1/2)})$$
$$ans = -2 * \exp(-2 * x) * \cos(3 * x^{(1/2)}) - 3/2 * \exp(-2 * x) * \sin(3 * x^{(1/2)}) / x^{(1/2)}$$

(2)计算过程:

```
syms x y z
y4=int(sin(x*y+z),z)
y5=int(1/(3+2*x+x^2),x,0,1)
y6=int(1. /(2*pi)^(1. /2)*exp(- x. ^2. /2),- inf,inf)
或:syms x;   f=exp(- x^2);   int(f,x,- inf,inf)
```

计算结果:

y4 =

$$-\cos(x * y+z)$$

y5 =

$$1/2 * \text{atan}(2^{(1/2)}) * 2^{(1/2)} - 1/2 * \text{atan}(1/2 * 2^{(1/2)}) * 2^{(1/2)}$$

y6 =

$$7186705221432913/18014398509481984 * 2^{(1/2)} * pi^{(1/2)}$$

(注:$7186705221432913/18014398509481984 * 2^{(1/2)} * pi^{(1/2)} \approx 0.9999999$)

或:ans = pi * (1/2)

(3)计算过程:

建立 a7. m 函数文件:

```
function y=a7(x)
y=2. *x. ^3- 6. *x. ^2- 18. *x+7;
运行:
xmin=fminbnd(' a7' ,- 5,5)
```

```
x1=xmin;
miny7=a7(x1)
a71='- 2*x^3+6*x^2+18*x- 7';
xmax=fminbnd(a71,- 5,5)
x2=xmax;
maxy7=a7(x2)
x=- 5:0. 1:5;
y=2*x. ^3- 6*x. ^2- 18*x+7;
plot(x,y)
```

计算结果：

```
xmin  =
      -5
miny7  =
      -303
xmax  =
      5
maxy7  =
      17
```

函数极值图见图 5-3。

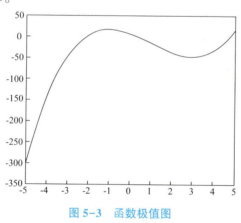

图 5-3　函数极值图

（4）计算过程：

```
y=dsolve(' D2y=- a^2*y' ,' y(0)=1,Dy(pi/a)=0' )
```

计算结果：

```
y  =
    cos( a * t)
```

（5）计算过程：

```
syms n
f0=n^2/2^n
```

```
f1 = 1/[(2*n- 1)*(2*n+1)];
f0sum = symsum(f0,1,inf)
f1sum = symsum(f1,1,inf)
syms x
solve('x^5- 5*x+1=0')
```

计算结果:

f0sum =

     6

f1sum =

    1/2

5.7.2　Python 操作提示

(1)计算过程:

```
from sympy import*
x,y = symbols('x,y')
f=exp(- 2*x)*cos(3*x**(1/2))
f1 = sympy. diff(f,x)
```

计算结果:

f =

    $\exp(-2*x)*\cos(3*x^(1/2))$

f1 =

    $-2*\exp(-2*x)*\cos(3*x^(1/2))-3/2*\exp(-2*x)*$

$\sin(3*x^(1/2))/x^(1/2)$

(2)计算过程:

```
from sympy import*
x,y,z = symbols('x,y,z')
y4 = sympy. integrate (sin(x*y+z),z)
y5 = sympy. integrate (1/(3+2*x+x**2),(x,0,1))
y6 = sympy. integrate (1/(2* sympy. pi)**(1/2)*exp(- x**2/2),(x,- sympy. oo, sympy. oo))
```

计算结果:

y4 =

    $-\cos(x*y+z)$

y5 =

    $1/2*\text{atan}(2^(1/2))*2^(1/2)-1/2*\text{atan}(1/2*2^(1/2))*2^(1/2)$

y6 =

    $0.7071067811865472*2^(1/2)$

(3)计算过程:

```
import numpy as np
from matplotlib import pyplot as plt
from scipy. optimize import fmin,fminbound
def f(x):
      return 2*x**3- 6*x**2- 18*x+7
xmin =fminbound(f,- 5,5)#这个区域的最小值
from sympy import symbols,plot
x=symbols(' x' )
f=2*x**3- 6*x**2- 18*x+7
plot(f,(x,- 5,5))    #绘图结果见图5- 4
```

计算结果：

xmin =

　　−5

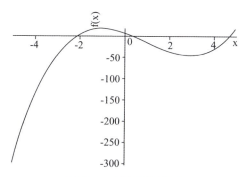

图 5-4　函数的极值图

（4）计算过程：

```
import sympy
from sympy import symbols,Function,Eq
from sympy. abc import*
x,a=symbols(' x,a' )
y=symbols(' y' ,cls=Function)
eq=Eq(y(x). diff(x,2),- a**2*y(x))
solution=sympy. dsolve(eq,y(x),ics ={y(x). diff(x,1). subs(x,sympy. pi/a):0,y(0):1})
```

计算结果：

$y(x)=$

　　$e^{iax/}2+e^{-iax/}2=\cos(a*t)$

（5）计算过程：

```
import sympy
from sympy. abc import*
n=symbols(' n' )
f0=n**2/2**n
```

```
f1 = 1/((2*n-1)*(2*n+1))
sinf0 = sympy. summation(f0,(n,1,sympy. oo))
sinf1 = sympy. summation(f1,(n,1,sympy. oo))
print(sinf0)
print(sinf1)
from sympy import*
x = symbols(' x' )
f = x**5-5*x + 1
roots = [CRootOf(f, i). evalf() for i in range(5)]
print(roots)
```

计算结果：

6

1/2

$[-1.54165168410452, 0.200064102629975, 1.44050039734156, -0.0494564079335054 - 1.49944136723915 * I, -0.0494564079335054 + 1.49944136723915 * I]$

第6章 函数的可视化

6.1　问题

研究常见初等函数的图形。

设某保险公司的赔款额统计表明，若某笔赔款额为随机变量 X（元），且 $Y = \ln X \sim N(\mu, \sigma_2)$，称 X 服从对数正态分布，其密度函数为：

$$p(x) = \begin{cases} \dfrac{1}{\sqrt{2\pi}\,\sigma x} e^{-\frac{1}{2\sigma^2}(\ln x - \mu)^2}, & x > 0 \\ 0, & x \leqslant 0 \end{cases}$$

设均值 $\mu = 6.012$，方差 $\sigma_2 = 1.792$，试作出对数正态分布密度图形。

6.2　实验目的

学习使用 MATLAB 和 Python 软件进行函数的图形显示。

理解如何使用 MATLAB 和 Python 软件绘制常见初等函数的图形。

掌握绘制函数图形的基本语法和命令，包括设置坐标轴、添加标签和标题、选择线型和颜色等。

实践绘制不同类型的函数图形，如线性函数、二次函数、三角函数、指数函数等，以加深对函数的理解。

6.3　预备知识

在进行本实验之前，我们需要掌握以下预备知识：

1. 常见初等函数的图形

熟悉常见的初等函数，如线性函数、二次函数、三角函数（正弦函数、余弦函数）、指数函数和对数函数等。

了解这些函数在不同参数和范围内的图形特征，包括函数的增减性、极值点、周期性等。

理解函数图形的基本形状和特点，如直线、抛物线、正弦曲线、指数曲线等。

掌握如何根据函数的定义和性质来预测和绘制函数图形。学会使用 MATLAB 和 Python 软件进行函数的图形显示。

2. 本实验所用 MATLAB 命令提示

（1）绘制二维的最常用的命令是 plot，基本用法为：

plot（x，y）：以 x 为横坐标、y 为纵坐标绘制函数或数据图形。

plot（y）：绘制一个向量的图形，相当于 =[1，2，…，length（y）]时的情形在同一图形窗口中绘制多个曲线：可用 plot（x，[y1；y2；…]）命令，其中 x 是横坐标向量，[y1；y2；…]是由几个函数的纵坐标拼成的矩阵，这时 MATLAB 将用不同颜色的曲线表示不同的函数。

（2）图形文字标注命令：

xlabel（'x 轴名称'）；

ylabel（'y 轴名称'）；

zlabel（'z 轴名称'）；

title（'图形标题'）；

text（'说明文字'）；

用鼠标在特定位置输入文字。

legend 命令：可用于说明不同函数所使用的线型。

（3）绘制三维图形的命令：

meshgrid 命令：用于形成二维网格点。然后计算在这些网格上的函数值，为绘制图形做准备。

三维绘图命令：

plot3（x，y，z）	%线条图。
mesh（x，y，z）	%网格图。
meshc（x，y，z）	%具有基本等高线的网格图。
suef（x，y，z）	%表面图。
suefc（x，y，z）	%具有基本等高线的表面图。

ezplot3（x，y，z，'animate'）：MATLAB6. x 提供了 ezplot3 命令，产生三维动画图形。

（4）条形图：

bar（x，y）	%竖直条形图。
barh（x，y）	%水平条形图。
bar3（x，y）	%三维竖直条形图。
barh3（x，y）	%三维水平条形图。

（5）线条和颜色控制符（见表 6-1）。

表 6-1　线条和颜色控制符

.	点	y	黄
○	小圆圈	m	棕色
x	x 标记	c	青色
+	加号	r	红色
—	实线	g	绿色
*	星号	b	蓝色
:	虚线	w	白色
—.	点划线	h	黑色

3. 本实验所用 Python 命令提示

plt. plot(x，y，format_string，**kwargs)

    #这个函数是绘图的关键函数

    #x：X 轴数据，列表或数组，可选

    #y：Y 轴数据，列表或数组

    #format_string：控制曲线的格式字符串，可选

    #**kwargs：第二组或更多(x，y，format_string)

其中要说明的是 format_ string，包含的主要类型有颜色字符：'b''k'等，见表 6-2；风格字符：'–'等，见表 6-3；标记字符：每个数据点的标记方式，'.'','''.'等，见表 6-4。

表 6-2　颜色字符

颜色字符	说明	颜色字符	说明
'b'	蓝色	'm'	洋红色 magenta
'g'	绿色	'y'	黄色
'r'	红色	'k'	黑色
'c'	青绿色 cyan	'w'	白色
'#008000'	RGB 某颜色	'0.8'	灰度值字符串

表 6-3　风格字符

风格字符	说明
'–'	实线
'––'	破折线
'–.'	点划线
':'	虚线
'，'，''	无线条

表6-4　标记字符

标记字符	说明	标记字符	说明
'.'	点标记	'1'	下花三角标记
','	像素标记（极小点）	'2'	上花三角标记
'o'	实心圈标记	'3'	左花三角标记
'v'	倒三角标记	'4'	右花三角标记
'^'	上三角标记	's'	实心方形标记
'>'	右三角标记	'p'	实心五角标记
'<'	左三角标记	'*'	星形标记
'h'	竖六边形标记	'd'	瘦菱形标记
'H'	横六边形标记	'|'	垂直线标记
'+'	十字标记	'D'	菱形标记
'x'	x标记		

pyplot文本显示函数：

plt. xlabel( )：对x轴增加文本标签。

plt. ylabel( )：对y轴增加文本标签。

plt. title( )：对图形整体增加文本标签。

plt. text( )：在任意位置增加文本。

plt. xlim( )：设置x轴范围。

plt. ylim( )：设置y轴范围。

plt. xticks( )：设置x轴刻度。

plt. yticks( )：设置y轴刻度。

plt. legend( )：设置曲线图例。

plt. annotate(s, xy = arrow_crd, xytext = text_crd, arrowprops = dict)：在图形中增加带箭头的注解。s表示要注解的字符串是什么，xy对应箭头所在的位置，xytext对应文本所在位置，arrowprops定义显示的属性。

Plot的图表函数：

plt. plot(x, y, fmt)：绘制坐标图。

plt. boxplot(data, notch, position)：绘制箱形图。

plt. bar(left, height, width, bottom)：绘制条形图。

plt. barh(width, bottom, left, height)：绘制横向条形图。

plt. polar(theta, r)：绘制极坐标图。

plt. pie(data, explode)：绘制饼图。

plt. scatter(x, y)：绘制散点图。

plt. hist(x, bings, normed)：绘制直方图。

plt. subplot(nrows, ncols, plot_number)：绘制子图。

* nrows 横轴分成的区域。
* ncols 纵轴分成的区域。
* plot_ number 当前的绘图区。

Python 绘制三维图：

利用 matplotlib. figure. Figure 创建一个图框；

import matplotlib. pyplot as plt

from mpl_ toolkits. mplot3d import Axes3D

fig = plt. figure( )

ax = fig. add_ subplot(111, projection='3d')

①直线绘制(Line plots：ax. plot(x, y, z, label=' ')。

②散点绘制(Scatter plots：ax. scatter(xs, ys, zs, s=20, c=None, depthshade=True, * args, * kwargs)。

xs, ys, zs：输入数据；s：scatter 点的尺寸；c：颜色，如 c = 'r' 就是红色；depthshase：透明化，True 为透明，默认为 True，False 为不透明；* args 无关键字参数等为扩展变量，如 maker = 'o'，则 scatter 结果为' o '的形状。* kwargs 有关键字参数，如传入函数的参数为字典格式时。

③线框图(Wireframe plots)：ax. plot_wireframe(X, Y, Z, * args, * * kwargs)。

④表面图(Surface plots)：ax. plot_surface(X, Y, Z, * args, * * kwargs)。

⑤等高线(Contour plots)：ax. contour(X, Y, Z, * args, * * kwargs)。

⑥Bar plots(条形图)：ax. bar(left, height, zs=0, zdir='z', * args, * * kwargs)。

6.4　实验内容与要求

1. 试作出保险经营及风险管理中赔款额分布模型的图形，其中对数正态分布密度函数为：

$$p(x) = \begin{cases} \dfrac{1}{\sqrt{2\pi}\,\sigma\;x} \mathrm{e}^{-\frac{1}{2\sigma^2}(\ln x - \mu)^2}, & x > 0 \\ 0, & x \leq 0 \end{cases}$$

(通过 100 笔赔款样本计算得：均值 $\mu=6.012$，方差 $\sigma^2=1.792$。)

2. 在区间$[-\pi, \pi]$内绘制 $\sin(x)$、$\cos(x)$的曲线。

3. 绘制 $z=\sin(r)/r$ 函数的三维图形。(其中：$r=\sqrt{x^2+y^2}$)

4. 绘制由参数表达式 $x=\cos(t)$，$y=t\sin(t)$，$z=sqrt(t)$描述的图形。

6.5　操作提示

6.5.1　MATLAB 操作提示

(1)计算过程：

建立 humps 的内置函数：

```
syms x
humps(x)=1/sqrt(2*3.14*1.792*x.^2)*exp(-(log(x)-6.012).^2/(2*1.792))
```

运行：

```
x=0.1:0.1:4*3.14;
plot(x,humps(x))
title('对数正态分布密度函数曲线图')
xlabel('x=0.1:0.1:4*pi')
```

计算结果：

对数正态分布密度函数曲线见图6-1。

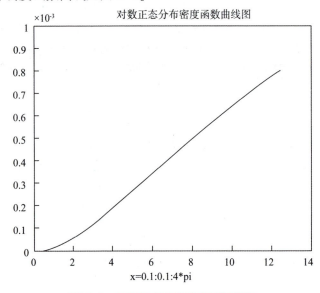

图6-1 对数正态分布密度函数曲线

（2）计算过程：

```
x=-3.14:0.2:3.14;
y=sin(x);
plot(x,y,'+r')
hold on
y=cos(x);
plot(x,y,'-b')
```

计算结果：

正余弦图见图6-2。

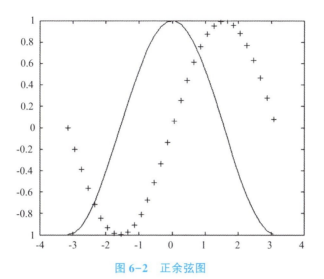

图 6-2 正余弦图

（3）计算过程：

```
x=-8:0.5:8;
y=x';
x=ones(size(y))*x;
y=y*ones(size(y))';
R=sqrt(x.^2+y.^2)+eps;
z=sin(R)./R;
Mesh(z)
```

计算结果：

三维图形见图 6-3。

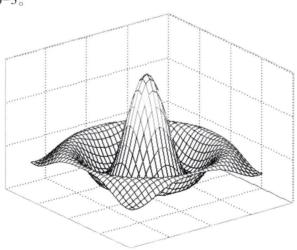

图 6-3 三维图形

注：其中各语句的意义是首先建立行向量 x，列向量 y；然后按向量的长度建立 1-矩阵；用向量乘以产生的 1-矩阵，生成网格矩阵，它们的值对应与 x-y 坐标平面；接下来

计算各网格点的半径；最后计算函数值矩阵 z。用 mesh 函数即可以得到图形。其中，eps 表示计算机的最小整数。

（4）计算过程：

```
ezplot3('cos(t)','t*sin(t)','sqrt(t)',
[0,6*pi])
```

{注：在区间[0，6π]上绘制由参数表达式 x＝cos(t)，y＝tsin(t)，z＝sqrt(t)描述的图形}

计算结果：

参数函数图见图6-4。

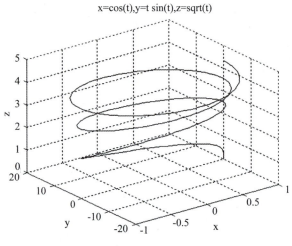

图6-4 参数函数图

6.5.2 Python 操作提示

（1）计算过程：

```
import matplotlib. pyplot as plt
import numpy as np
from sympy import *
# 处理图表内嵌中文字体问题
plt. rcParams['font. sans- serif'] = ['SimHei']
plt. rcParams['axes. unicode minus'] = False
x = np. arange(0. 1,4*3. 14,0. 1)
y=1/np. sqrt(2*3. 14*1. 792*x**2)*np. exp(- (np. log(x)- 6. 012)**2)/(2*1. 792)
# 图片尺寸
plt. figure(figsize=(10,6))
# X 坐标范围
plt. xlim(0,4*3. 14)
plt. plot(x,y)
```

plt. xlabel(' X 值' ,fontsize=16)

plt. ylabel(' Y 值' ,fontsize=16)

plt. xticks(fontproperties=' Times New Roman' ,size=14)

plt. yticks(fontproperties=' Times New Roman' ,size=14)

plt. title(' 对数正态分布密度函数曲线图')

计算结果:

对数正态分布密度函数图见图 6-5。

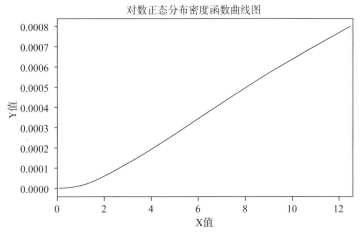

图 6-5　对数正态分布密度函数图

(2)计算过程:

```
#导入包
import matplotlib. pyplot as plt
import numpy as np
import pandas as pd
#使用 linspace()方法构成数据
x = np. linspace(0, 2 * np. pi, 50)   #
y1 = np. sin(x)
y2 = np. cos(x)
#转化数据形式
df = pd. DataFrame([ x ,y1,y2]). T
#对列重新命名
df. columns = [ ' x ' ,' sin(x)' ,' cos(x)' ]
#数据写入图像,命名图例
plt. plot(df[ ' x ' ],df[ ' sin(x)' ],' +r' ,label=' sin(x)' )
plt. plot(df[ ' x ' ],df[ ' cos(x)' ],' - b' ,label=' cos(x)' )
```

计算结果:

正余弦图见图 6-6。

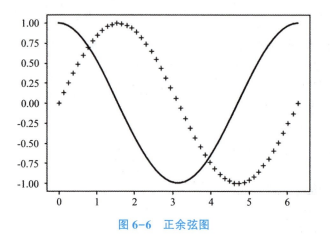

图 6-6　正余弦图

(3)计算过程:

```python
import matplotlib. pyplot as plt
import numpy as np
from mpl_toolkits. mplot3d import Axes3D
# 定义 figure
fig = plt. figure()
# 创建 3d 图形的两种方式
# 将 figure 变为 3d
ax = Axes3D(fig)
#ax = fig. add_subplot(111, projection='3d')
# 定义 x, y
x = np. arange(- 8, 8, 0. 25)
y = np. arange(- 8, 8, 0. 25)
# 生成网格数据
X,Y = np. meshgrid(x, y)
# 计算每个点对的长度
R = np. sqrt(X**2 + Y**2)
# 计算 Z 轴的高度
Z = np. sin(R)/R
# 绘制 3D 曲面
# rstride:行之间的跨度   cstride:列之间的跨度
# rcount:设置间隔个数,默认 50 个,ccount:列的间隔个数   不能与上面两个参数同时出现
# cmap 是颜色映射表
# from matplotlib import cm
# ax. plot_surface(X, Y, Z, rstride = 1, cstride = 1, cmap = cm. coolwarm)
# cmap = "rainbow" 亦可
#改变 cmap 参数可以控制三维曲面的颜色组合,一般我们见到的三维曲面就是 rainbow 的
# 你也可以修改 rainbow 为 coolwarm
ax. plot_surface(X, Y, Z, rstride = 1, cstride = 1, cmap = plt. get_cmap(' rainbow' ))
```

计算结果：

三维图形见图 6-7。

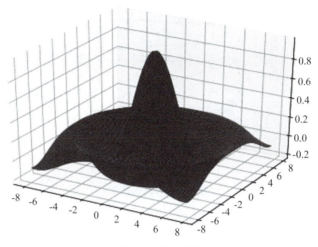

图 6-7　三维图形

（4）计算过程：

```
# 载入模块
from mpl_toolkits. mplot3d import Axes3D
import matplotlib. pyplot as plt
import numpy as np
# 生成数据
t = np. linspace(0, 6 * np. pi, 1000)
x = np. cos(t)
y = t*np. sin(x)
z = np. sqrt(t)
# 创建 3D 图形对象
fig = plt. figure()
ax = Axes3D(fig)
# 绘制线型图
ax. plot(x, y, z)
# 显示图
plt. show()
```

计算结果：

参数函数图见图 6-8。

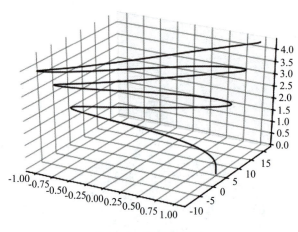

图 6-8　参数函数图

6.6　上机练习

（1）根据索赔额的频数分布（表 6-5），画直方图及三维直方图。

表 6-5　索赔额的频数分布

索赔额/元	索赔频数
0～2000	488
2000～4000	115
4000～6000	92
6000～8000	54
8000～10000	33
10000～12000	19
12000～14000	15
14000～16000	15
16000～18000	7
18000～20000	4
总额	842

（2）用不同的图形函数画空间曲面的旋转抛物面：$z = x^2 + y^2$。

6.7　上机练习参考答案

6.7.1　MATLAB 操作提示

(1) 计算过程:

```
x=0:2000:18000;
y=[488 115 92 54 33 19 15 15 7 4];
bar(x,y)#见图 6-9
x=0:2000:18000;
y=[488 115 92 54 33 19 15 15 7 4];
bar3(x,y)#见图 6-10
```

计算结果:

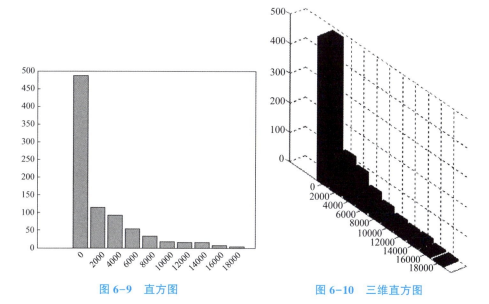

图 6-9　直方图　　　　　　图 6-10　三维直方图

(2) 计算过程:

```
x=-5:0.5:5;
y=x;
[x,y]=meshgrid(x,y);
z=x.^2+y.^2;
subplot(2,2,1)
mesh(x,y,z);
subplot(2,2,2)
meshc(x,y,z);
subplot(2,2,3)
```

```
surf(x,y,z);
subplot(2,2,4)
surfc(x,y,z);
```

计算结果：

旋转抛物面见图6-11。

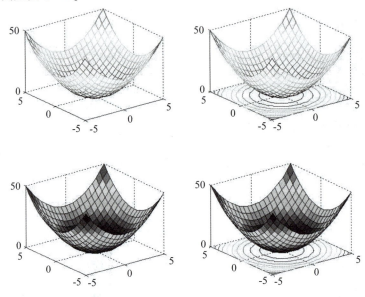

图6-11　旋转抛物面

6.7.2　Python 操作提示

(1)计算过程：

```
import matplotlib as mpl
import matplotlib. pyplot as plt
# 防止乱码
mpl. rcParams["font. sans- serif"] = ["SimHei"]
mpl. rcParams["axes. unicode_minus"] = False
# 生产数据
x = [1,2,3,4,5,6,7,8,9,10]
y = [488, 115, 92, 54, 33, 19, 15, 15, 7, 4]
# 生产柱状图
plt. bar(x,y, align ="center", color ="c", tick_label = ["0","2000","4000","6000","8000","10000",
"12000","14000","16000","18000"])
```

计算结果：

生产柱状图见图6-12。

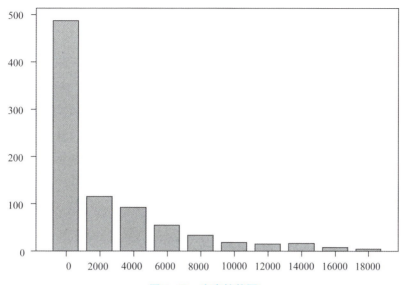

图 6-12 生产柱状图

（2）计算过程：

```
from matplotlib import pyplot as plt
from mpl_toolkits.mplot3d import Axes3D
import numpy as np
plt.figure()
ax = plt.axes(projection="3d")
ax.patch.set_facecolor("white")   #设置 axes 背景颜色
x = np.arange(-5,5,0.1)       #0.1 为曲面网格 x 轴长度
y = np.arange(-5,5,0.1)       #0.1 为曲面网格 y 轴长度
X,Y = np.meshgrid(x,y)        # 生成网格
Z=X**2+Y**2
ax.plot_surface(X,Y,Z,alpha=0.9,cmap="spring") #生成曲面 z,alpha 调节透明度,cmap 调节曲面色调
#设置 X、Y、Z 坐标标签及范围
ax.set_xlabel("X")
ax.set_xlim(-5,5)
ax.set_ylabel("Y")
ax.set_ylim(-5,5)
ax.set_zlabel("Z")
plt.show()
```

计算结果：
曲面见图 6-13。

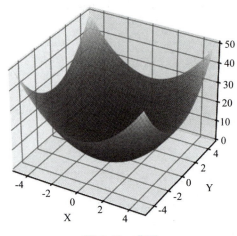

图 6-13　曲面

第 7 章　数据的曲线拟合

7.1　问题

人口预测问题。

表 7-1 给出了美国从 1900 年到 2000 年的人口数，我们的目标是预测未来的人口数。

表 7-1　人口数

t	1900	1910	1920	1930	1940	1950
y	75.995	91.972	105.711	123.203	131.669	150.697
t	1960	1970	1980	1990	2000	
y	179.323	203.212	226.505	249.633	281.422	

无论是插值问题还是曲线拟合问题，总是已知一个函数在若干点处的信息（如实测数据），希望构造近似函数，用得到的插值或逼近函数给出被逼近函数在其他点处的值（如无法实测的点），或了解函数的整体情况。

插值函数近似的点在插值节点之间，则称为内插；否则称为外推。人口的预测问题如果用插值或拟合的方法，则显然是外推。

7.2　实验目的

学习使用 MATLAB 和 Python 软件进行数据拟合和插值的方法。

理解插值和拟合的概念，以及它们在数据分析和预测中的应用。

掌握如何选择适当的插值和拟合方法来处理不同类型的数据。

学会评估拟合和插值结果的准确性和可靠性。

实践使用 MATLAB 和 Python 软件进行数据处理和分析，以解决实际问题。

7.3 预备知识

在进行本实验之前，我们需要掌握以下预备知识：

熟悉基本的数学概念，如函数、曲线和点的概念。

了解插值和拟合的基本原理和方法，包括线性插值、多项式插值、最小二乘法等。

熟练使用 MATLAB 和 Python 软件进行数据处理和分析，包括数据导入、数据可视化、函数拟合和插值等操作。

理解数据的特性和限制，包括数据的噪声、缺失值和异常值等。

掌握数据预处理的方法，如数据清洗、去除异常值和填充缺失值等。

了解如何评估拟合和插值结果的准确性和可靠性，如残差分析、交叉验证等方法。

(1)设 $a=x_0<x_1<\cdots<x_n=b$，已知有 $n+1$ 个节点 (x_j, y_j)，$j=0, 1, \cdots, n$。其中，x_j 互不相同，这些节点 (x_j, y_j) 可以看成是由某个函数 $y=f(x)$ 产生的。

插值方法是构造一个相对简单的函数 $y=g(x)$，使 g 通过全部节点，即 $g(x_j)=y_j$，$j=0, 1, 2, \cdots, n$，用 $g(x)$ 作为函数 $f(x)$ 的近似。

拟合方法的求解思路有别于插值，以多项式拟合为例说明之。对给定的数据 (x_j, y_j)，$j=0, 1, \cdots, n$，选取适当阶数的多项式 $g(x)$，使 $g(x)$ 尽可能接近这些数据。

这可以通过求解下面的最小化问题来实现：

$$\min_{a_1\cdots a_n} \sum_{i=1}^{n} (a_n x^n + \cdots + a_0 - y_i)^2$$

设解为：a_n^*，$\cdots$，a_0^*，则 $g(x)= a_n^* x^n + \cdots + a_0^*$ 就是所需的近似函数。

(2)本实验中所用 MATLAB 命令提示：

```
yi=interp1(x1,y1,xi,'linear');
    % 一元插值函数 interpl,其中 x1,y1 为节点,命令对应函数 yi=g(xi);
zi=interp1(x1,y1,xi,'cubic'):
    % 三次多项式插值;
p=polyfit(x1,y1,n)
    % 多式拟合函数 polyfit( ),[p,s]=polyfit(x1,y1,n):x1,y1 为节点,n 为多项式阶数,矩阵 s 为生
成预测值的误差估计;
y=polyval(p,x):
    % 多项式曲线求值函数 polyval,[y,DELTA]=polyval(p,x,s)前者为返回对 x 在系数 p 的项式
的值,后者为输出 s 得出误差估计 Y±DELTA;
    所用函数:nlinfit( )
    % 带有待定常数的自定义函数,调用格式:
[beta,r,J]=nlinfit(x,y,'fun',beta0) (说明:beta 返回函数'fun'中的待定常数;r 表示残差;J 表示雅
可比矩阵;x,y 为数据;'fun'自定义函数;beta0 待定常数初值。)
```

(3)本实验中所用 Python 命令提示：

pythonscipy. interpolate 模块有一维插值函数 interp1d,二维插值函数 interp2d,多维插值函数 interpnd.

from scipy. interpolate import interp1d

f=interp1d(x,y,kind=' linear')

% 一元插值函数 interp1d,其中 x,y 为节点,命令对应函数 y=g(x),其中 kind 的取值是字符串,指明插值方法,kind 的取值可以为:'linear','nearest','zero','slinear','quadratic','cubic' 等,这里的'zero','slinear','quadratic' and 'cubic' 分别指的是 0 阶、1 阶、2 阶和 3 阶样条插值.

z_i=interp2d(x_1,y_1,x_i,'cubic'):

% 三次多项式插值;

import scipy

f=scipy. interpolate. griddata(points,values,x_i,method=' linear' ,fill_value=nan,rescale=False)

参数:

points: 数据点坐标:(数据量为 n,维数为 D)

具有形状 (n,D) 的浮点数的二维 ndarray,或具有形状 (n,) 的长度 D 元组的一维 ndarray

values: 数据值:浮点数或复数的 ndarray,形状 (n,)

xi: 插入数据的点:

具有形状(m, D)的二维 ndarray 或长度为 D 元组可广播到相同形状的 ndarray

method: 插值方法:可选 {'linear','nearest','cubic'} 之一

'linear':分段线性,'nearest':最近邻点,'cubic':三次样条

fill_value: 浮点数,可选,

用于填充输入点凸包之外的请求点的值。如果未提供,则默认值为 NaN,此选项对'nearest' 方法无效

rescale:布尔型,可选

在执行插值之前将点重新缩放到单位立方体 (如果某些输入维度具有不可比较的单位并且相差许多数量级时可以使用)

#返回:ndarray 插值数组

p=np. polyfit(x1,y1,n)

% 多式拟合函数 polyfit( ),p=polyfit(x1,y1,n):x1,y1 为节点,n 为多项式阶数,返回值为多项式的各项系数 p;np. poly1d(p) 返回拟合多项式。

y=np. polyval(p,x);

% 多项式曲线求值函数 polyval,y=polyval(p,x,s)前者为返回对 x 在系数 p 的项式的值;

所用函数:curve_fit

%带有待定常数的自定义函数,调用格式:

p,xov =curve_fit(func,xdata,ydata),(func 为拟合的函数,xdata 是自变量观测值,ydata 是函数的观测值。会返回两个参数,第一个参数是拟合参数 p,第二个参数是数据的协方差矩阵 xov。)

7.4　实验内容与要求

1. 就给出的美国从 1900 年到 2000 年的人口数(表 7-1),拟合出多项式和向自定义函数拟合,并预测 2010 年美国的人口数。

2. x 取 1,2,…,20,$y=x+3\sin(x)$,分别用 6 阶、10 阶曲线进行逼近。

3. 表 7-2 为某保险公司 100 个赔款样本的赔款状况,求出:

(1)画直方图、散点图;

（2）若分布适合对数正态分布模型，求参数 μ，σ；

（3）画对数正态分布密度图形。

表7-2　赔款

赔款额/元	赔款次数
0~400	2
400~800	24
800~1200	32
1200~1600	21
1600~2000	10
2000~2400	6
2400~2800	3
2800~3200	1
3200~3600	1
3600~以上	0
总数	100

7.5　操作提示

7.5.1　MATLAB 操作提示

（1）计算过程：

```
一阶拟合：
t＝1900：10：2000；
y＝[0.75995 0.91972 1.05711 1.23203 1.31669 1.50697 1.79323 2.03212 2.26505 2.49633
2.81422]；
n＝1；
p＝polyfit(t,y,n)
ti＝linspace(1900,2000,100);          %绘图的 t—轴数据
z＝polyval(p,ti);                      %多项式在数据点处值
plot(t,y,'o',ti,z,'k:',t,y,'b')
legend('原始数据','一阶曲线')
ti＝[2010]；
yi＝interp1(t,y,ti,'spoline')
plot(t,y,'o',ti,z,'k:',t,y,'b')
三阶拟合：
t＝1900：10：2000；
y＝[0.75995 0.91972 1.05711 1.23203 1.31669 1.50697 1.79323  2.03212 2.26505 2.49633
2.81422]；
n＝3；
```

```
p=polyfit(t,y,n)
ti=linspace(1900,2000,100);          %绘图的 t—轴数据
z=polyval(p,ti);                     %多项式在数据点处的值
plot(t,y,'o',ti,z,'k:',t,y,'b')
legend('原始数据','三阶曲线')
ti=[2010];
yi=interp1(t,y,ti,'spoline')
```

自定义函数拟合:

首先定义非线性函数的 M 文件:fffl. m

```
function yy=model(beta0,x)
a=beta0(1);
    b=beta0(2);
yy=a+exp(b*x);
```

程序如下:

```
x=[1900 1910 1920 1930 1940 1950 1960 1970 1980 1990 2000];
y=[0.75995 0.91972 1.05711 1.23203 1.31669 1.50697 1.79323 2.03212 2.26505 2.49633
2.81422];
beta0=[0.30 0.02];
betafit=nlinfit(x,y,'fffl',beta0)
plot(x,y,'r-*')
```

计算结果:

一阶拟合:

p =

    0.0203   −37.8395

    yi =3.3360(亿人)

此时多项式为: $y=0.0203x-37.8395$

一阶曲线图形见图 7-1。

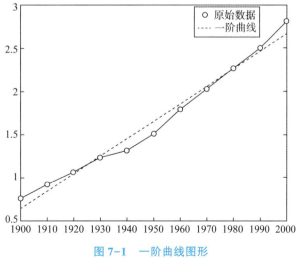

图 7-1　一阶曲线图形

三阶拟合：

p = 0.0000 −0.0005   0.8025−425.8736

yi =   3.3360（亿人）

此时多项式：$y = 0.0000x^3 - 0.0005x^2 + 0.8025x - 425.8736$

三阶曲线图形见图 7-2。

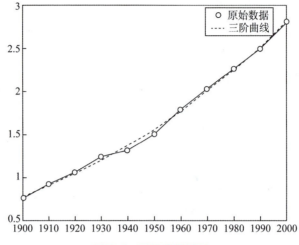

图 7-2   三阶曲线图形

betafit =

−13.0784

0.0014

即：a=−13.0784，b=0.0014，

拟合函数为：−13.0784+exp（0.0014x）。

结果见图 7-3。

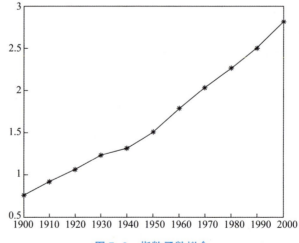

图 7-3   指数函数拟合

（2）计算过程：

六阶多项式：
```
x=1:20;
y=x+3*sin(x);
p=polyfit(x,y,6)
xi=linspace(1,20,100);
z=polyval(p,xi);                %多项式求值函数
plot(x,y,'o',xi,z,'k:',x,y,'b')
legend('原始数据','6 阶曲线')
```
十阶多项式：
```
x=1:20;
y=x+3*sin(x);
p=polyfit(x,y,10)
xi=linspace(1,20,100);
z=polyval(p,xi);                %多项式求值函数
plot(x,y,'o',xi,z,'k:',x,y,'b')
legend('原始数据','10 阶曲线')
```

计算结果：

六阶多项式：

p =

　　Columns 1 through 7

　　0.0000　−0.0021 0.0505　−0.5971　3.6472　−9.7295　11.3304

结果见图 7-4。

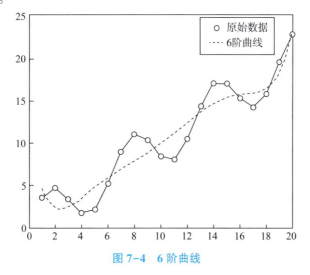

图 7-4　6 阶曲线

十阶多项式：

p =

　　Columns 1 through 6

　　0.0000−0.0000 0.0004　−0.0114　0.1814　−1.8065

Columns 7 through 11

11.2360　−42.0861　88.5907　−92.8155　40.2671

结果见图7-5。

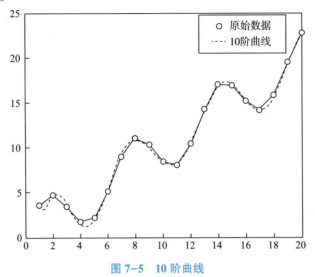

图7-5　10阶曲线

注：可用不同阶的多项式来拟合数据但也不是阶数越高拟合得越好。

（3）计算过程：

```
画直方图：
x=0:400:3600;
y=[2 24 32 21 10 6 3 1 1 1];
bar3(x,y)                %三维直方图
散点图：
x=0:400:3600;
y=[2 24 32 21 10 6 3 1 1 0];
plot(x,y,'r-*')
均值：
X=[200 600 1000 1400 1800 2200 2600 3000 3400];
P=[0.02 0.24 0.32 0.21 0.10 0.06 0.03 0.01 0.01];
EX=X*P'                  % ∑ᵢ xᵢpᵢ

方差：
DX= DX=X.^2*P' - EX^2% DX=EX2- (EX)2
∴ 对数正态分布的均值：μ=log(EX)- 1/2*ln(1+DX/(EX)^2)
对数正态分布的方差：σ2 =log(1+DX/(EX)^2))
```

均值与方差见表7-3。

表 7-3　均值与方差

赔款额(元)	组中值	赔款次数	赔款频率
0~400	200	2	0.02
400~800	600	24	0.24
800~1 200	1 000	32	0.32
1 200~1 600	1 400	21	0.21
1 600~2 000	1 800	10	0.10
2 000~2 400	2 200	6	0.06
2 400~2 800	2 600	3	0.03
2 800~3 200	3 000	1	0.01
3 200~3 600	3 400	1	0.01
3 600~以上		0	
总数		100	1.00

代入对数正态分布密度可画图：

```
x=200:400:3600;
y=1./sqrt(2.*3.14*0.22*x.^2).*exp(-(log(x)-7).^2/(2.*0.22));
plot(x,y,'r-*')
title('对数正态分布密度函数曲线图')
xlabel('x=200:400:3600')
```

计算结果：

直方图见图 7-6。

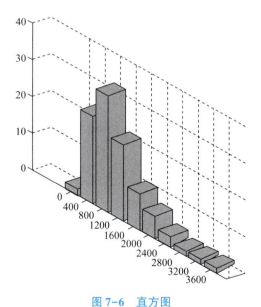

图 7-6　直方图

散点图见图7-7。

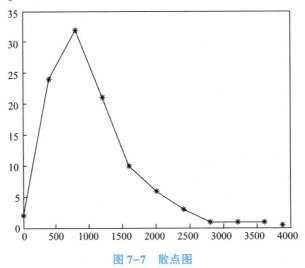

图 7-7　散点图

EX = 1216

DX = 362944

μ = 6.9936

σ^2 = 0.2195

对数正态分布见图7-8。

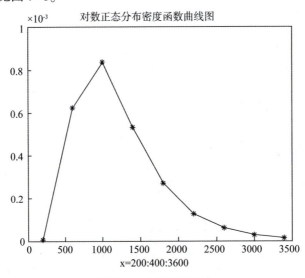

图 7-8　对数正态分布

7.5.2　Python 操作提示

（1）计算过程：

一阶拟合：
import matplotlib. pyplot as plt

```python
import numpy as np
x = np.arange(1900, 2001, 10)
y = np.array([0.75995, 0.91972, 1.05711, 1.23203, 1.31669, 1.50697, 1.79323, 2.03212, 2.26505, 2.49633, 2.81422])
z1 = np.polyfit(x, y, 1)   #用 1 次多项式拟合
p1 = np.poly1d(z1)
print(p1)     #在屏幕上打印拟合多项式
yvals=p1(x)   #也可以使用 yvals=np.polyval(z1,x)
plot1=plt.plot(x, y, '*',label='original values')
plot2=plt.plot(x, yvals, 'r',label='polyfit values')
plt.xlabel('x axis')
plt.ylabel('y axis')
plt.legend(loc=4)
plt.title('polyfitting')
plt.show()
```
三阶拟合：
```python
import matplotlib.pyplot as plt
import numpy as np
x = np.arange(1900, 2001, 10)
y = np.array([0.75995, 0.91972, 1.05711, 1.23203, 1.31669, 1.50697, 1.79323, 2.03212, 2.26505, 2.49633, 2.81422])
z1 = np.polyfit(x, y, 3)#用 3 次多项式拟合
p1 = np.poly1d(z1)
print(p1) #在屏幕上打印拟合多项式
yvals=p1(x)#也可以使用 yvals=np.polyval(z1,x)
plot1=plt.plot(x, y, '*',label='original values')
plot2=plt.plot(x, yvals, 'r',label='polyfit values')
plt.xlabel('x axis')
plt.ylabel('y axis')
plt.legend(loc=4)
plt.title('polyfitting')
```
自定义函数拟合：
```python
import matplotlib.pyplot as plt
from scipy.optimize import curve_fit
import numpy as np
x = np.arange(1900, 2001, 10)
y = np.array([0.75995, 0.91972, 1.05711, 1.23203, 1.31669, 1.50697, 1.79323, 2.03212, 2.26505, 2.49633, 2.81422])
def func(x,a,b):
    return a*np.exp(b/x)
popt,pcov = curve_fit(func,x,y)
a=popt[0]     #popt 里面是拟合系数,读者可以自己 help 其用法
b=popt[1]
```

```
yvals=func(x,a,b)
plot1=plt.plot(x, y, '*', label=' original values' )
plot2=plt.plot(x, yvals, ' r', label=' curve_fit values' )
plt.xlabel(' x axis' )
plt.ylabel(' y axis' )
plt.legend(loc=4)      #指定 legend 的位置,读者可以自己 help 它的用法
plt.title(' curve_fit' )
plt.show()
y2010=func(2010,a,b)
print(y2010)
```

计算结果:

一阶拟合:

p = $\begin{bmatrix} 2.02530273e{-}02 & -3.78394559e{+}01 \end{bmatrix}$

　y2010 = 2.869128909090932(亿人)

此时多项式为:y=0.0203x-37.84

$\begin{bmatrix} 2.02530273e{-}02 & -3.78394559e{+}01 \end{bmatrix}$

0.02025 x-37.84

一阶拟合图形见图7-9。

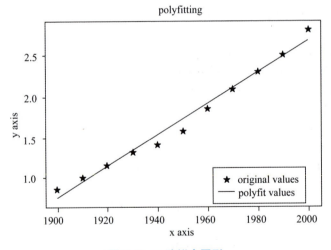

图7-9　一阶拟合图形

三阶拟合:

p = $\begin{bmatrix} 1.01035354e{-}07 & -4.96152273e{-}04 & 8.02506253e{-}01 & -4.25873650e{+}02 \end{bmatrix}$

y2010 =　3.126913787880369(亿人)

此时多项式:y = $1.01e{-}07x^3 - 0.0004962x^2 + 0.8025x - 425.9$

拟合图形见图7-10。

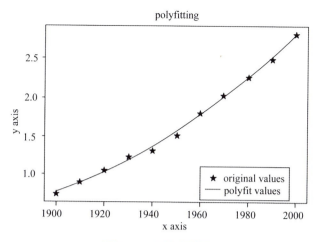

图 7-10　三阶拟合图

betafit ＝［6.64041471e+10－4.77476462e+04］

即：a＝6.64041471e+10，b＝－4.77476462e+04，

拟合函数为：6.64041471e+10exp（－4.77476462e+04x）。

y2010 ＝　3.202646533427809（亿人）

指数函数拟合图形见图 7-11。

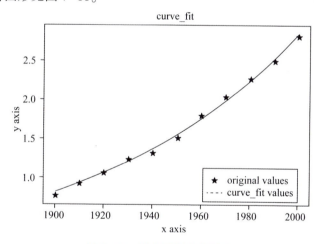

图 7-11　指数函数拟合图形

（2）计算过程：

六阶多项式：

```
import matplotlib. pyplot as plt
import numpy as np
x = np. arange(1,21,1)
y = x+3*np. sin(x)
z1 = np. polyfit(x, y, 6)#用 6 次多项式拟合
p1 = np. poly1d(z1)
xi=np. linspace(1,20,100)
```

```
yvals=np. polyval(z1,xi)
plot1=plt. plot(x, y, '*',label=' original values' )
plot2=plt. plot(xi, yvals, '-.r',label=' polyfit values' )
plt. xlabel(' x axis' )
plt. ylabel(' y axis' )
plt. legend(loc=4)
plt. title(' polyfitting' )
plt. show()
十阶多项式:
x=1:20;
y=x+3*sin(x);
p=polyfit(x,y,10)
xi=linspace(1,20,100);
z=polyval(p,xi);% 多项式求值函数
plot(x,y,'o',xi,z,'k:',x,y,'b')
legend('原始数据','10阶曲线')
```

计算结果:

六阶多项式:

$p =$ [3. 46141671e − 05 − 2. 11780854e − 03   5. 05367552e − 02 − 5. 97099449e − 01
3. 64724824e+00 − 9. 72949333e+00   1. 13303603e+01]

$Y =$ 3. 461e−05 x^6 − 0. 002118 x^5 + 0. 05054 x^4 − 0. 5971 x^3 + 3. 647 x^2 − 9. 729 x + 11. 33

拟合图形见图 7-12。

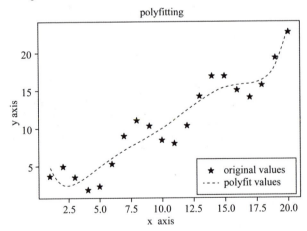

图 7-12　六阶多项式拟合图形

十阶多项式:

$p =$ [8. 69191926e−08 − 9. 46938102e−06   4. 40849505e−04 − 1. 14448110e−02
1. 81373880e−01 − 1. 80647484e+00   1. 12360230e+01 − 4. 20860951e+01
8. 85906855e+01 − 9. 28154627e+01   4. 02671041e+01]

拟合图形见图 7-13。

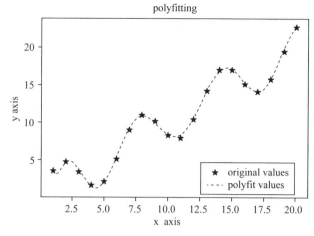

图 7-13　十阶多项式

注：可用不同阶的多项式来拟合数据但也不是阶数越高拟合得越好。

（3）计算过程：

画直方图：

import matplotlib as mpl

import matplotlib. pyplot as plt

防止乱码

mpl. rcParams["font. sans- serif"] = ["SimHei"]

mpl. rcParams["axes. unicode_minus"] = False

生产数据

x = [1,2,3,4,5,6,7,8,9,10]

y = [2,24,32,21,10,6,3,1,1,0]

生产柱状图

plt. bar(x,y,align="center",color = "c",tick_label = ["200"," 600","1000"," 1400"," 1800 ","2200", "2600", "3000"," 3400","4000+"])　　　x=np. arange(200,4000,400)

y = [2,24,32,21,10,6,3,1,1,0]

plt. plot(x,y,' r- *')

均值：

X=np. arange(200,3600,400)

P=[0. 02,0. 24,0. 32,0. 21,0. 10,0. 06,0. 03,0. 01,0. 01]

EX=sum(X*P)

=1216

方差：

VarX=sum(X**2*P)- (EX)**2

= 362944. 0

∴ 对数正态分布的均值：$\mu=\log(EX)- 1/2*\ln(1+varX/(EX)**2))$

对数正态分布的方差：$\sigma^2=\log(1+varX/(EX)**2))$

结果见表 7-3。

代入对数正态分布密度可画图：

```
x = np. arange(200，3600，400)
y = 1/sqrt(2 * 3. 14 * 0. 22 * x * * 2) * exp(-(log(x)-7) * * 2 /(2. * 0. 22))
plot(x，y，'r-*')
title('对数正态分布密度函数曲线图')
xlabel('x=200：400：3600')
```

计算结果：

直方图见图 7-6。

散点图见图 7-7。

EX = 1216

DX = 362944

μ = 6. 9936

σ^2 = 0. 2195

对数正态分布图见图 7-8。

7.6　上机练习

1. 已知数据如下，求 $x_i = 0.025$ 时的 y_i 的值。

X 0　0.1 0.2 0.3 0.4 0.5　0.6　0.7　0.8 0.9　1

Y 0.3 0.5 1　1.4 1.6 1.9　0.6　0.4　0.8 1.5　2

并求：$x = 0.2500$、0.3500、0.4500 时 y 的函数值。

2. 某保险公司 1990—1996 年的保费收入如表 7-4，试预测该公司在 1997 年、1998 年的保费收入。

表 7-4　保费收入

年度	1990	1991	1992	1993	1994	1995	1996
保费收入/万元	104	162	188	264	320	400	442

3. 已知某保险公司 1990 年发生的 7 821 件家财险索赔分布情况（表 7-5），试计算平均赔款额及赔款额的方差，并画出散点图。

表 7-5　某保险公司 1990 年家财险索赔分布情况

索赔额/元	频数
0~50	1 728
50~100	1 346
100~200	1 869
200~400	1 822
400~800	907
800 以上	149
合计	7 821

7.7　上机练习参考答案

7.7.1　MATLAB 代码操作

1. 计算过程

```
x＝0:0. 1:1;
y＝[0. 3,0. 5,1,1. 4,1. 6,1. 9,0. 6,0. 4,0. 8,1. 5,2];
scatter(x,y,'r');
hold on;
x1＝0:0. 05:1;
y1＝interp1(x,y,x1,' spline');
plot(x1,y1)
xi＝[0. 2500,0. 3500,0. 4500]
yi＝interp1(x,y,xi,' spline')
```

计算结果：

xi ＝

0. 2500　　　0. 3500　　　0. 4500

yi ＝

1. 2401　　　1. 4654　　　1. 8859

插值图形见图 7-14。

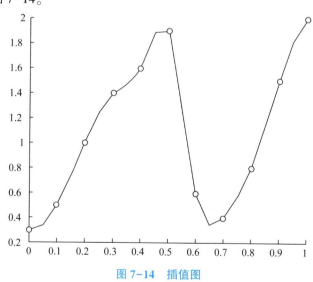

图 7-14　插值图

2. 计算过程

```
x=[1990,1991,1992,1993,1994,1995,1996]
y=[104,162,188,264,320,400,442]
p = polyfit(x, y, 10)%用10次多项式拟合
xi= [1997,1998]
yvals= polyval(p,xi)
```

计算结果

```
xi =
        1997            1998
yvals =
        521.8425   596.1193
```

3. 计算过程

```
X=[25,75,150,300,600,800]
V=[1728,1346,1869,1822,907,149]
P=V/sum(V)
EX=sum(X.*P)
varX=sum(X.^2.*P)-(EX).^2
%生产数据
X=[25,75,150,300,600,800]
y = [1728,1346,1869,1822,907,149]
% 生成柱状图
bar(X,y)
%生成散点图
X=[25,75,150,300,600,800]
v=[1728,1346,1869,1822,907,149]
scatter(X,v)
%生成概率图
plot(X,v,'-r')
```

计算结果

```
EX =
    208.9886
varX =
    3.7715e+04
```

某保险公司1990年家财险索赔分布情况如表7-6所示。

表7-6 某保险公司1990年家财险索赔分布情况

索赔额/元	平均值	频数
0~50	25	1 728

续表

索赔额/元	平均值	频数
50~100	75	1 346
100~200	150~1 869	
200~400	300	1 822
400~800	600	907
800 以上	800	149
合计		7 821

直方图见图 7-15。

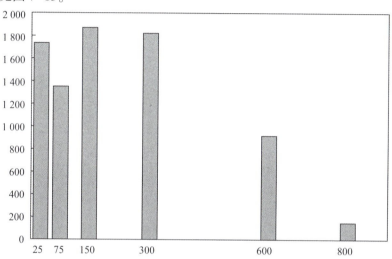

图 7-15　直方图

散点图见图 7-16。

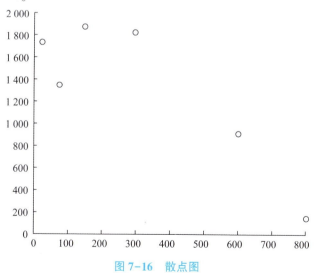

图 7-16　散点图

概率分布图见图 7-17。

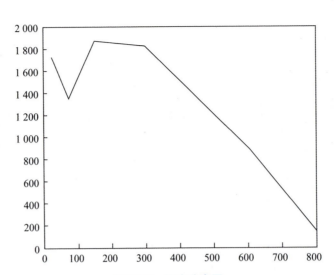

图 7-17　概率分布图

7.7.2　Python 代码操作

1. 计算过程

```
#- *- coding:utf- 8- *-
import numpy as np
from scipy import interpolate
import pylab as pl
x=np. linspace(0,1,11)
y=[0.3,0.5,1,1.4,1.6,1.9,0.6,0.4,0.8,1.5,2]
xnew=np. linspace(0,1,20)
pl. plot(x,y,"ro")
for kind in ["nearest","zero","slinear","quadratic","cubic"]:#插值方式
    #"nearest","zero"为阶梯插值
    #slinear 线性插值
    #"quadratic","cubic" 为 2 阶、3 阶 B 样条曲线插值
    f=interpolate. interp1d(x,y,kind=kind)
    # 'slinear', 'quadratic' and 'cubic' refer to a spline interpolation of first, second or third order)
    ynew=f(xnew)
    pl. plot(xnew,ynew,label=str(kind))
pl. legend(loc="up left")
pl. show()
import numpy as np
from scipy import interpolate
x=np. linspace(0,1,11)
y=[0.3,0.5,1,1.4,1.6,1.9,0.6,0.4,0.8,1.5,2]
xi=[0.2500,0.3500,0.4500]
f=interpolate. interp1d(x,y,kind="slinear")
```

yi=f(xi)

yi

计算结果：

插值图见图 7-18。

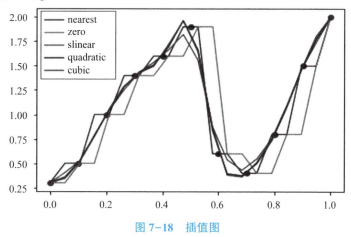

图 7-18　插值图

Yi=[1.2，1.5，1.75]

2. 计算过程

```
import matplotlib. pyplot as plt
import numpy as np
x=[1990,1991,1992,1993,1994,1995,1996]
y=[104,162,188,264,320,400,442]
z1 = np. polyfit(x，y，10)#用 10 次多项式拟合
p1 = np. poly1d(z1)
print(z1)
print(p1) #在屏幕上打印拟合多项式
xi=xi=[1997,1998]
yvals=np. polyval(z1,xi)
yvals
```

计算结果：

Yi=

[401. 89630127，207. 80047607]

3. 计算过程

```
X=[25,75,150,300,600,800]
V=[1728,1346,1869,1822,907,149]
P= [0. 22094361,0. 17210075,0. 238972,0. 23296254,0. 11596982，0. 01905127]
X=np. array([25,75,150,300,600,800])
v=np. array([1728,1346,1869,1822,907,149])
```

```
P = v/np. sum(v)
EX = sum(X*P)
varX = np. sum(X**2*P)- (EX)**2
print(EX)
print(varX)
import matplotlib as mpl
import matplotlib. pyplot as plt
# 防止乱码
mpl. rcParams["font. sans- serif"] = ["SimHei"]
mpl. rcParams["axes. unicode_minus"] = False
# 生产数据
x = [1,2,3,4,5,6]
y = [1728,1346,1869,1822,907,149]
# 生产柱状图
plt. bar(x,y,align="center",color="c",tick_label=["25","75","150","300","600","800+"])
X = np. array([25,75,150,300,600,800])
v = np. array([1728,1346,1869,1822,907,149])
plt. scatter(X,v)
plt. plot(X,v,'- r')
X = np. array([25,75,150,300,600,800])
P = np. array([0. 22094361, 0. 17210075, 0. 238972   , 0. 23296254, 0. 11596982,
        0. 01905127])
plt. plot(X,P,'- r')
```

计算结果（据表7-7）：

表7-7 某保险公司1990年家财险索赔分布情况

索赔额/元	平均值	频数
0~50	25	1 728
50~100	75	1 346
100~200	150	1 869
200~400	300	1 822
400~800	600	907
800 以上	800	149
合计		7 821

$E(X) = 208. 98862038102547$

$VAR(X) = 37715. 3624839808$

直方图见图7-19。

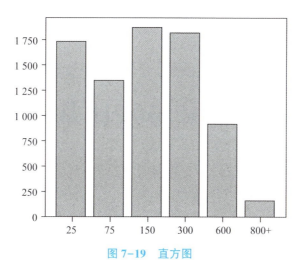

图 7-19 直方图

散点图见图 7-20。

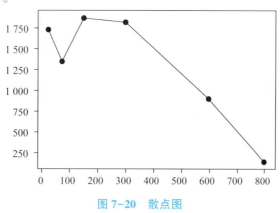

图 7-20 散点图

概率分布图见图 7-21。

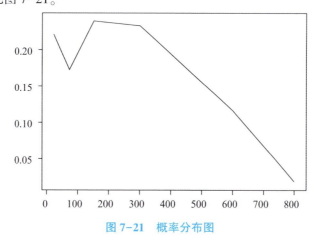

图 7-21 概率分布图

第8章　概率与统计基本运算

8.1　问题

期望与方差问题。

某公司年损失金额的概率分布列为

$$\begin{pmatrix} 500 & 1000 & 1500 & 2000 \\ 0.82 & 0.15 & 0.02 & 0.01 \end{pmatrix}$$

试用 MATLAB 或 Python 计算该公司的期望值和标准差。

8.2　实验目的

了解使用 MATLAB 或 Python 软件在概率统计方面的功能和应用，包括概率分布、随机变量、数字特征等。

熟悉计算期望值和标准差的方法和函数，以便对公司年损失金额的概率分布进行计算。

通过实验，掌握使用 MATLAB 或 Python 进行概率统计分析的基本操作和技巧，以便进行数值特征的计算和分析。

8.3　预备知识

在进行本实验之前，我们需要掌握以下预备知识：

概率统计中的基本概念，包括古典概率、随机变量、概率分布等，以便理解公司年损失金额的概率分布和数值特征的计算。

了解数学期望和方差的定义和计算方法，以便对公司年损失金额的概率分布进行期望值和标准差的计算。

熟悉使用 MATLAB 或 Python 等软件进行概率统计分析的基本函数和工具，以便进行期望值和标准差的计算和结果展示。

1. 本实验中所用 MATLAB 命令提示

★ p＝zuhe(n₁, k₁) ∗ zuhe(n₂, k₂)/zuhe(n, k)　　% $P(A)=\dfrac{C_{n_1}^{k_1}C_{n_2}^{k_2}}{C_n^k}$

★ random 函数　　　　　　　　%随机数的产生

分布名称	函数名称	函数调用格式
离散均匀分布	unidrnd	R＝unidrnd(N, m, n)
二项分布	binornd	R＝binornd(N, P, m, n)
泊松分布	poissrnd	R＝poissrnd(LAMBDA, m, n)
连续均匀分布	unifrnd	R＝unifrnd(N, m, n)
指数分布	exprnd	R＝exprnd(MU, m, n)
正态分布	normrnd	R＝normrnd(MU, SIGMA, m, n)
对数正态分布	lognrnd	R＝lognrnd(MU, SIGMA, m, n)

★ 几个常用离散、连续型分布密度函数(…pdf)

连续均匀分布	unifpdf	Y＝unifpdf(X, A, B)
指数分布	exppdf	Y＝exppdf(X, MU)
正态分布	normpdf	Y＝normpdf(X, MU, SIGMA)

★ 累积分布函数(…cdf)

分布名称	函数名称	函数调用格式
离散均匀分布	unidcdf	Y＝unidcdf(X, N)
二项分布	binocdf	Y＝binocdf(X, N, P)
泊松分布	poisscdf	Y＝poisscdf(X, LAMBDA)
连续均匀分布	unifcdf	Y＝unifcdf(X, A, B)
指数分布	expcdf	Y＝expcdf(X, MU)
正态分布	normcdf	Y＝normcdf(X, MU, SIGMA)

★ EX＝symsum(xi ∗ pi, 0, inf)　　　　　%数学期望
　EX＝X ∗ P′ X＝[x1 x2 …xn]; P＝[p1…pn]　　%数学期望
　DX＝X.^2 ∗ P′－EX^2　　　　　　　%方差

★常见分布的期望与方差函数(表 8-1)。

表 8-1　期望与方差函数

分布类型名称	函数名称	函数调用格式
离散均匀分布	unidstat	[E, D]＝unidstat(N)
二项分布	binosnt	[E, D]＝binostat(N, P)
泊松分布	polssstat	[E, D]＝poissstat(LAMBDA)
连续均匀分布	unifstat	[E, D]＝unifstat(N)
指数分布	expstat	[E, D]＝expstat(MU)
正态分布	normstat	[E, D]＝normstat(MU, SIGMA)
对数正态分布	lognstat	[E, D]＝lognstat(MU, SIGMA)

★ M=mean(X)   %样本均值
 M=var(X)   %样本方差
 M=std(X)   %标准差
 C=cov(X)   %协方差矩阵
 C=cov(X, Y)   %协方差矩阵
 R=corrcoef(X)   %相关系数

注：矩阵 R 的元素 R(i, j)与协方差矩阵 C=cov(X)关系 $R(i, j) = \dfrac{C(i, j)}{\sqrt{C(i, i)C(j, j)}}$。

★ 点估计与区间估计(表8-2)。

表8-2　点估计与区间估计

分布类型名称	函数名	函数调用格式
二项分布	binofit	[phat, pci]=binofit(x, n, alpha)
泊松分布	poissfit	[phat, pci]=poissfit(x, alpha)
均匀分布	unifit	[phat, pci]=unifitx(x, alpha)
指数分布	expfit	[phat, pci]=expfit(x, alpha)
正态分布	normfit	[muhat, sigmahat, muci, sigmaci]=normfit(x, alpha)
最大似然估计	mle	[phat, pci]=mle('dist', data, alpha, pl)

注：phat 为返回点估计值；pci 为返回置信区间；alpha 为置信度；data 为数据。

假设检验函数 ztest(方差已知)

调用格式：H=ztest(X, mu, sigma)

H=ztest(X, mu, sigma, alpha)

[H, sig, ci]=ztest(X, m, sigma, alpha, tail)

说明：

①H=ztest(X, mu, sigma)是在默认的 0.05 显著性水平下检验正态分布总体的样本 X 是否具有 $\mu = \mu 0$，若 H=0 则接受零假设 H0；若 H=1 则拒绝 H0。

②H=ztest(X, mu, sigma, alpha)是在给定的显著性水平 alpha 的值下做假设检验。

③[H, sig, ci]=ztest(X, m, sigma, alpha, tail)提供了由 tail 标记的不同对立假设情形的 Z 检验：

ta11=0(缺省) ——$\mu \neq \mu 0$；

tail=l   ——$\mu > \mu 0$；

tail=−1   ——$\mu < \mu 0$。

注：sig 是与统计量有关，是在假设下统计量的观测值较大的概率。ci 为均值的 $1-\alpha$ 的置信区间。

★ 假设检验函数 ttest(方差未知)。

调用格式：H=ttest(X, mu)

H=ttcst(X, mu, alpha)

H=ttcst(X, mu, alpha, tail)

说明：与 ztest 相同。

★ 多元线性回归函数 regress( )。

　　调用格式：b＝regress(y, X)

　　[b, bint, r, rint, stats]＝regress(y, X)

　　[b, bint, r, rint, stats]＝regress(y, X, alpha)

说明：

(1)b＝regress(y, X)返回基于观测 y 和回归矩阵 X 的最小二乘拟合系数的结果；

(2)[b, bint, r, rint, stats]＝regress(y, X)则给出系数的估计值 b；系数估计值的置信度为 95％的置信区间 bint；残差 r；各残差的置信区间 rint；向量 stats 给出回归的 R^2 统计量和 F 以及 P 值；

(3)[b, bint, r, rint, stats]＝regress(y, X, alpha)给出置信度为 1－alpha，其他同上。

2. 本实验中所用 Python 命令提示

★ def arrangement(n, m)：　　#排列。

　　if n ＝＝ m：

　　　　return math. factorial(n)

　　else：

　　　　return math. factorial(n)／math. factorial(n－m)

★ def arrangement(n, m)：

return math. factorial(n)／(math. factorial(m) ＊ math. factorial(n－m))

　　# $P(A) = \dfrac{C_{n_1}^{k_1} C_{n_2}^{k_2}}{C_n^k}$ 组合

★ 随机模块。

① random. seed( )：设定随机种子。

② random. random( )：返回随机生成的一个浮点数，范围为[0, 1)。

③ random. randint(a, b)：生成指定范围内的整数。

④ random. randrange([start], [stop], [step])：用于从指定范围内按指定基数递增的集合中获取一个随机数。

⑤ random. choice( )：从指定的序列中获取一个随机元素。

⑥ random. shuffle(x[, random])：用于将一个列表中的元素打乱，随机排序。

⑦ random. sample(sequence, k)：用于从指定序列中随机获取指定长度的片段，sample( )函数不会修改原有序列。

⑧ random. binomial(n, p, size＝None)：表示对一个二项分布进行采样，size 表示采样的次数，n 表示做了 n 重伯努利试验，p 表示成功的概率，函数的返回值表示 n 中成功的次数。

⑨ random. poisson(lam＝1.0, size＝None)：表示对一个泊松分布进行采样，size 表示采样的次数，lam 表示一个单位内发生事件的平均值，函数的返回值表示一个单位内事件发生的次数。

⑩ random. hypergeometric(ngood, nbad, nsample, size＝None)：表示对一个超几何分布进行采样，size 表示采样的次数，ngood 表示总体中具有成功标志的元素个数，nbad 表示

总体中不具有成功标志的元素个数，ngood+nbad 表示总体样本容量，nsample 表示抽取元素的次数(小于或等于总体样本容量)，函数的返回值表示抽取 nsample 个元素中具有成功标识的元素个数。

⑪ random. uniform(a，b)：返回随机生成的一个浮点数，范围为[a，b)。

⑫ random. randint(a，b，size = ( )，dtype = int)：返回在范围为[a，b)中的随机整数(含有重复值)。

⑬ random. rand(d0，d1，…，dn)：返回一个或一组浮点数，范围为[0，1)。

⑭ random. normal(loc=a，scale=b，size=( ))：返回满足条件为均值=a，标准差=b 的正态分布(高斯分布)的概率密度随机数。

⑮ random. randn(d0，d1，… dn)：返回标准正态分布(均值=0，标准差=1)的概率密度随机数。

⑯ random. standard_normal(size = ( ))：返回标准正态分布(均值=0，标准差=1)的概率密度随机数。

⑰ random. exponential(scale = 1. 0，size = None)：返回满足条件为 scale = 1/lam 的指数分布的概率密度随机数。

⑱ random. lognormal(loc=a，scale=b，size=( ))：返回满足条件为 x 均值=a，x 标准差=b 的对数正态分布(高斯分布)的概率密度随机数。

★ 几个常用分布函数(表8-3)。

表8-3 几个常用分布函数

分布	期望和方差	参数
binom(二项分布)	stats. binom. stats (n，p，loc = 0，moments = ' mv')	moments 参数中：m 为期望，v 为方差
poisson(泊松分布)	stats. poisson. stats (lam，loc = 0，moments = ' mv')	moments 参数中：m 为期望，v 为方差
uniform(均匀分布)	stats. poisson. stats (a，b，loc = 0，moments = ' mv')	moments 参数中：m 为期望，v 为方差
expon(指数分布)	stats. expon. stats (scale，loc = 0，moments = ' mv')	Scale = 1/λ，moments 参数中：m 为期望，v 为方差
norm(正态分布)	stats. norm. stats (loc，scale，moments = ' mv')	Loc 为均值，scale 为方差，moments 参数中：m 为期望，v 为方差。
lognorm(对数正态分布)	stats. lognorm. stats(loc，scale，moments = ' mv')	x 均值=a，x 标准差=b，moments 参数中：m 为期望，v 为方差。

★计算概率分布的相关参数时，一般使用 scipy 包，常用的函数包括以下几个：

pdf：连续随机分布的概率密度函数。

pmf：离散随机分布的概率密度函数。

cdf：累计分布函数。

ppf：百分位函数(累计分布函数的逆函数)。

★ 几个常用分布密度函数(…pdf)。

import scipy. stats as st

st. binom. pmf(4, n=100, p=0.05) # 参数值 n=100, p=0.05 的二项分布在 4 处的概率密度值。

0.17814264156968956

st. geom. pmf(4, p=0.05) #参数值 p=0.05 的几何分布在 4 处的概率密度值。

0.04286875

st. poisson. pmf(2, mu=3) #参数值 mu=3 的泊松分布在 2 处的概率密度值。

0.22404180765538775

st. uniform. pdf(0.5, loc=0, scale=1) #参数 loc 和 scale 确定均匀分布的范围为[loc, loc+scale], 参数 loc=0 和 scale=1 的均匀分布在 0.5 处的概率密度值。

1.0

st. expon. pdf(2, loc=0, scale=1) #loc 和 scale 参数可以指定随机变量的偏移和缩放参数, 参数 loc=0 和 scale=1 的指数分布在 2 处的概率密度值。

0.1353352832366127

st. norm. pdf(0) #标准正态分布在 0 处的概率密度值。

0.3989422804014327

★ 累积分布函数(…cdf): 累积分布函数(cumulative distribution function)定义: 对连续函数, 所有小于等于 a 的值, 其出现概率的和 $F(a)=P(x<=a)$。

st. binom. cdf(4, n=100, p=0.05) #参数值 n=100, p=0.05 的二项分布在 4 处的累积概率值。

0.4359813006857108

st. geom. cdf(4, p=0.05) #参数值 p=0.05 的几何分布在 4 处的累积概率值。

0.18549374999999999

st. poisson. cdf(2, mu=3) #参数值 mu=3 的泊松分布在 2 处的累积概率值。

0.42319008112684364

st. uniform. cdf(0.5, loc=0, scale=1) #参数 loc 和 scale 确定均匀分布的范围为[loc, loc+scale], 参数 loc=0 和 scale=1 的指数分布在 0.5 处的累积概率值。

0.5

st. expon. cdf(2, loc=0, scale=1) #loc 和 scale 参数可以指定随机变量的偏移和缩放参数, 参数 loc=0 和 scale=1 的指数分布在 2 处的累积概率值。

0.8646647167633873

st. norm. cdf(0) #标准正态分布在 0 处的累积概率值。

0.5

★百分位函数(…ppf)

st. norm. ppf(0.975, loc=1, scale=1) #标准正态分布在 0.975 处的逆函数值。

1.959963984540054

st. norm. ppf(0.975) #标准正态分布在 0.975 处的逆函数值。

1.959963984540054

st. chi2. ppf(0.95, df=10) #自由度为 10 的卡方分布在 0.95 处的逆函数值。

18.307038053275146

st. t. ppf(0.975, df=10) #自由度为 10 的 t 分布在 0.975 处的逆函数值。

2.2281388519649385

st. f. ppf(0.95, dfn = 2, dfd = 12)   #自由度为2，12 的 F 分布在 0.95 处的逆函数值。

3.8852938346523933

★ EX = symsum(xi * pi, 0, inf)   %数学期望

EX = X * P′ X = [x1 x2 ⋯xn]；P = [p1⋯pn]   %数学期望

DX = X. ^2 * P′−EX^2   %方差

★ M = mean(X)   %样本均值

M = var(X)   %样本方差

M = std(X)   %标准差

C = cov(X)   %协方差矩阵

C = cov(X, Y)   %协方差矩阵

R = corrcoef(X)   %相关系数

注：矩阵 R 的元素 R(i, j)与协方差矩阵 C = cov(X)的关系。

★ z 检验：对于大样本数据(样本量≥ \ geq≥ 30)，或者即使是小样本，但是知道其服从正态分布，并且知道总体分布的方差时，需要用 z 检验。在 Python 中，由于 scipy 包没有 z 检验，我们只能用 statsmodels 包中的 ztest 函数。

ztest(x1, x2 = None, value = 0, alternative = ' two−sided')

输入参数：

x1 数组，第一个样本的数据值。

x2 数组，第二个样本的数据值，默认没有值。

value 浮点型数值，若是单样本，则 value 是样本假设的均值。

若是双样本，则 value 是两个样本均值的差值。

alternative 若为'larger'，备选假设 H1 大于 value 值；若为'smaller'，备选假设 H1 小于 value 值。

输出参数：

tstats   统计量值

pvalue   p 值

★ t 检验：小样本(样本量小于 30 个)，一般用 t 检验。对于 t 检验，可以根据样本特点，用 scipy 包中的 ttest_1sample(单样本 t 检验函数)，ttest_ind(两个独立样本的 t 检验)，ttest_rel(两个匹配样本的 t 检验)。但这些函数得到都是双侧 t 检验的 p 值。如果是单侧检验，我们还要进行一些换算，得到单侧检验的 p 值。

ttest_1samp(a, popmean)

输入参数：

a   数组，样本的数据值。

popmean 原假设 H0 中样本的期望值。

输出参数：

tstats 统计量值

pvaluep 值

ttest_ind(a, b, axis = 0, equal_var = True)

输入参数：

a　　　　数组，样本 1 的数据值

b　　　　数组，样本 2 的数据值

axis　　　一般为 0

equal_var 若为 true，表示两个样本由相同的方差；若为 false，表示两个样本的方差不同，使用合并方差。

输出参数：

tstats　　统计量值

pvalue　　p 值

★ 多元线性回归函数 LinearRegression

应用案例

```
from sklearn. linear_ model import LinearRegression
import sklearn. datasets
from mpl_ toolkits. mplot3d import Axes3D
import numpy as np
from sklearn. model_ selection import train_ test_ split，cross_ val_ score
import matplotlib. pyplot as plt
from sklearn. metrics import mean_ squared_ error
# 构线性回归模型
slm = LinearRegression( )
# 导入数据集
X，Y = sklearn. datasets. load_ diabetes( return_ X_ y = True)
X = X[ :，( 2，4) ]
# 划分训练集和测试集
x_ train，x_ test，y_ train，y_ test = train_ test_ split( X，Y，test_ size = 0. 2，random_ state = 0)
# 训练模型
slm. fit( x_ train，y_ train)
# 用测试集预测一下
y_ pred = slm. predict( x_ test)
# 估计系数 beta
print( "估计系数 beta："，slm. coef_ )
# 截距 b
print( '截距 b'，slm. intercept_ )
# MSN 均方误差
print( '均方误差 MSN：'，mean_ squared_ error( y_ pred，y_ test) )
# 绝对系数 R^2
print( '决定系数 R^2：'，slm. score( x_ test，y_ test) )
# 交叉检验系数 R^2
```

```
print('交叉检验系数 R^2：', np. mean(cross_val_score(slm, X, Y, cv=3)))
fig = plt. figure()
ax1 = Axes3D(fig)
ax1. scatter3D(x_train[:, 0], x_train[:, 1], y_train)
ax1. plot3D(x_test[:, 0], x_test[:, 1], y_pred, c='r')
plt. show()
```

估计系数 beta：　　　　　[959. 58691226　86. 93707102]

截距 b　　　　　　　　152. 31680600568723

均方误差 MSN：　　　　4084. 7228247096523

决定系数 R^2：　　　　0. 2034358520941627

交叉检验系数 R^2：　　0. 33759619220482784

三维散点图见图 8-1。

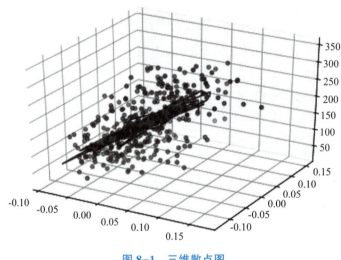

图 8-1　三维散点图

8.4　实验内容与要求

1. 某公司年损失金额的概率分布列为：

$$\begin{pmatrix} 500 & 1000 & 1500 & 2000 \\ 0.82 & 0.15 & 0.02 & 0.01 \end{pmatrix}$$

试计算该公司的期望值和标准差。

2. 已知某保险公司发现索赔要求中有 25% 是因被盗而提出的。某年该公司收到 10 个索赔要求，试求其中包含不多于 4 个被盗索赔的概率。

3. 假设一年中，某类保险者里面每个人死亡概率为 0.05，现有 1 000 人参加这类保险，试求在未来一年里，被保险者中有 10 人死亡的概率，并画泊松分布图。

4. 表 8-4 给出了 4 000 份保单的赔款情况。

表 8-4　保单赔款情况

赔款次数	被观察的保单数
0	3 288
1	642
2	66
3	4
总和	4 000

其中每一保单承担风险期为一年，假定每一保单经历赔款的次数服从泊松分布的随机变量，试估计参数 λ 和置信度 $\alpha = 0.05$ 时的区间估计。

5. 某随机变量 X 服从正态分布 $N(20，1)$，今抽查 8 个样本，测得数据为：

19、19.5、19、20、20.5、20.3、19.7、19.6，问情况是否正常？

6. 化肥厂用自动打包机打包，其包重服从正态分布，每包标准重量为 100 千克。要检验打包机工作是否正常，开工后测得 10 包重量(单位：千克)如下：

100.2、108.5、98.0、100.6、107.1、96.5、109.6、109.7、112.1、100.6，试问该日打包机工作是否正常？

7. 某商场一年内每月的销售收入 X(万元)与销售费用 Y(万元)统计如表 8-5 所示。

表 8-5　销售收入与销售费用

X	187.1	179.5	157.0	197.0	239.4	217.8	227.1	233.4	242.0	251.9	230.0	271.8
Y	25.4	22.8	20.6	21.8	32.4	24.4	29.3	27.9	27.8	34.2	29.2	30.0

试求销售费用 Y 关于销售收入 X 的线性回归方程。

8.5　操作提示

8.5.1　MATLAB 操作提示

实验 1
(1)计算过程：

```
X=[500 1000 1500 2000];
P=[0.82 0.15 0.02 0.01];
EX=X*P'
DX=X.^2*P' - EX^2
σ=DX^0.5
```

计算结果：
EX =
　　610
DX =

67900

σ =

260. 5763

实验 2

(1) 计算过程:

易知 X 服从二项分布 b(10,0.25),所求为 P(X≤4)
P=binocdf(4,10,0.25)

计算结果:

P =

0.9219

实验 3

(1) 计算过程:

```
X=0:20;
y=poisspdf(x,5)
plot(y,'-*r')
```

(2) 计算结果:

泊松分布图如图 8-2 所示。

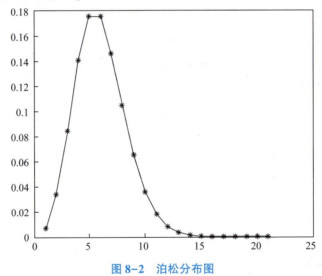

图8-2　泊松分布图

y = 0.0067 0.0337 0.0842 0.1404 0.1755 0.1755 0.1462 0.1044 0.0653 0.0363
0.0181 0.0082 0.0034 0.0013 0.0005 0.0002 0.0000 0.0000 0.0000 0.0000 0.0000

实验 4

(1) 计算过程:

```
x=[0,1,2,3];
f=[3288,642,66,4];
[phat, pci]=poissfit(x,0.05)
```

（2）计算结果：

phat =

　　1.5000

pci =

　　0.5505

　　3.2649

实验 5

（1）计算过程：

```
X=[19 19.5 19 20 20.5 20.3 19.7 19.6]
H=ztest(X,20,1)
```

（2）计算结果：H=0

故接受假设，即认为情况正常。

实验 6

（1）计算过程：

```
X=[100.2 108.5 98.0 100.6 107.1 96.5 109.6 109.7 112.1 100.6];
H=ttest(X,100)
```

（2）计算结果：H=1

拒绝零假设，即该日打包机工作不正常。

实验 7

（1）计算过程：首先建立回归模型 $y = b_0 + b_1 x$。

```
X1=[187.1 179.5 157.0 197.0 239.4 217.8 227.1 233.4 242.0 251.9 230.0 271.8]';
Y=[25.4 22.8 20.6 21.8 32.4 24.4 29.3 27.9 27.8 34.2 29.2 30.0]';
X=[ones(12,1) X1];
[b,bint,r,rint,stats]=regress(Y,X)
```

（2）计算结果：

b =

　3.4130

　0.1081

回归方程为 y=3.413+0.1081x

bint =

-7.0791 13.9050　　　　　%b0 的置信区间（-7.0791，13.9050）

　0.0608　0.1554　　　　　%b1 的置信区间（0.0608，0.1554）

　　r =　　　　　　　　　%残差

　　　1.7538

　　　-0.0243

　　　0.2088

　　　-2.9168

3. 0980

−2. 5662

1. 3281

−0. 7532

−1. 7832

8.5.2　Python 操作提示

实验 1

(1)计算过程：

```
X=np. array([500,1000,1500,2000])
P=np. array([0. 82,0. 15,0. 02,0. 01])
EX=sum(X*P)
varX=np. sum(X**2*P)- (EX)**2
σ=varX**0. 5
print(EX)
print(varX)
print(σ)
```

(2)计算结果：

EX ＝

610

DX ＝

67900

σ＝

260. 57628441590765

实验 2

(1)计算过程：

```
易知 X 服从二项分布 b(10,0. 25),所求为 P(X≤4)
P=st. binom. cdf(4,10,0. 25)
```

(2)计算结果：

P ＝

0. 9218730926513672

实验 3

(1)计算过程：

```
import matplotlib. pyplot as plt
import numpy as np
import scipy. stats as st
x=np. linspace(0,20,21)
y=st. poisson. pmf(x,5)
```

```
plt. plot(y,' - *r' )
y
```

（2）计算结果：

泊松分布图见图 8-3。

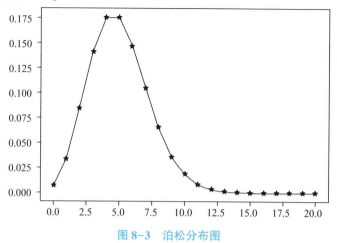

图 8-3　泊松分布图

y =

array（[6. 73794700e-03，3. 36897350e-02，8. 42243375e-02，1. 40373896e-01，

　　　　1. 75467370e-01，1. 75467370e-01，1. 46222808e-01，1. 04444863e-01，

　　　　6. 52780393e-02，3. 62655774e-02，1. 81327887e-02，8. 24217669e-03，

　　　　3. 43424029e-03，1. 32086165e-03，4. 71736303e-04，1. 57245434e-04，

　　　　4. 91391982e-05，1. 44527054e-05，4. 01464038e-06，1. 05648431e-06，

　　　　2. 64121077e-07]）

实验 4

（1）计算过程：

```
n=4000
x=[0,1,2,3]
f=[3288,642,66,4]
p=np. array(f)/sum(f)
EX=sum(x*p)
P=EX
d=(((P*(1- P))/n)**0. 5)*1. 96
mp1=P+d
mp2=P- d
print(P)
print(mp2,mp1)
```

（2）计算结果：

0. 1965

0. 18418596755323424 0. 20881403244676577

实验 5

（1）计算过程：

```
import statsmodels. stats. weightstats
data=［19,19. 5,19,20,20. 5,20. 3,19. 7,19. 6］
z,pval=statsmodels. stats. weightstats. ztest(data,value=20,alternative=' two- sided' )
z, pval
```

（2）计算结果：z, pval=（-1. 5418685062501434, 0. 12310555047054102）
故接受假设，即认为情况正常。

实验 6

（1）计算过程：

```
data=［100. 2,108. 5,98. 0,100. 6,107. 1,96. 5,109. 6,109. 7,112. 1,100. 6］
import scipy. stats
t, pval = scipy. stats. ttest_1samp(data, 100)
t, pval
```

（2）计算结果：t, pval=（2. 3969805557216954, 0. 04009589115582508）
拒绝零假设，即该日打包机工作不正常。

实验 7

（1）计算过程：首先建立回归模型。

```
import numpy as np
import matplotlib. pylab as plt
from scipy import stats
x=［187. 1,179. 5,157. 0,197. 0,239. 4,217. 8,227. 1,233. 4,242. 0,251. 9,230. 0,271. 8］
y=［25. 4,22. 8,20. 6,21. 8,32. 4,24. 4,29. 3,27. 9,27. 8,34. 2,29. 2,30. 0］
slope, intercept, r_value, p_value, std_err = stats. linregress(x,y)
slope = round(slope,3)
intercept = round(intercept,3)
print (slope, intercept, r_value, p_value, std_err)
```

（2）计算结果：

b =

3. 413

0. 108

回归方程为 y=3. 413+0. 108x

slope, intercept, r_value, p_value, std_err=
0. 108 3. 413 0. 8495774384803572 0. 0004685004765054117 0. 021231548117455982

8.6　上机练习

1. 某保险公司 1990—1996 年的保费收入如表 8-6 所示。

表 8-6　保费收入

年度	1990	1991	1992	1993	1994	1995	1996
保费收入/万元	104	162	188	264	320	400	442

求：均值；中位数；几何平均数；调和平均数。

2. 公司生产了一大批产品，为测算产品废品率，质检员随机抽取了 $n = 50$ 件产品进行质量检验，求参数 p 的极大似然估计。

3. 编制的程序中，由上题增加或减少样本容量 n，观察极大似然估计及其分布的变化；在概率统计教材中，找几道极大似然估计习题，用上面方法完成它。

4. 表 8-7 给出了一家保险公司汽车碰撞险的索赔频率数据，经分析认为，影响汽车碰撞险索赔频率的因素可能包括各月的白昼时数、阴雨天数、失业率和工作日数。试建立 Y 与 x_1、x_2、x_3、x_4 之间的线性回归方程。

表 8-7　索赔频率数据

时间	白昼时数/h	阴雨天数/d	失业率/%	工作日数/d	索赔频率%
1995. 1	10. 39	8. 23	4. 76	23	13. 54
1995. 2	10. 97	7. 6	4. 82	20	11. 99
1995. 3	11. 62	5. 63	4. 91	22	12. 63
1995. 4	12. 46	18. 62	4. 92	21	12. 92
1995. 5	13. 16	11. 76	5. 15	21	12. 23
1995. 6	14. 01	10. 92	5. 52	21	11. 33
1995. 7	14. 02	9. 05	5. 89	20	10. 69
1995. 8	13. 48	6. 82	6. 35	19	9. 43
1995. 9	12. 71	10. 44	6. 39	23	13. 64
1995. 10	11. 92	8. 81	6. 19	19	10. 88
1995. 11	11. 19	4. 93	6. 18	21	12. 78
1995. 12	10. 39	7. 03	6. 32	21	12. 83

习题 5：某班学生应用数学期末成绩如下(40 人)：

67　65　85　75　70　72　75　58　69　83　82 73　96　69　85　83　78　74　80
70　65　84　85　70　88　90　86　77　78　86　92　93　85　72　76　70　83　88

试计算样本的平均值、中位数、样本方差、标准差、样本偏度、样本峰度。

8.7　上机练习参考答案

8.7.1　MATLAB 操作提示

练习 1 参考答案

(1)计算过程：

x = [104 162 188 264 320 400 442];

M = mean(x)　　　　　　　　%均值

M = median(x)　　　　　　　%中位数

M = geomean (x)　　　　　　　%几何平均数
M = harmmean (x)　　　　　　　%调和平均数

(2)计算结果:

M =

  268. 5714

M =

  264

M =

  241. 0653

M =

  213. 5273

练习 2 参考答案

(1)计算过程:

设 X = 1,废品;0,正品。x 服从两点分布,即 P(X=1)=p,P(X=0)=1- p,作似然函数:
syms p% 未知参数为 p,所以作为符号变量处理,用 syms 指令说明。
clear,clf,n=50;% 产生 50 个样本
p=0. 04;% 设定真实参数
x=zeros(1,n);% 令 x 全为 0
rand(' seed' ,1),r=rand(1,n);
k=+find(r<=p);% 找出废品的下标
x(k)=ones(1,length(k));% 在废品下标处改 x 为 1,x 为 50 个样本值
% 观察似然函数和似然方程的一般表达式。
L=sym(' p^sx*(1- p)^(n- sx)')% 正确写出似然函数,L 是符号 p 的函数。
Likely_equ=diff(L,' p')% 对 p 进行符号求导,得到似然方程%
观察含具体数值的似然函数和似然方程。
sx=sum(x),p=' p' ;% 代入 sx 的具体数值。
Lp=subs(L)% 将具体的数值代入似然函数中。
Likely_equ=diff(Lp,' p')% 求似然方程。
s=solve(' p^sx*sx/p*(1- p)^(n- sx)- p^sx*(1- p)^(n- sx)*(n- sx)/(1- p)=0' ,' p')
sx,n　　　　　% 看看具体的数值
sp=subs(s)　　　　% 对已获得的样本,观察极大似然估数值

(2)计算结果:

L =

p^sx * (1−p)^(n−sx)

Likely_ equ =

p^(sx−1) * sx * (1−p)^(n−sx)−p^sx * (n−sx) * (1−p)^(n−sx−1)

sx =

　　2

Lp =

p^2 * (p−1)^48

Likely_ equ =

48 * p^2 * (p−1)^47 + 2 * p * (p−1)^48

s =

sx/n

sx =

    2

n =

    50

sp =

    0. 0400

练习 3 参考答案(略)

练习 4 参考答案

(1)计算过程:

X1 =[10. 39 10. 97 11. 62 12. 46 13. 16 14. 01 14. 02 13. 48 12. 71 11. 92
11. 19 10. 39] ';
X2 =[8. 23 7. 6 5. 63 8. 62 11. 76 10. 92 9. 05 6. 82 10. 44 8. 81 4. 93 7. 03] ';
X3 =[4. 76 4. 82 4. 91 4. 92 5. 15 5. 52 5. 89 6. 35 6. 39 6. 19 6. 18 6. 32] ';
X4 =[23 20 22 21 21 21 20 19 23 19 21 21] ';
Y =[13. 54 11. 99 12. 63 12. 92 12. 23 11. 33 10. 69 9. 43 13. 64 10. 86 12. 78 12. 83] ';
X =[ones(12,1) X1 X2 X3 X4];
[b,bint,r,rint,stats] =regress(Y,X,0. 05)

(2)运算结果:

b =

2. 4601

−0. 4464

0. 1018

−0. 0038

0. 6803

(Y = 2. 4601−0. 4464X1+0. 1018X2−0. 0038X3+0. 6803X4)

bint =

−7. 8685	12. 7888	%b0 的置信区间
−0. 8632	−0. 0295	%b1 的置信区间
−0. 1503	0. 3539	%b2 的置信区间
−0. 6399	0. 6323	%b3 的置信区间
0. 3333	1. 0273	%b4 的置信区间

r =　　　　　　%残差

−0. 7488

0. 0653

−0. 1641

0. 8766

0. 1802

−0. 2534

−0. 0169

−0. 6088

0. 1679

−0. 0784

0. 5503

0. 0299

rint =   %残差的置信区间

−1. 5143 0. 0167

−0. 9985 1. 1292

−1. 1458 0. 8176

−0. 0669 1. 8202

−0. 9293 1. 2897

−1. 4145 0. 9076

−1. 2183 1. 1846

−1. 4844 0. 2669

−0. 6363 0. 9722

−1. 1082 0. 9514

−0. 4173 1. 5180

−1. 0220 1. 0819

stats =

0. 8774 12. 5188 0. 0026

（复相关系数 $R = 0.8774$，F 统计量值为 12. 5188，显著性概率 $P = 0.0026$）若预测知 1996 年 1 月份的白昼时数 10. 4，阴雨天数 8. 3，失业率 4. 5，工作日数 21，则该月汽车碰撞险的索赔频率(%)的预测值为 12. 93168。

练习 5 参考答案

（1）计算过程：

x = [67 65 85 75 70 72 75 58 69 83 82 73 96 69 85 83 78 74

80 70 65 84 85 70 88 90 86 77 78 86 92 93 85 72 76 70 83 88]

A = mean(x)

B = median(x)

C = var(x)

D = std(x)

E = kurtosis(x)

F = skewness(x)

（2）运算结果：

A =

　78. 3421

B =

　78

C =

　79. 7987

D =

　8. 9330

E =

　2. 2748

F =

　−0. 0849

8. 7. 2　Python 操作提示

练习 1 参考答案

(1)计算过程：

```
x=[104,162,188,264,320,400,442]
import numpy as np
mean=np. mean(x) #算数平均
median=np. median(x) #中位数
from scipy import stats
hmean=stats. hmean(x) #调和平均
gmean=stats. gmean(x) #几何平均
print(mean,median,hmean,gmean)
```

(2)运算结果：

mean, median, hmean, gmean = 268. 57142857142856, 264. 0, 213. 5272874681936, 241. 06525754866183

练习 2 参考答案

(1)计算过程：

```
代码操作
#- *- coding: utf- 8- *-
from scipy. stats import norm
import matplotlib. pyplot as plt
import numpy as np
import sympy
from scipy. stats import binom
from scipy. stats import bernoulli
p_1=1. 0/2 假设估计
fp=bernoulli(p_1) #产生伯努利随机变量
data=fp. rvs(500)  #产生 500 个样本
```

```
#print data
x,p,z=sympy.symbols(' x p z' ,positive=True)
phi=p**x*(1-p)**(1-x)#分布函数
#print phi
'''
np.prod()函数用来计算所有元素的乘积,
对于有多个维度的数组可以指定轴,
如 axis=1 指定计算每一行的乘积。
变量替换 subs 函数,用 i 替换 x
'''
L=np.prod([phi.subs(x,i) for i in data]) #构建似然函数
log1=sympy.expand_log(sympy.log(L)) #去对数
#print L
#print log1
#print len(data)
'''
利用 solve()函数解方程
利用 diff()函数计算微分
diff(func,var,n):高阶微分
'''
sol,=sympy.solve(sympy.diff(log1,p),p)
#print sol
'''
以均值(均值为 100*0.5=50)为中心对称的加总离散概率,
Python 里面使用 pmf 函数计算
以均值为中心对称的加总概率
'''
b=binom(100,0.5)              #100 次,p=0.5 的概率为正面
x=np.arange(0,100)
y=b.pmf(x)
#print array
#plt.bar(x,y,width=0.8)
plt.title("ZuiDaSiRanGuJi")
plt.xlabel("x")
plt.ylabel("P(X=x)")
plt.plot(y,c=' g' ,linewidth=3)
plt.show()
```

(2)运算结果:

Sol=131/250

最大似然估计图见图 8-4。

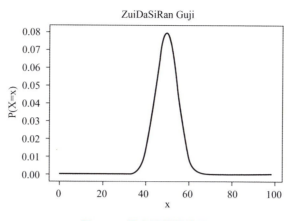

图 8-4　最大似然估计图

练习 3 参考答案(略)

练习 4 参考答案

(1)计算过程:

```
from pandas. core. frame import DataFrame
X1=[10.39,10.97,11.62,12.46,13.16,14.01,14.02,13.48,12.71,11.92,11.19,10.39]
X2=[8.23,7.6,5.63,8.62,11.76,10.92,9.05,6.82,10.44,8.81,4.93,7.03]
X3=[4.76,4.82,4.91,4.92,5.15,5.52,5.89,6.35,6.39,6.19,6.18,6.32]
X4=[23,20,22,21,21,21,20,19,23,19,21,21]
Y=[13.54,11.99,12.63,12.92,12.23,11.33,10.69,9.43,13.64,10.86,12.78,12.83]
c={"Y": Y,"X1": X1,"X2": X2,"X3":X3,"X4": X4}#将列表 a,b 转换成字典。data=DataFrame(c)  #
将字典转换成为数据框
    data
    import numpy as np
    import pandas as pd
    import statsmodels. api as sm
    x = sm. add_constant(data. iloc[:,1:]) #生成自变量
    y = data['Y']  #生成因变量
    model = sm. OLS(y, x)  #生成模型
    result = model. fit()  #模型拟合
    result. summary()  #模型描述
    def f(X1,X2,X3,X4):
        return 2.4601-0.4464*X1+0.1018*X2-0.0038*X3+0.6803*X4
    y=f(10.4,8.3,4.5,21)
    print(y)
```

(2)运算结果:

回归结果见图 8-5。

OLS Regression Results				
Dep. Variable：		Y	R-squared：	0.877
Model：		OLS	Adj. R-squared：	0.807
Method：		Least Squares	F-statistic：	12.52
Date：		Thu，09 Feb 2023	Prob（F-statistic）：	0.00263
Time：		07：50：09	Log-Likelihood：	-6.7553
No. Observations：		12	AIC：	23.51
Df Residuals：		7	BIC：	25.94
Df Model：		4		
Covariance Type：		nonrobust		

	coef	std err	t	P>|t|	[0.025	0.975]
const	2.4601	4.368	0.563	0.591	-7.869	12.789
X1	-0.4464	0.176	-2.532	0.039	-0.863	-0.029
X2	0.1018	0.107	0.955	0.371	-0.150	0.354
X3	-0.0038	0.269	-0.014	0.989	-0.640	0.632
X4	0.6803	0.147	4.636	0.002	0.333	1.027

Omnibus：	0.617	Durbin-Watson：	1.943
Prob(Omnibus)：	0.735	Jarque-Bera（JB）：	0.084
Skew：	0.201	Prob(JB)：	0.959
Kurtosis：	2.918	Cond. No.	715.

图 8-5　回归结果

（复相关系数 $R=0.877$，F 统计量值为 12.52，显著性概率 $P=0.0026$）若预测知 1996 年 1 月份的白昼时数 10.4，阴雨天数 8.3，失业率 4.5，工作日数 21，则该月汽车碰撞险的索赔频率(%)的预测值为 12.93168。

练习 5 参考答案

(1)计算过程：

```python
import numpy as np
import scipy. stats as st
import pandas as pd
import statsmodels. api as sm
import matplotlib. pyplot as plt
import seaborn as sns
# 正常显示中文标签
plt. rcParams[' font. sans- serif' ] = [' SimHei' ]
# 正常显示负号
plt. rcParams[' axes. unicode_minus' ] = False
```

```
# 学生成绩测试数据
a = np.array([67, 65, 85, 75, 70, 72, 75, 58, 69, 83, 82, 73, 96, 69, 85, 83,
78, 74, 80, 70, 65, 84, 85, 70, 88, 90, 86, 77, 78, 86, 92, 93, 85, 72,
76, 70, 83, 88])
A=np.mean(a)
print("A=",A)
B=np.median(a)
print("B=",B)
C=np.var(a)
print("C=",C)
D=np.std(a)
print("D=",D)
E=st.skew(a) # 计算偏度
print("E=",E)
F=st.kurtosis(a) # 计算峰度
print("F=",F)
```

（2）运算结果：

A=

78.34210526315789

B=

78.0

C=

77.69875346260388

D=

8.814689640741975

E=

−0.08486847185097121

F=

−0.7251974344249414

第9章　最优化基本运算

9.1　问题

投资问题。

某公司有一批资金用于 4 个工程项目的投资，其投资各项目时所得的净收益(投入资金的百分比)见表 9-1。由于某种原因，决定用于项目 A 的投资不大于其他各项投资之和，而用于项目 B 和 C 的投资要大于项目 D 的投资。试确定该公司收益最大的投资分配方案。

表 9-1　工程项目净收益

工程项目	A	B	C	D
净收益/%	15	10	8	12

该投资问题的数学模型为：

设 x_1、x_2、x_3、x_4 分别代表用于项目 A、B、C、D 的投资百分数。

$$\max f = 0.15x_1 + 0.1x_2 + 0.08x_3 + 0.12x_4$$

$$\begin{cases} x_1 - x_2 - x_3 - x_4 \leqslant 0 \\ x_2 + x_3 - x_4 \geqslant 0 \\ x_1 + x_2 + x_3 + x_4 = 1 \\ x_j \geqslant 0 \quad j = 1, 2, 3, 4 \end{cases}$$

9.2　实验目的

学习使用 MATLAB 或 Python 等软件解决线性规划问题和非线性规划问题，以便解决投资分配问题。

熟悉线性规划和非线性规划的数学模型，了解如何将实际问题转化为数学规划模型。

通过实验，掌握线性规划和非线性规划求解的方法和技巧，以便确定最优的投资分配方案。

9.3　预备知识

在进行本实验之前，我们需要掌握以下预备知识：

了解线性规划的数学模型和基本概念，包括目标函数、约束条件、最优解等，以便理解线性规划在投资分配中的应用。

了解非线性规划的数学模型和基本概念，包括目标函数、约束条件、最优解等，以便理解非线性规划在投资分配中的应用。

熟悉使用 MATLAB 或 Python 等软件进行线性规划和非线性规划求解的基本操作和函数，以便进行投资分配方案的计算和优化。

1. 了解线性规划、非线性规划的数学模型、标准形式。在用 MATLAB 软件求解最优化问题时，要将 $\max f$ 的问题化为求 $\min(-f)$；约束条件 $g_i \geqslant 0$，化为 $-g_i \leqslant 0$ 来做。如：

$$\min f^T X$$
$$\text{s. t. } AX \leqslant b$$
$$AeqX = beq$$
$$l_b \leqslant X \leqslant u_b$$

其中：X 为 n 维未知向量；$f^T = [C_1, C_2, \cdots, C_n]$ 为目标函数系数向量；A 为小于等于约束系数矩阵；b 为右端 m 维列向量；Aeq 为等式约束系数矩阵；beq 为等式约束右端常数列向量；l_b，u_b 为自变量取上界与下界约束的 n 维常数向量。

2. 本实验中所用 MATLAB 命令提示：

线性规划问题求最优解函数调用格式：

x = linprog(f, A, b)　　　　　　　　　　　%返回值 x 为最优解的向量

x = linprog(f, A, b, Aeq, beq)　　　　　　　%用于有等式约束的问题

x = linprog(f, A, b, Aeq, beq, lb, ub)　　　　%lb，ub 为变量 x 的下界和上界

x = linprog(f, A, b, Aeq, beq, lb, ub, x0)　　　%x0 为初值点

x = linprog(f, A, b, Aeq, beq, lb, ub, x0, options) %options 为最小化参数

[x, fval] = linprog(…)　　　　　　　　　　%左端 fval 返回解 x 处目标函数值

[x, fval, exitflag] = linprog(…)

[x, fval, exitflag, output] = linprog(…)

[x, fval, exitflag, output, lambda] = linprog(…)

其中：exitflag 描述函数计算的输出条件；output 返回优化信息；lambda 返回 x 处的拉格朗日乘子。

★有约束非线性规划问题调用格式：

x = fmincon(f, x0, A, b)　　　　　　　　　　%返回值 x 为最优解向量

x = fmincon(f, x0, A, b, Aeq, beq)　　　　　　%A，b 为系数矩阵和右端列向量

x = fmincon(f, x0, A, b, Aeq, beq, lb, ub)　　　%用于有等式约束的问题

x = fmincon(f, x0, A, b, Aeq, beq, lb, ub, nonlcon) %lb，ub 为变量 x 下界和上界

x = fmincon(f, x0, A, b, Aeq, beq, lb, ub, nonlcon, options)

[x, fval] = fmincon(…)

[x, fval, exitflag] = fmincon(…)

[x, fval, exitflag, output] = fmincon(…)

[x, fval, cxitflag, output, lambda] = fmincon(…)

★二次规划问题 quadprog( )函数的调用格式：

X = quadprog(H, f, A, b)

X = quadprog(H, f, A, b, Aeq, beq)

X = quadprog(H, f, A, b, Aeq, beq, lb, ub)

X = quadprog(H, f, A, b, Aeq, beq, lb, ub, x0)

X = quadprog(H, f, A, b, Aeq, beq, lb, ub, x0, options)

[x, fval] = quadprog(…)

[x, fval, exitflag] = quadprog(…)   %描述搜索是否收敛

[x, fval, exitflag, output] = quadprog(…)

[x, fval, exitflag, output, lambda] = quadprog(…)   %拉格朗日乘子参数

3. 本实验中所用 Python 命令提示：

线性规划问题求最优解函数调用格式：

x = linprog(f, A, b)   %返回值 x 为最优解的向量

x = linprog(f, A, b, Aeq, beq)   %用于有等式约束的问题

x = linprog(f, A, b, Aeq, beq, lb, ub)   %lb, ub 为变量 x 的下界和上界

x = linprog(f, A, b, Aeq, beq, lb, ub, x0)   %x0 为初值点

x = linprog(f, A, b, Aeq, beq, lb, ub, x0, options)   %options 为最小化参数

ans = linprog(…)   %左端 ans 返回如下信息

con：array([ ], dtype = float64)

fun：**   # 目标函数的最优值

message：'Optimization terminated successfully.'   # 算法退出状态的字符串描述符

nit：**   # 在所有阶段执行的迭代总数

slack：array([ ])

status：0   # 表示算法的退出状态：0：优化成功终止。1：达到迭代限制。2：问题似乎是不可行的。3：问题似乎是无限的。4：遇到数值困难

success：True   # 当算法成功找到最优解时，为 True

x：array([ ])   # 在满足约束条件的同时最小化目标函数的决策变量的值

注：Cvxopt. solvers. lp(f, A, b, Aeq, beq, lb, ub, x0, options)也可解决线性规划问题。

★minimize 函数调用格式：

minimize(fun, x0, args = ( ), method = None, jac = None, hess = None, hessp = None, bounds = None, constraints = ( ), tol = None, callback = None, options = None)

该函数主要参数意义解释：

fun　待求解的目标函数

x0　初始猜测的数组

args 目标函数带参数时需要指定

method 选择的方法

jacjacobian　矩阵或梯度函数(梯度求解的方法需要传入)

hesshessian 矩阵

hessp 黑塞向量积

bounds 寻优范围

constraints 限制约束

tol 浮动，可以理解为单次寻找的步长上限，越小精度越高。

callback 回调函数

options 选项字典，不同方法有不同选项。

无约束多元标量最小化选择以下 4 个方法：

nelder-mead

powell

bfgs

newton-cg

有约束多元标量最小化选择方法：

trust-constr

返回信息

fun：**　　目标函数的最优值

　　jac：array([ ])　　矩阵或梯度函数

message：' **'# 算法退出状态的字符串描述符

　　nfev：**

　　nit：**　　# 在所有阶段执行的迭代总数

　　njev：**

　status：*

success：*

　　　x：array([ ])# 在满足约束条件的同时最小化目标函数的决策变量的值

★二次规划问题 Cvxopt. solvers. qp( )函数的调用格式：

X＝Cvxopt. solvers. qp（H，f，A，b）

X＝Cvxopt. solvers. qp（H，f，A，b，Aeq，beq）

X＝ Cvxopt. solvers. qp（H，f，A，b，Aeq，beq，lb，ub）

X＝Cvxopt. solvers. qp（H，f，A，b，Aeq，beq，lb，ub，x0）

X＝Cvxopt. solvers. qp（H，f，A，b，Aeq，beq，lb，ub，x0，options）

result ＝ solvers. qp(…)

print("最优解为:"，result['x'])

print("最优值为:"，result['primal objective'])

9.4 实验内容与要求

1. 求解投资问题的数学模型的解。

其中 x_1、x_2、x_3、x_4 分别代表某公司用于项目 A、B、C、D 的投资百分数。

$$\max f = 0.15x_1 + 0.1x_2 + 0.08x_3 + 0.12x_4$$

$$\begin{cases} x_1 - x_2 - x_3 - x_4 \leqslant 0 \\ x_2 + x_3 - x_4 \geqslant 0 \\ x_1 + x_2 + x_3 + x_4 = 1 \\ x_j \geqslant 0 \quad j = 1, 2, 3, 4 \end{cases}$$

2. 生产计划问题。

某公司生产甲、乙两种产品，现库存主要材料有 A 类 3 600 kg、B 类 2 000 kg、C 类 3 000 kg，每件甲产品需要材料 A 类 9 kg、B 类 4 kg、C 类 3 kg。每件乙产品，需要材料 A 类 4 kg、B 类 5 kg、C 类 10 kg。甲单位产品的利润为 70 元，乙单位产品的利润为 120 元。问：如何安排生产，所获利润最大？

3. 求无约束非线性规划问题。

$$\min f = 8x - 4y + x^2 + 3y^2$$

4. 投资决策问题。

某投资公司准备用 5 000 万元用于 A、B 两个项目的投资，设 x_1、x_2 分别表示配给项目 A、B 的投资。预计项目 A、B 的年收益分别为 20% 和 16%。同时，投资后总的风险损失将随着总投资和单位投资的增加而增加。已知总的风险损失为 $2x_1^2 + x_2^2 + (x_1 + x_2)^2$，问应如何分配资金，才能使期望的收益最大，同时使风险损失为最小。

9.5 操作提示

9.5.1 MATLAB 操作提示

实验 1

(1) 计算过程：

将目标函数化为最小值问题：

$$\min(-f) = -0.15x_1 - 0.1x_2 - 0.08x_3 - 0.12x_4$$

$$\begin{cases} x_1 - x_2 - x_3 - x_4 \leqslant 0 \\ -x_2 - x_3 + x_4 \leqslant 0 \\ x_1 + x_2 + x_3 + x_4 = 1 \\ x_j \geqslant 0 \quad j = 1, 2, 3, 4 \end{cases}$$

程序如下：

```
f=[-0.15;-0.1;-0.08;-0.12];
A=[1-1-1-1;0-1-1 1];
Aeq=[1 1 1 1];
b=[0;0];
beq=[1];
lb=zeros(4,1);% zeros 表示零矩阵
[x,fval,exitflag]=linprog(f,A,b,Aeq,beq,lb)
f=-fval
```

（2）计算结果：

x =

　　0.5000

　　0.2500

　　0.0000

　　0.2500

fval ＝　　－0.1300

exitflag ＝ 1

f ＝ 0.1300

表示 4 个项目的投资百分数分别为 50%、25%、0、25% 时可使该公司获得最大的收益，其最大收益可达到 13%，过程正常收敛。

实验 2

（1）计算过程：

设 x_1、x_2 分别为生产甲、乙产品的件数，f 为所获总利润。

$$\max f = 70x_1 + 120x_2 \qquad\qquad \min -f = -70x_1 - 120x_2$$

$$\begin{cases} 9x_1 + 4x_2 \leqslant 3600 \\ 4x_1 + 5x_2 \leqslant 2000 \\ 3x_1 + 10x_2 \leqslant 3000 \\ x_j \geqslant 0 \quad j = 1,2 \end{cases} \quad \text{转换为} \quad \begin{cases} 9x_1 + 4x_2 \leqslant 3600 \\ 4x_1 + 5x_2 \leqslant 2000 \\ 3x_1 + 10x_2 \leqslant 3000 \\ x_j \geqslant 0 \quad j = 1,2 \end{cases}$$

程序如下：

```
f=[-70;-120];
A=[9 4;4 5;3 10];
b=[3600;2000;3000];
lb=[0 0];
ub=[];% 上界没有,下界为 0
[x,fval,exitflag]=linprog(f,A,b,[],[],lb,ub)
maxf=-fval
```

（2）计算结果：

x =

　　200.0000

240.0000

fval = −4.2800e+004

exitflag = 1

maxf = 4.2800e+004

表示甲产品 200 件，乙产品 240 件，总利润 42 800 元。

实验 3

(1)计算过程：

```
编辑 ff3.m 文件
function f=ff3(x)
f=8*x(1)- 4*x(2)+x(1)^2+3*x(2)^2;
通过绘图确定一个初始点
[x,y]=meshgrid(- 10:0.5:10);
z=8*x- 4*y+x.^2+3*y.^2;
surf(x,y,z)
选初始点:x0=(0,0)
x0=[0,0];
[x,fval,exitflag]=fminunc(@ff3,x0)
```

(2)计算结果：

x =

　　−4.0000　　0.6667

fval = −17.3333

exitflag = 1

实验 4

(1)计算过程：

$$maxf = 20x_1 + 16x_2 - \lambda \left[2x_1^2 + x_2^2 + (x_1 + x_2)^2 \right]$$
$$\begin{cases} x_1 + x_2 \leq 5000 \\ x_1 \geq 0, x_2 \geq 0 \end{cases}$$

```
λ ≥ 0 是权重系数,取 λ = 1 时:
首先建立 ff1.m 文件
function f=ff1(x)
f=2*x(1)^2+x(2)^2+(x(1)+x(2))^2- 20*x(1)- 16*x(2);
然后在工作空间键入程序
x0=[0.1,0.1];
A=[1 1];
b=[5000];
lb=[0 0];
ub=[];%上界没有,下界为0
[x,fval]=fmincon(@ff1,x0,A,b,[],[],lb,ub)
```

(2)计算结果：

x =
  2. 4000   2. 8000
  fval =   − 46. 4000
  f =   46. 4000

9.5.2　Python 操作提示

实验 1

（1）计算过程：

将目标函数化为最小值问题：

$$\min(-f) = -0.15x_1 - 0.1x_2 - 0.08x_3 - 0.12x_4$$

$$\begin{cases} x_1 - x_2 - x_3 - x_4 \leqslant 0 \\ -x_2 - x_3 + x_4 \leqslant 0 \\ x_1 + x_2 + x_3 + x_4 = 1 \\ x_j \geqslant 0 \quad j = 1,\ 2,\ 3,\ 4 \end{cases}$$

linprog 程序如下：

```
from scipy. optimize import linprog
c=[-0.15,-0.1,-0.08,-0.12]
A = [[1,-1,-1,-1], [0,-1,-1,1]]
b=[[0], [0]]
Aeq=[[1,1,1,1]]
beq=[1]
LB=[0,0,0,0]
UB=[None]*len(c)  #生成 4 个 None 的列表
bound=tuple(zip(LB, UB))  #生成决策向量界限的元组
res=linprog(c,A,b,Aeq,beq,bound)
print("目标函数的最小值:",res. fun)
print("最优解为:",res. x)
```

（2）计算结果：

x =[5.00000000e−01 2.50000000e−01 1.88312695e−09 2.49999999e−01]

fval =−0.12999999999955064

所以，f = 0.1300

表示 4 个项目的投资百分数分别为 50%、25%、0、25%时可使该公司获得最大的收益，其最大收益可达到 13%，过程正常收敛。

（1'）cvxopt 程序如下：

```
import numpy
from cvxopt import matrix, solvers
c=matrix([-0.15,-0.1,-0.08,-0.12])
A=matrix([[1.,-1.,-1.,-1.],[0.,-1.,-1.,1.],[-1.,0.,0.,0.],[0.,-1.,0.,0.],[0.,0.,
-1.,0.],[0.,0.,0.,-1.]]). T
```

```
b=matrix([0. ,0. ,0. ,0. ,0. ,0. ])
Aeq=matrix([1. ,1. ,1. ,1. ],(1,4)) #Aeq 为行向量
beq=matrix(1. )
sol=solvers. lp(c,A,b,Aeq,beq)
print("最优解为:\n",sol['x'])
print("最优值为:",sol['primal objective'])
```

(1')计算结果:

Optimal solution found.

最优解为:

$\begin{bmatrix} 5.00e-01 \end{bmatrix}$

$\begin{bmatrix} 2.50e-01 \end{bmatrix}$

$\begin{bmatrix} 2.24e-08 \end{bmatrix}$

$\begin{bmatrix} 2.50e-01 \end{bmatrix}$

最优值为:-0. 12999999825138717

实验2

(1)计算过程:

设 x_1、x_2 分别为生产甲、乙产品的件数,f 为所获总利润。

$$\max f = 70x_1 + 120x_2 \qquad \min -f = -70x_1 - 120x_2$$

$$\begin{cases} 9x_1 + 4x_2 \leqslant 3600 \\ 4x_1 + 5x_2 \leqslant 2000 \\ 3x_1 + 10x_2 \leqslant 3000 \\ x_j \geqslant 0 \quad j=1,2 \end{cases} \quad 转换为 \quad \begin{cases} 9x_1 + 4x_2 \leqslant 3600 \\ 4x_1 + 5x_2 \leqslant 2000 \\ 3x_1 + 10x_2 \leqslant 3000 \\ x_j \geqslant 0 \quad j=1,2 \end{cases}$$

程序如下:

```
from scipy. optimize import linprog
c=[-70,-120]
A = [[9,4],[4,5],[3,10]]
b=[[3600],[2000],[3000]]
Aeq=[[0,0]]
beq=[0]
LB=[0,0]
UB=[None]*len(c)  #生成 4 个 None 的列表
bound=tuple(zip(LB, UB))  #生成决策向量界限的元组
res=linprog(c,A,b,Aeq,beq,bound)
print("目标函数的最小值:",res. fun)
print("最优解为:",res. x)
```

(2)计算结果:

x = $\begin{bmatrix} 199.99999997 & 239.99999996 \end{bmatrix}$

fval = -42799.999993700716

maxf ＝ 4.2800e+004

表示甲产品 200 件，乙产品 240 件，总利润 42 800 元。

实验 3

(1) 计算过程：

```
from scipy. optimize import brent, fmin, minimize
import numpy as np
# 3. Demo3:多变量边界约束优化问题(Scipy. optimize. minimize)
# 定义目标函数
def objf3(x):  # Rosenbrock 测试函数
    fx = 8*x[0]-4*x[1]+ x[0]** 2.0+3*x[1] ** 2.0
    return fx
# 定义边界约束(优化变量的上下限)
b0 = (None, None)  # 0.0 <= x[0] <= Inf
b1 = (None, None)  # 0.0 <= x[1] <= 10.0
bnds = (b0, b1)  # 边界约束
# 优化计算
xIni = np. array([0. ,0. ])
resRosen = minimize(objf3, xIni, method=' SLSQP', bounds=bnds)
xOpt = resRosen. x
print("xOpt = {:. 4f}, {:. 4f}". format(xOpt[0],xOpt[1]))
print("min f(x) = {:. 4f}". format(objf3(xOpt)))
```

(3) 计算结果：

xOpt ＝−4.0000, 0.6667

fmin f(x) ＝−17.3333

实验 4

(1) 计算过程：

$$maxf = 20x_1 + 16x_2 - \lambda[2x_1^2 + x_2^2 +(x_1 + x_2)^2]$$

$$\begin{cases} x_1 + x_2 \leqslant 5000 \\ x_1 \geqslant 0,x_2 \geqslant 0 \end{cases}$$

$\lambda \geqslant 0$ 是权重系数,取 $\lambda = 1$ 时:

```
def fun(x):
    return 2*x[0]**2+x[1]**2+(x[0]+x[1])**2- 20*x[0]- 16*x[1]
# 定义约束条件函数
def constraint1(x):  # 不等式约束 f(x)>=0
    return- x[0]- x[1] +5000
def constraint2(x):  # 不等式约束 转换为标准形式
    return x[0]
def constraint3(x):  # 等式约束
    return x[1]
# 定义边界约束
```

```
b = (0.0, None)
bnds = (b, b)
# 定义约束条件
con1 = {'type': 'ineq', 'fun': constraint1}
con2 = {'type': 'ineq', 'fun': constraint2}
con3 = {'type': 'ineq', 'fun': constraint3}
cons = ([con1, con2, con3])   # 3个约束条件
# 求解优化问题
x0 = np.array([0., 0.])   # 定义搜索的初值
res = minimize(fun, x0, method='SLSQP', bounds=bnds, constraints=cons)
print("Optimization problem (res):\t{}".format(res.message))   # 优化是否成功
print("xOpt = {}".format(res.x))   # 自变量的优化值
print("min f(x) = {:.4f}".format(res.fun))   # 目标函数的优化值
```

（2）计算结果：

$x = [2.39999999 \quad 2.79999996]$

$fval = -46.4000$

$f = 46.4000$

9.6 上机练习

1. 运输问题

有 A、B、C 3 个食品加工厂，负责供给甲、乙、丙、丁 4 个市场。3 个厂每天生产食品箱数上限如表 9-2 所示；四个市场每天的需求量如表 9-3 所示；从各厂运到各市场的运费（元/每箱）如表 9-4 所示。求在基本满足供需平衡的约束条件下使总运费最小。

表 9-2 A、B、C 三工厂每天生产食品箱数上限

工厂	A	B	C
生产数	60	40	50

表 9-3 甲、乙、丙、丁四个市场每天的需求量

市场	甲	乙	丙	丁
需求量	20	35	33	34

表 9-4 运费

发点	甲	乙	丙	丁
A	2	1	3	2
B	1	3	2	1
C	3	4	1	1

2. 求解二次规划问题。

$$\min f = x_1 - 3x_2 + 3x_1^2 + 4x_2^2 - 2x_1x_2$$

$$\begin{cases} 2x_1 + x_2 \leqslant 2 \\ -x_1 + 4x_2 \leqslant 3 \end{cases}$$

3. 某公司准备用 5 000 万用于 A、B 两个项目的技术改造投资。设 x_1、x_2 分别表示分配给项目 A、B 的投资。据专家估计，投资项目 A、B 的年收益分别为 70% 和 66%，同时，投资后总的风险损失将随着总投资和单项投资的增加而增加。已知总的风险损失为 $0.02x_1^2 + 0.01x_2^2 + 0.04(x_1 + x_2)^2$。问：应如何分配资金才能使期望的收益最大，同时使风险损失为最小？

4. 求解有约束条件的非线性规划问题。

$$\min f = e^{x_1}(6x_1^2 + 3x_2^2 + 2x_1x_2 + 4x_2 + 1)$$

$$\text{s. t. } \begin{cases} x_1x_2 - x_1 - x_2 + 1 \leqslant 0 \\ -2x_1x_2 - 5 \leqslant 0 \end{cases}$$

5. 求解有约束条件的非线性规划问题。

$$\min f(x_1, x_2) = e^{x_1}(6x_1^2 + 3x_2^2 + 2x_1x_2 + 4x_2 + 1)$$

$$\text{s. t. } \begin{cases} x_1x_2 - x_1 - x_2 + 1 \leqslant 0 \\ -2x_1x_2 - 5 \leqslant 0 \\ x_1 \geqslant 0, \ x_2 \geqslant 0 \end{cases}$$

9.7　上机练习参考答案

9.7.1　MATLAB 操作提示

练习 1 参考答案

（1）计算过程：

设 a_{ij} 为由工厂 i 运到市场 j 的费用，x_{ij} 是由工厂 i 运到市场 j 的箱数，b_i 为工厂 i 的产量，d_j 为是市场 j 的需求量。

$$A = \begin{pmatrix} 2 & 1 & 3 & 2 \\ 1 & 3 & 2 & 1 \\ 3 & 4 & 1 & 1 \end{pmatrix} \qquad X = \begin{pmatrix} x_{11} & x_{12} & x_{13} & x_{14} \\ x_{21} & x_{22} & x_{23} & x_{24} \\ x_{31} & x_{32} & x_{33} & x_{34} \end{pmatrix}$$

$$b = (60\ 40\ 50)^{\mathrm{T}} \qquad d = (20\ 35\ 33\ 34)^{\mathrm{T}}$$

$$\min f = \sum_{i=1}^{3} \sum_{j=1}^{4} a_{ij}x_{ij}$$

$$\begin{cases} \displaystyle\sum_{j=1}^{4} x_{ij} \leqslant b_i & i = 1,\ 2,\ 3 \\ \displaystyle\sum_{i=1}^{3} x_{ij} = d_j & j = 1,\ 2,\ 3,\ 4 \\ x_{ij} \geqslant 0 & i = 1,\ 2,\ 3;\ j = 1,\ \cdots,\ 4 \end{cases}$$

$$\min f = 2x_{11} + x_{12} + 3x_{13} + 2x_{14} + x_{21} + 3x_{22} + 2x_{23} + x_{24} + 3x_{31} + 4x_{32} + x_{33} + x_{34}$$

$$\begin{cases} x_{11} + x_{12} + x_{13} + x_{14} & \leqslant 60 \\ x_{21} + x_{22} + x_{23} + x_{24} & \leqslant 40 \\ x_{31} + x_{32} + x_{33} + x_{34} \leqslant 50 \\ x_{11} + x_{21} + x_{31} & = 20 \\ x_{12} + x_{22} + x_{32} & = 35 \\ x_{13} + x_{23} + x_{33} & = 33 \\ x_{14} + x_{24} + x_{34} = 34 \\ x_{ij} \geqslant 0 \quad i = 1, 2, 3; \ j = 1, \cdots, 4 \end{cases}$$

程序如下：

```
f=[2 1 3 2 1 3 2 1 3 4 1 1];
A=[1 1 1 1 0 0 0 0 0 0 0 0;0 0 0 0 1 1 1 1 0 0 0 0;0 0 0 0 0 0 0 0 1 1 1 1];
b=[60;40;50];
Aeq=[1 0 0 0 1 0 0 0 1 0 0 0;0 1 0 0 0 1 0 0 0 1 0 0;0 0 1 0 0 0 1 0 0 0 1 0;0 0 0 1 0 0 0 1 0 0 0 1];
beq=[20;35;33;34];
lb=zeros(12,1);
[x,fval,exitflag]=linprog(f,B,b,Aeq,beq,lb)
```

（2）计算结果：

x =

0.0000

35.0000

0.0000

0.0000

20.0000

0.0000

0.0000

18.4682

0.0000

0.0000

33.0000

15.5318

fval = 122.0000

exitflag = 1

即运输方案为：甲市场的货由 B 厂送 20 箱；乙市场的货由 A 厂送 35 箱；丙市场的货由 C 厂送 33 箱；丁市场的货由 B 厂送 18 箱；再由 C 厂送 16 箱。最低总运费为 122（元）。

练习2参考答案
（1）计算过程：
二次规划问题：

$$\min \frac{1}{2}x^T H x + f^T x$$

$$AX \leqslant b$$

$$Aeq \cdot x = beq$$

$$l_b \leqslant x \leqslant u_b$$

$$\min f = x_1 - 3x_2 + 3x_1^2 + 4x_2^2 - 2x_1 x_2$$

$$\begin{cases} 2x_1 + x_2 \leqslant 2 \\ -x_1 + 4x_2 \leqslant 3 \end{cases}$$

程序如下：

```
f=[1;-3]
H=[6 -2;-2 8]          %H 为二次型矩阵
A=[2 1;-1 4]
b=[2 3]
[X,fval,exitflag]=quadprog(H,f,A,b)
```

（2）计算结果：
f =
　1
　−3
H =　6　　−2
　　−2　　8
A =　2　　1
　　−1　　4
b =
　2　　3
X =
　−0.0455
　0.3636
fval =−0.5682
exitflag = 1
练习3参考答案
（1）计算过程：
建立数学模型：

$$\max f_1(x) = 70x_1 + 66x_2$$

$$\min f_2(x) = 0.02x_1^2 + 0.01x_2^2 + 0.04(x_1 + x_2)^2$$

$$\begin{cases} x_1 + x_2 \leqslant 5\,000 \\ x_1 \geqslant 0 \\ x_2 \geqslant 0 \end{cases}$$

线性加权构造目标函数

$$\max f = 0.5f_1(x) - 0.5f_2(x)$$

化为最小值问题

$$\min(-f) = -0.5f_1(x) + 0.5f_2(x)$$

首先编辑目标函数 M 文件 f11. m

function f=f11(x)

f=-0.5*(70*x(1)+66*x(2))+0.5*(0.02*x(1)^2+0.01*x(2)^2+0.04*(x(1)+x(2))^2);

调用单目标规划求最小值的函数

x0=[1000, 1000];

A=[11];

b=5000;

lb=zeros(2, 1);   %zeros 表示零矩阵

[x, fval, exitflag]=fmincon(@f11, x0, A, b, [], [], lb, [])

f1=70*x(1)+66*x(2)

f2=0.02*x(1)^2+0.01*x(2)^2+0.04*(x(1)+x(2))^2

(2)计算结果：

x =

  307.1426   414.2862

fval =

  -1.2211e+004

exitflag =

      1

f1 = 4.8843e+004

f2 = 2.4421e+004

练习 4 参考答案

(1)计算过程：

首先建立目标函数文件：f1. m

function f=f1(x)

f=exp(x(1))*(6*x(1)^2+3*x(2)^2+2*x(1)*x(2)+4*x(2)+1);

再建立非线性的约束条件文件：f1g. m

function[c, g]=f1g(x)

c(1)=x(1)*x(2)-x(1)-x(2)+1;

c(2)=-2*x(1)*x(2)-5;

g=[];

然后在工作空间键入程序如下：

x0＝［1,1］；
［x,fval］＝fmincon(@f1,x0,［］,［］,［］,［］,［］,［］,nonlcon)

在上题的基础上，增加一个等式约束：

$$x(1)+2*x(2)=0$$

则有：首先建立 ff1.m 文件

function f＝ff1(x)
f＝exp(x(1))*(6*x(1)^2+3*x(2)^2+2*x(1)*x(2)+4*x(2)+1)；
再建立非线性的约束条件文件：ff1g.m
function［c,g］＝ff1g(x)
c(1)＝x(1)*x(2)−x(1)−x(2)+1；
c(2)＝−2*x(1)*x(2)−5；
g(1)＝x(1)+2*x(2)；
然后在工作空间键入程序如下：

x0＝［1,1］；
［x,fval,exitflag］＝fmincon(@ff1,x0,［］,［］,［］,［］,［］,［］,nonlcon)

（2）计算结果：
x＝
　−2.5000　　1.0000
fval＝
　　3.3244
此时运行结果如下：
x＝
　−2.2361　　1.1180
fval＝
　　3.6576
exitflag＝　　1
练习 5 参考答案
（1）计算过程：

$$\min f(x_1, x_2) = e^{x_1}(6x_1^2 + 3x_2^2 + 2x_1x_2 + 4x_2 + 1)$$

$$s.t. \begin{cases} x_1x_2 - x_1 - x_2 + 1 \leqslant 0 \\ -2x_1x_2 - 5 \leqslant 0 \\ x_1 \geqslant 0, \ x_2 \geqslant 0 \end{cases}$$

在上例的基础上，前两个文件不变，
在编辑窗口输入目标函数文件：

```
function f = ff3(x)
f = exp(x(1)) * (6 * x(1)^2+3 * x(2)^2+2 * x(1) * x(2)+4 * x(2)+1);
```

再建立非线性的约束条件文件：ff3g. m

```
function [c, ceq] = ff3g(x)
c = [x(1) * x(2)-x(1)-x(2)+1; -2 * x(1) * x(2)-5];%表示不等式非线性约束
ceq = [];%表示等式非线性约束
```

我们仅需要修改上面的第三个程序，然后在工作空间键入：

```
clear
x0 = [-1 1];
lb = [0,0];
ub = [];
options = optimset('largescale','off','display','iter');
[x,fval,exitflag,output] = fmincon(@objfun,x0,[],[],[],[],lb,ub,@confun,options)
```

(2)计算结果：

x =

    0   1.5000

fval =

     8.5000

exitflag = 1

9.7.2 Python 操作提示

练习1参考答案

(1)计算过程：

设 a_{ij} 为由工厂 i 运到市场 j 的费用，x_{ij} 是由工厂 i 运到市场 j 的箱数，b_i 为工厂 i 的产量，d_j 为是市场 j 的需求量。

$$A = \begin{pmatrix} 2 & 1 & 3 & 2 \\ 1 & 3 & 2 & 1 \\ 3 & 4 & 1 & 1 \end{pmatrix} \quad X = \begin{pmatrix} x_{11} & x_{12} & x_{13} & x_{14} \\ x_{21} & x_{22} & x_{23} & x_{24} \\ x_{31} & x_{32} & x_{33} & x_{34} \end{pmatrix}$$

$$b = (60\ 40\ 50)^T \quad d = (20\ 35\ 33\ 34)^T$$

$$\min f = \sum_{i=1}^{3} \sum_{j=1}^{4} a_{ij} x_{ij}$$

$$\begin{cases} \sum_{j=1}^{4} x_{ij} \leqslant b_i & i = 1,\ 2,\ 3 \\ \sum_{i=1}^{3} x_{ij} = d_j & j = 1,\ 2,\ 3,\ 4 \\ x_{ij} \geqslant 0 & i = 1,\ 2,\ 3;\ j = 1,\ \cdots,\ 4 \end{cases}$$

$$\min f = 2x_{11} + x_{12} + 3x_{13} + 2x_{14} + x_{21} + 3x_{22} + 2x_{23} + x_{24} + 3x_{31} + 4x_{32} + x_{33} + x_{34}$$

$$
\begin{cases}
x_{11} + x_{12} + x_{13} + x_{14} & \leqslant 60 \\
\quad x_{21} + x_{22} + x_{23} + x_{24} & \leqslant 40 \\
\quad\quad x_{31} + x_{32} + x_{33} + x_{34} & \leqslant 50 \\
x_{11} + \quad x_{21} + \quad x_{31} & = 20 \\
\quad x_{12} + \quad x_{22} + \quad x_{32} & = 35 \\
\quad x_{13} + \quad x_{23} + \quad x_{33} & = 33 \\
\quad x_{14} + \quad x_{24} + \quad x_{34} & = 34 \\
x_{ij} \geqslant 0 \quad i = 1,2,3; \ j = 1,\cdots,4
\end{cases}
$$

程序如下：

```
from scipy. optimize import linprog
c=[2,1,3,2,1,3,2,1,3,4,1,1]
A = [[1,1,1,1,0,0,0,0,0,0,0,0],[0,0,0,0,1,1,1,1,0,0,0, 0],[0,0,0,0,0,0,0,0,1,1,1,1]]
b=[[60],[40],[50]]
Aeq=[[1,0,0,0,1,0,0,0,1,0,0,0],[0,1,0,0,0,1,0,0,0,1,0,0],[0,0,1,0,0,0,1,0,0,0,1,0],
[0,0,0,1,0,0,0,1,0,0,0,1]]
beq=[[20],[35],[33],[34]]
LB=zeros(12,1)
UB=[None]*len(c)   #生成 4 个 None 的列表
bound=tuple(zip(LB，UB))   #生成决策向量界限的元组
res=linprog(c,A,b,Aeq,beq,bound)
print("目标函数的最小值:",res. fun)
print("最优解为:",res. x)
```

（2）计算结果

x = [1. 13659096e-07　3. 49999974e+01　2. 84909201e-07　7. 01064357e-07

1. 99999985e+01　2. 89929605e-07　5. 79355325e-07　1. 88414366e+01

4. 29671533e-07　4. 07345136e-07　3. 29999974e+01　1. 51585608e+01]

fval = 121. 99999813150633

即运输方案为：甲市场的货由 B 厂送 20 箱；乙市场的货由 A 厂送 35 箱；丙市场的货由 C 厂送 33 箱；丁市场的货由 B 厂送 18 箱；再由 C 厂送 16 箱。最低总运费为 122(元)。

练习 2 参考答案

（1）计算过程：

二次规划问题：

$$\min \frac{1}{2}x^T H x + f^T x$$

$$Ax \leqslant b$$

$$Aeq \cdot x = beq$$

$$l_b \leqslant x \leqslant u_b$$

$$\min f = x_1 - 3x_2 + 3x_1^2 + 4x_2^2 - 2x_1x_2$$

$$\begin{cases} 2x_1 + x_2 \leqslant 2 \\ -x_1 + 4x_2 \leqslant 3 \end{cases}$$

程序如下:

```
import cvxopt
import pprint
from cvxopt import matrix, solvers
P = matrix([[6.0,-2.0],[-2.0,8.0]])
q = matrix([1.0,-3.0])
G = matrix([[2.0,1.0],[-1.0,4.0]])
h = matrix([2.0,3.0])
result = solvers.qp(P,q,G,h)
print("最优解为:",result['x'])
print("最优值为:",result['primal objective'])
print(result)
```

(2)计算结果:

二次规划的解:

最优解为: $x = \begin{bmatrix} -4.55e-02 \\ 3.64e-01 \end{bmatrix}$

最优值为: fval=-0.5681818181818181

练习3 参考答案

(1)计算过程:

建立数学模型:

$$\max f_1(x) = 70x_1 + 66x_2$$

$$\min f_2(x) = 0.02x_1^2 + 0.01x_2^2 + 0.04(x_1 + x_2)^2$$

$$\begin{cases} x_1 + x_2 \leqslant 5000 \\ x_1 \geqslant 0 \\ x_2 \geqslant 0 \end{cases}$$

线性加权构造目标函数

$$\max f = 0.5f_1(x) - 0.5f_2(x)$$

化为最小值问题

$$\min(-f) = -0.5f_1(x) + 0.5f_2(x)$$

代码操作:

```
def fun(x):
    return 0.5*(0.02*x[0]**2+0.01*x[1]**2+0.04*(x[0]+x[1])**2)- 0.5*(70*x[0]+66*x[1])
# 定义约束条件函数
def constraint1(x):  # 不等式约束 f(x)>=0
```

```
        return- x[0]- x[1] +5000
    def constraint2(x):  # 不等式约束转换为标准形式
        return x[0]
    def constraint3(x):  # 等式约束
        return x[1]
```
定义边界约束
```
    b = (0.0, None)
    bnds = (b, b)
```
定义约束条件
```
    con1 = {' type' : ' ineq' , ' fun' : constraint1}
    con2 = {' type' : ' ineq' , ' fun' : constraint2}
    con3 = {' type' : ' ineq' , ' fun' : constraint3}
    cons = ([con1, con2, con3])  # 3个约束条件
```
求解优化问题
```
    x0 = np. array([1000., 1000.])  # 定义搜索的初值
    res = minimize(fun, x0, method=' SLSQP' , bounds=bnds, constraints=cons)
    print("Optimization problem (res):\t{}". format(res. message))  # 优化是否成功
    print("xOpt = {}". format(res. x))  # 自变量的优化值
    print("min f(x) = {:. 4f}". format(res. fun))  # 目标函数的优化值
```

（2）计算结果：

xOpt = [307. 14373597 414. 28571461]

min f(x) = −12210. 7143

练习4 参考答案

（1）计算过程：

$$\min f = e^{x_1}(6x_1^2 + 3x_2^2 + 2x_1x_2 + 4x_2 + 1)$$

$$s.t \begin{cases} x_1x_2 - x_1 - x_2 + 1 \leqslant 0 \\ -2x_1x_2 - 5 \leqslant 0 \end{cases}$$

```
    def fun(x):
        return exp(x[0])*(6*x[0]**2+3*x[1]**2+2*x[0]*x[1]+4*x[1]+1)
    # 定义约束条件函数
    def constraint1(x):  # 不等式约束 f(x)>=0
        return- x[0]*x[1]+x[0]+ x[1]-1
    def constraint2(x):  # 不等式约束 f(x)>=0
        return 2*x[0]*x[1]+5
    def constraint3(x):  # 不等式约束转换为标准形式
        return x[0]
    def constraint4(x):  # 不等式约束转换为标准形式
        return x[1]
    # 定义边界约束
    b = (None, None)
```

```
bnds = (b, b)
# 定义约束条件
con1 = {'type': 'ineq', 'fun': constraint1}
con2 = {'type': 'ineq', 'fun': constraint2}
con3 = {'type': 'ineq', 'fun': constraint3}
con4 = {'type': 'ineq', 'fun': constraint4}
cons = ([con1, con2])   # 3个约束条件
# 求解优化问题
x0 = np.array([0., 0.])   # 定义搜索的初值
res = minimize(fun, x0, method='SLSQP', bounds=bnds, constraints=cons)
print("Optimization problem (res):\t{}".format(res.message))   # 优化是否成功
print("xOpt = {}".format(res.x))   # 自变量的优化值
print("min f(x) = {:. 4f}".format(res.fun))   # 目标函数的优化值
```

(2)计算结果:

$$x = xOpt = \begin{bmatrix} -2.5 & 1. \end{bmatrix}$$

$fval = \min f(x) = 3.3244$

练习5 参考答案

(1)计算过程:

$$\min f(x_1, x_2) = e^{x_1}(6x_1^2 + 3x_2^2 + 2x_1x_2 + 4x_2 + 1)$$

$$s.t. \begin{cases} x_1x_2 - x_1 - x_2 + 1 \leqslant 0 \\ -2x_1x_2 - 5 \leqslant 0 \\ x_1 \geqslant 0, \ x_2 \geqslant 0 \end{cases}$$

```
def fun(x):
    return exp(x[0])*(6*x[0]**2+3*x[1]**2+2*x[0]*x[1]+4*x[1]+1)
# 定义约束条件函数
def constraint1(x):   # 不等式约束 f(x)>=0
    return- x[0]*x[1]+x[0]+ x[1]-1
def constraint2(x):   # 不等式约束 f(x)>=0
    return 2*x[0]*x[1]+5
def constraint3(x):   # 不等式约束转换为标准形式
    return x[0]
def constraint4(x):   # 不等式约束转换为标准形式
    return x[1]
# 定义边界约束
b = (0.0, None)
bnds = (b, b)
# 定义约束条件
con1 = {'type': 'ineq', 'fun': constraint1}
con2 = {'type': 'ineq', 'fun': constraint2}
con3 = {'type': 'ineq', 'fun': constraint3}
```

con4 = {'type':'ineq','fun':constraint4}
cons = ([con1,con2,con3,con4])　#4个约束条件
# 求解优化问题
x0 = np.array([-1.,1.])　#定义搜索的初值
res = minimize(fun, x0, method='SLSQP', bounds=bnds, constraints=cons)
print("Optimization problem (res):\t{}".format(res.message))　#优化是否成功
print("xOpt = {}".format(res.x))　#自变量的优化值
print("min f(x) = {:.4f}".format(res.fun))　#目标函数的优化值

（2）计算结果：

x = xOpt = [0.,1.]

fval = min f(x) = 8.0000

第 10 章 机器学习基本运算

10.1　问题

房价预测问题。

sklearn 数据集中有波士顿房价数据集，该数据集共 506 条，给出了每个房子的 13 种特征及房子对应的价格。测试数据比例设置为 0.2，请采用 KNN 回归预测测试集房子的价格，并计算其均方误差。

10.2　实验目的

学习使用机器学习方法(如 K 近邻回归)进行预测问题的解决，以了解机器学习在房价预测中的应用。

熟悉使用 MATLAB 或 Python 等软件进行机器学习模型的建立和评估，以便进行波士顿房价数据集的预测实验。

通过实验，掌握评估指标(如均方误差)的计算方法，以便评估预测模型的性能和准确度。

10.3　预备知识

在进行本实验之前，我们需要掌握以下预备知识：

K 近邻回归模型的相关概念，包括 K 值选择、距离度量等，以便理解 K 近邻回归模型的原理和应用。

了解波士顿房价数据集的特征和目标变量，以便进行数据的预处理和特征选择。

熟悉使用 MATLAB 或 Python 等软件进行数据处理、模型建立和评估的基本操作，以便进行房价预测的实验和结果分析。

K 近邻(回归)模型同样是无参数模型,只是借助 K 个最近训练样本的目标数值,对待测样本的回归值进行决策。即根据样本的相似度预测回归值。衡量待测样本回归值的不同方式:一是对 K 个近邻目标数值使用普通的算术平均算法;二是对 K 个近邻目标数值考虑距离的差异进行加权平均。K-近邻模型的三要素:K 值的选择、距离度量(作为"最邻近"的衡量标准)、分类决策规则(例如"多数表决")。

(1)常用距离度量。

欧几里得距离:$D(x, y) = \sqrt{\sum_{i=1}^{n}(x_i - y_i)^2}$

曼哈顿距离:$D(x, y) = \sum_{i=1}^{k}|x_i - y_i|$

切比雪夫距离:$D(x, y) = \max_{i}(|x_i - y_i|)$

余弦相似度:$D(x, y) = \cos(\theta) = \dfrac{x \cdot y}{\|x\|\|y\|}$

(2)标准化。

最大最小标准化一般采用的是最大最小规范化对原始数据进行线性变换 $x^* = (x - min)/(max - min)$;

标准化一般采用的是 Z-score 规范化:就是均值是 0,方差是 1 的正态分布。$x^* = (x - \mu)/\sigma$,μ 为均值,σ 为标准差。

(3)机器学习系统蓝图(图 10-1)。

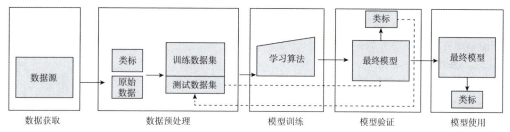

图 10-1　机器学习系统蓝图

机器学习的整个系统可以分为五大步:数据获取、数据预处理、模型训练、模型验证、模型使用。

(1)机器学习中常见的评价指标。

评价指标是建立在不同的机器学习任务上的,主要分为三大类:分类、回归和无监督。

学习中遇到的分类任务中的评价指标有准确率(Accuracy)、精确率与召回率、F 值、ROC-AUC、混沌矩阵等,回归任务中的指标有 MSE、MAE 等,如图 10-2 所示。

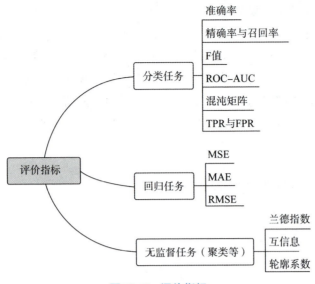

图 10-2　评价指标

2. 本实验中所用 MATLAB 命令提示:

```
mapminmax(source_data,a,b)              % Min- Max 标准化(Min=a,Max=b)
zscore(source_data)                     % Z- score 标准化
MATLAB 随机划分训练集和测试集案例:
% 导入数据集
data = wine;% 对数据集实例化。
data = mapminmax(data,0,1)              % Min- Max 标准化(Min=0,Max=1)
[length,D] = size(Data);                %ndata 表示数据集样本数,D 是特征数。
% 确定随机种子,便于结果复现
rand(' seed' , 42);
% 生成和样本个数等长的无序索引序列
idx = randperm(length);                 % length 即为样本的总数,idx 为生成的无序索引
% 选取 80% 作为训练集
train_data = data(idx(1:0. 8*length), 1:13);     % data 为样本特征,格式为:样本数*特征数
train_labels = data (idx(1:0. 8*length), 14);    % labels 为响应变量,的格式为:样本数*1
% 剩余 20% 作为测试集
test_data = data(idx(0. 8*length+1:end), 1:13);
test_labels = data(idx(0. 8*length+1:end), 14);
#回归模型评价(RMSE、MAE、MAPE)代码
function result(true_value,predict_value,type)
disp(type)
rmse = sqrt(mean((true_value- predict_value). ^2));
disp([' 根均方差(RMSE):' ,num2str(rmse)])
mae = mean(abs(true_value- predict_value));
disp([' 平均绝对误差(MAE):' ,num2str(mae)])
mape = mean(abs((true_value- predict_value). /true_value));
```

disp(['平均相对百分误差(MAPE):',num2str(mape*100),'%'])

fprintf('\n')

KNN 回归命令：

ClassificationKNN. fit(X,Y)：基于特征和分类标签返回分类模型。X：每行表示一个特征向量,每列表示特征向量中一个变量。Y：每行代表的是 X 中特征向量说代表的标签或种类。

ClassificationKNN. fit(X,Y,Name,Value)：value 代表 K 的值

预测过程：

1)寻找训练集合 X 中最靠近 Xnew 的 K 个点(距离的度量采用的欧式距离)；

2)记录这 K 个点的对应标签 Y；

3)把 Xnew 的标签分配给所有 K 个标签中概率最大的那一个。

3. 本实验中所用 Python 命令提示：

data_transformed = MinMaxScaler(). fit_transform(data) #归一化

data_transformed = standardScaler(). fit_transform(data) #标准化

X_train,X_test,y_train,y_test = cross_validation. train_test_split(train_data, train_target, test_size = 0. 3, random_state = 0)

#train_data：所要划分的样本特征集

#train_target：所要划分的样本结果

#test_size：样本占比,如果是整数的话就是样本的数量。这里的 0.3 代表的就是划分出 30% 的样本作为测试集。

#random_state：是随机数的种子。其实就是该组随机数的编号,在需要重复试验的时候,保证得到一组一样的随机数。比如你每次都填 1,其他参数一样的情况下你得到的随机数组是一样的。但填 0 或不填,每次都会不一样。

MAPE 需要自己实现

```
def mape(y_true, y_pred):
    return np. mean(np. abs((y_pred- y_true) / y_true))
```

MSE=metrics. mean_squared_error(y_true, y_pred)

RMSE=np. sqrt(metrics. mean_squared_error(y_true, y_pred))

MAE=metrics. mean_absolute_error(y_true, y_pred)

scikit- learn 实现了两个不同的最邻近回归模型：

KNeighborsRegressor：根据每个查询点的最邻近的 k 个数据点的均值作为预测值,其中,k 是用户指定的整数。

RadiusNeighborsRegressor：基于查询点的固定半径内的数据点的均值作为预测值,其中 r 是用户指定的浮点值。

sklearn. neighbors. KNeighborsRegressor(n_neighbors = 5,weights = ' uniform', algorithm = ' auto',metric = ' minkowski',)

sklearn. neighbors. RadiusNeighborsRegressor(radius=1. 0,weights = ' uniform',algorithm = ' auto',metric = ' minkowski',)

参数注释：

radius：寻找最邻近数据点的半径。

n_neighbors：最邻近的邻居数量。

algorithm：寻找最邻近的数据点的算法，有效值是['auto'，'ball_tree'，'kd_tree'，'brute']。

metric：计算距离的度量，详细信息请查看：DistanceMetric。

weights：权重，默认值 weights ='uniform'，为每个邻居分配统一的权重。weights ='distance' 分配的权重与距查询点的距离成反比。用于也可以提供定义函数来计算权重。在某些情况下，最好对邻居加权，以使较近的邻居对拟合的贡献更大，这可以通过 weights 关键字完成。

10.4　实验内容与要求

1. 预测房价问题的数学模型为 KNN 回归模型：

通过这三步来预测房价：

(1)加载数据集并初步探索。

(2)划分训练集和测试集。

(3)对特征做均值方差归一化。

每个特征的含义如下：

CRIM：城镇人均犯罪率(%)。

ZN：住宅用地所占比例(%)。

INDUS：城镇中非住宅用地所占比例(%)。

CHAS：0-1 分类变量，是否靠近 Charles River，靠近1，否则0。

NOX：一氧化氮指数。

RM：每栋住宅的房间数。

AGE：1940 年以前建成的自住单位的比例(%)。

DIS：距离 5 个波士顿的就业中心的加权距离。

RAD：距离高速公路的便利指数。

TAX：每一万美元的不动产税率(%)。

PTRATIO：城镇中的教师学生比例(%)。

B：关于黑人比例的一个参数(%)。

LSTAT：地区中有多少房东属于低收入人群(%)。

MEDV：自住房屋房价中位数(也就是均价，单位千美元)。

2. 将 X 归一化和标准化。

X=[790 3977 849 1294 1927 1105 204 1329 768 5037 1135 1330 1925 1459 275 1487 942 2793 820 814 1617 942 155 976 916 2798 901 932 1599 910 182 1135 1006 2864 1052 1005 1618 839 196 1081]。

10.5　操作提示

10.5.1　MATLAB 操作提示

实验 1

(1) 计算过程：

```
data = csvread(' E:/经济模型与实验特色课程网站/书稿 2023. 2. 2/boston_house_prices. csv' , 1, 0);
X = data(:,1:13);
Y = data(:,14);
Xt = data(:,1:13);
Yt = data(:,14);
mdl = ClassificationKNN. fit(X,Y,' NumNeighbors' ,5)
CVKNNMdl = crossval(mdl);
classError = kfoldLoss(CVKNNMdl)
label = predict(mdl,Xt);
accr = length(find(label~=Yt))/length(Yt)
t = 1:length(Yt);
figure;
plot(t, Yt, ' LineWidth' , 2, ' DisplayName' , ' true' );
hold on;
plot(t, label,' r- *' , ' LineWidth' , 2,  ' DisplayName' , ' knn' );
legend(' true' ,' knn' );
```

(2) 计算结果：

mdl =

ClassificationKNN：

　　　PredictorNames：{' x1'　　' x2'　　' x3'　　' x4'　　' x5'　　' x6'　　' x7'　　' x8'　　' x9'　　' x10'
' x11'　　' x12'　　' x13' }

　　　　ResponseName：' Y'

　　　　　ClassNames：[1x229 double]

　　　ScoreTransform：' none'

　　　NObservations：506

　　　　　　Distance：' euclidean'

　　　NumNeighbors：5

classError =

0. 9526

accr =

0. 7747

预测结果见图 10-3。

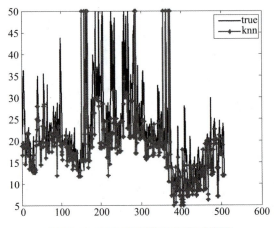

图 10-3　KNN 预测与实际值对比图

进一步分析：

（1）计算过程：

```
data1 = csvread(' E:/经济模型与实验特色课程网站/书稿 2023. 2. 2/boston_house_prices. csv' , 1, 0);
data = mapminmax(data1,0,1);              % Min-Max 标准化(Min=0,Max=1)
[length,D] = size(data);                  % length 表示数据集样本数,D 是列数。
% 确定随机种子,便于结果复现
rand(' seed' , 42);
% 生成和样本个数等长的无序索引序列
idx = randperm(length);                   % length 即为样本的总数,idx 为生成的无序索引
% 选取 80% 作为训练集
train_data = data(idx(1:0. 8*length), 1:13);   % data 为样本特征,格式为:样本数*特征数
train_labels = data (idx(1:0. 8*length), 14);  % labels 为响应变量,的格式为:样本数*1
% 剩余 20% 作为测试集
test_data = data (idx(0. 8*length+1:end), 1:13);
test_labels = data(idx(0. 8*length+1:end), 14);
mdl = ClassificationKNN. fit(train_data, train_labels,' NumNeighbors' ,5);
CVKNNMdl = crossval(mdl);
classError = kfoldLoss(CVKNNMdl);
label = predict(mdl,test_data);
[L,d] = size(test_labels);
t = 1:L;
figure;
plot(t, test_labels, ' LineWidth' , 2, ' DisplayName' , ' true' );
hold on;
plot(t, label,' r- *' , ' LineWidth' , 2,   ' DisplayName' , ' knn' );
legend(' true' ,' knn' );
```

（2）计算结果：

预测结果见图 10-4。

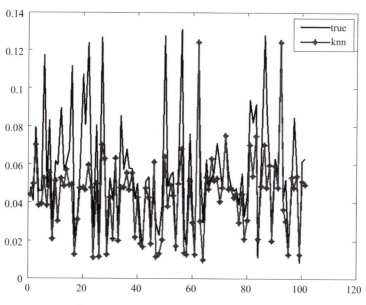

图 10-4 验证集上预测值与真实值比较图

实验 2

(1)计算过程：

$X = [$ 790 3977 849 1294 1927 1105 204 1329 768 5037 1135 1330 1925 1459 275 1487 942 2793 820 814 1617 942 155 976 916 2798 901 932 1599 910 182 1135 1006 2864 1052 1005 1618 839 196 1081 $]$

$[Z, mu, sigma] = zscore(X)\%$ 标准化

$X^* = mapminmax(X, 0, 1)$

(2)计算结果：

zscor 标准化：

Z =

Columns 1 through 10

-0.5419   2.6888   -0.4821   -0.0310   0.6107   -0.2226   -1.1360

0.0045   -0.5642   3.7633

Columns 11 through 20

-0.1922   0.0055   0.6086   0.1362   -1.0640   0.1646   -0.3878

1.4885   -0.5115   -0.5176

Columns 21 through 30

0.2964   -0.3878   -1.1856   -0.3534   -0.4142   1.4936   -0.4294

-0.3980   0.2782   -0.4203

Columns 31 through 40

-1.1583   -0.1922   -0.3230   1.5605   -0.2763   -0.3240   0.2974

-0.4923   -1.1441   -0.2469

mu =

1. 3246e+03

sigma =

986. 4644

最大最小标准化：

X =

Columns 1 through 10

0. 1301 0. 7829 0. 1422 0. 2333 0. 3630 0. 1946 0. 0100 0. 2405 0. 1256 1. 0000

Columns 11 through 20

0. 2007 0. 2407 0. 3626 0. 2671 0. 0246 0. 2728 0. 1612 0. 5404 0. 1362 0. 1350

Columns 21 through 30

0. 2995 0. 1612 0 0. 1682 0. 1559 0. 5414 0. 1528 0. 1592 0. 2958 0. 1546

Columns 31 through 40

0. 0055 0. 2007 0. 1743 0. 5549 0. 1837 0. 1741 0. 2997 0. 1401 0. 0084 0. 1897

10. 5. 2　Python 操作提示

实验 1

(1)计算过程：

```
Python 代码如下
#导入数据集：
import numpy as np
import pandas as pd
from pandas import Series, DataFrame
import matplotlib. pyplot as plt
% matplotlib inline
import sklearn. datasets as datasets
from sklearn. model_selection import train_test_split    # 对数据集切分
from sklearn. metrics import r2_score
# 机器算法模型
from sklearn. neighbors import KNeighborsRegressor    # KNN,即 K 近邻算法
#生成训练数据和测试数据：
from sklearn import metrics
from sklearn import datasets
from pandas import read_csv
filename = "E:/经济模型与实验特色课程网站/书稿 2023. 2. 2/ boston_house_prices. csv"
data = read_csv(filename, encoding=' utf- 8' )
boston = pd. DataFrame(data)
col = [' CRIM' ,' ZN' ,' INDUS' ,' CHAS' ,' NOX' ,' RM' ,' AGE' ,' DIS' ,' RAD' ,' PTRATIO' ,' TAX' ,
' B' ,' LSTAT' ]
X=boston[ col]
y=boston[ ' MEDV' ]
train =pd. DataFrame(X, columns=col)
```

```
target= pd. DataFrame(y, columns=['MEDV'])
X_train, x_test, y_train, y_test = train_test_split(train, target, test_size=0. 2)   # 20%测试集;80%训练集
# 创建学习模型
knn = KNeighborsRegressor()
# 训练模型
knn. fit(X_train, y_train)   # 学习率、惩罚项都封装好了
# 预测数据
y_pre_knn = knn. predict(x_test)
# 评分,R2 决定系数(拟合优度)。模型越好:r2→1;模型越差:r2→0
knn_score = r2_score(y_test, y_pre_knn)
print(' knn_score =',knn_score)
# 绘图
# KNN
t = np. arange(len(x_test))   #创建 t 变量
plt. plot(t,y_test, label=' true' )
plt. plot(t,y_pre_knn, label=' knn' )
plt. legend()
```

(2)计算结果:

knn_ score = 0. 6279515990481572

KNN 对比图形见 10-5。

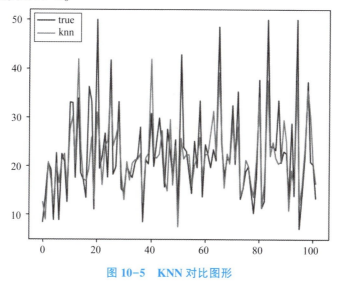

图 10-5　KNN 对比图形

实验 2

(1)计算过程:

X=[790,3977,849,1294,1927,1105,204,1329,768,5037,1135,1330,1925,1459,275,1487,942,2793,820,814,
1617,942,155,976,916,2798,901,932,1599,910,182,1135,1006,2864,1052,1005,1618,839,196,1081]

[Z,mu,sigma] = zscore(X)% 标准化

from sklearn. preprocessing import MinMaxScaler

```
import numpy as np
X=np. array([790,3977,849,1294,1927,1105,204,1329,768,5037,1135,1330,1925,1459,275,1487,942,2793,
820,814,1617,942,155,976,916,2798,901,932,1599,910,182,1135,1006,2864,1052,1005,1618,839,196,1081])
scaler = MinMaxScaler(feature_range=(0, 1))
X = scaler. fit_transform(X. reshape(- 1, 1))
print(X)
```

（2）计算结果：

zscor 标准化：

array([-0.54883933,   2.72304795, -0.48826783, -0.03141505,   0.61844521,
       -0.22544915, -1.15044772,   0.0045172 , -0.57142531,   3.81128155,
       -0.19465009,   0.00554383,   0.61639194,   0.13797981, -1.0775566 ,
        0.1667256 , -0.39279073,   1.50751154, -0.51804026, -0.52420008,
        0.30018821, -0.39279073, -1.20075286, -0.35788513, -0.41948326,
        1.51264472, -0.43488279, -0.40305709,   0.28170878, -0.42564307,
       -1.1730337 , -0.19465009, -0.32708606,   1.58040266, -0.27986083,
       -0.3281127 ,   0.30121485, -0.49853419, -1.1586608 , -0.2500884])

mu = 1324. 6
sigma= 974. 0555630968902

最大最小标准化：

[[0. 13006964]
 [0. 78287587]
 [0. 14215485]
 [0. 23330602]
 [0. 362966   ]
 [0. 19459238]
 [0. 01003687]
 [0. 24047522]
 [0. 12556329]
 [1.   ]
 [0. 2007374]
 [0. 24068005]
 [0. 36255633]
 [0. 26710365]
 [0. 02458009]
 [0. 272839   ]
 [0. 16120442]
 [0. 54035231]
 [0. 13621467]
 [0. 13498566]
 [0. 29946743]
```
```

$$\begin{bmatrix} [0.16120442] \\ [0. \qquad\quad] \\ [0.16816878] \\ [0.15587874] \\ [0.54137649] \\ [0.15280623] \\ [0.15915608] \\ [0.29578042] \\ [0.15464973] \\ [0.00553052] \\ [0.2007374\ ] \\ [0.17431381] \\ [0.55489553] \\ [0.18373617] \\ [0.17410897] \\ [0.29967227] \\ [0.14010651] \\ [0.0083982\ ] \\ [0.18967636] \end{bmatrix}$$

10.5.3　机器学习拓展

(1)操作代码提示。

```
#导入数据集:
import numpy as np
import pandas as pd
from pandas import Series, DataFrame
import matplotlib. pyplot as plt
% matplotlib inline
import sklearn. datasets as datasets
from sklearn. model_selection import train_test_split    # 对数据集切分
from sklearn. metrics import r2_score
# 机器算法模型
from sklearn. linear_model import LinearRegression    # 多元线性回归算法
from sklearn. linear_model import Ridge    # 线性回归算法 Ridge 回归,岭回归
from sklearn. linear_model import Lasso    # 线性回归算法 Lasso 回归,可用作特征筛选
from sklearn. tree import DecisionTreeRegressor    # 决策树,既可以做分类也可以做回归(本文主要用于
分类问题)
from sklearn. svm import SVR    # 支持向量机
#生成训练数据和测试数据:
from sklearn import metrics
from sklearn import datasets
```

```python
from pandas import read_csv
filename = "E:/经济模型与实验特色课程网站/书稿 2023. 2. 2/boston_house_prices. csv"
data = read_csv(filename, encoding=' utf- 8' )
boston = pd. DataFrame(data)
col = [' CRIM' ,' ZN' , ' INDUS' , ' CHAS' , ' NOX' , ' RM' , ' AGE' , ' DIS' , ' RAD' , ' PTRATIO' , ' TAX' ,
' B' , ' LSTAT' ]
X=boston[ col]
y=boston[' MEDV' ]
train =pd. DataFrame(X, columns=col)
target= pd. DataFrame(y, columns=[' MEDV' ])
X_train, x_test, y_train, y_test = train_test_split(train, target, test_size=0. 2)    # 20% 测试集;80% 训练集
# 创建学习模型
linear = LinearRegression()
ridge = Ridge()
lasso = Lasso()
decision = DecisionTreeRegressor()
svr = SVR()
# 训练模型
linear. fit(X_train, y_train) # 学习率、惩罚项都封装好了
ridge. fit(X_train, y_train)
lasso. fit(X_train, y_train)
decision. fit(X_train, y_train)
svr. fit(X_train, y_train)
# 预测数据
y_pre_linear = linear. predict(x_test)
y_pre_ridge = ridge. predict(x_test)
y_pre_lasso = lasso. predict(x_test)
y_pre_decision = decision. predict(x_test)
y_pre_svr = svr. predict(x_test)
#计算结果:
print(linear. coef_)   # w 值
print(linear. intercept_)   # b 值
# 评分,R2 决定系数(拟合优度)。模型越好:r2→1;模型越差:r2→0
linear_score = r2_score(y_test, y_pre_linear)
ridge_score = r2_score(y_test, y_pre_ridge)
lasso_score = r2_score(y_test, y_pre_lasso)
decision_score = r2_score(y_test, y_pre_decision)
svr_score = r2_score(y_test, y_pre_svr)
print(' linear_score =' ,linear_score)
print(' ridge_score=' ,ridge_score)
print(' lasso_score=' ,lasso_score)
print(' decision_score=' ,decision_score)
print(' svr_score=' ,svr_score)
# 绘图
```

```
# Linear
plt. plot(y_pre_linear, label=' linear' )
plt. legend()
# Ridge
plt. plot(y_pre_ridge, label=' ridge' )
plt. legend()
# Lasso
plt. plot(y_pre_lasso, label=' lasso' )
plt. legend()
# Decision
plt. plot(y_pre_decision, label=' decision' )
plt. legend()
# SVR
plt. plot(y_pre_svr, label=' svr' )
plt. legend()
plt. show()
```

(2)计算结果：

$[[-1.01264317e-01$　$4.36902322e-02$　$3.36324571e-02$　$2.99455443e+00$

　$-1.60805439e+01$　$3.90900626e+00$　$-1.12809759e-02$　$-1.46236306e+00$

　$2.81061461e-01$　$-1.03436210e+00$　$-1.31323249e-02$　$8.34035446e-03$

　$-4.77565221e-01]]$

$[37.15645257]$

linear_ score = 0.68767394369851

ridge_ score = 0.6829915238801132

lasso_ score = 0.6444956290279028

decision_ score = 0.7638637452954997

svr_ score = 0.08113497806056291

算法汇总图见图 10-6。

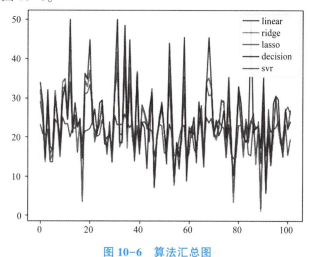

图 10-6　算法汇总图

```
#弹性网络回归
from sklearn. linear_model import ElasticNet
ElasticNet=ElasticNet() #选择模型
ElasticNet. fit(X_train, y_train)
y_pre_ElasticNet = ElasticNet. predict(x_test)
print(ElasticNet. coef_)  # w 值
print(ElasticNet. intercept_)  # b 值
# 评分,R2 决定系数(拟合优度)。模型越好:r2→1;模型越差:r2→0
ElasticNet_score = r2_score(y_test, y_pre_ElasticNet)
ElasticNet_score
plt. plot(t,y_test, label=' true' )
plt. plot(t,y_pre_ElasticNet, label=' ElasticNet' )
plt. legend()
plt. show()
```

(2)计算结果:

$$\begin{bmatrix} -0.08285358 & 0.05204305-0. & 0. & -0. & 0.92982699 \\ 0.01170357-0.78574969 & 0.30553413-0.78013111-0.01785591 & 0.00694434 \\ -0.7162014 \end{bmatrix}$$

$$\begin{bmatrix} 43.71772178 \end{bmatrix}$$

ElasticNet_ score= 0. 6549822433398402

弹性网络图见图 10-7。

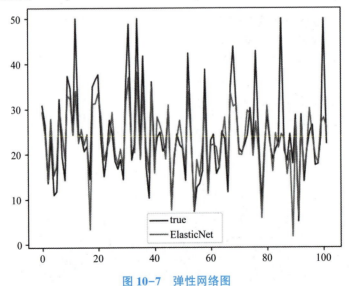

图 10-7　弹性网络图

(1')计算过程:

```
import pandas as pd
import matplotlib. pyplot as plt
from sklearn. linear_model import LinearRegression
```

```
from sklearn. linear_model import Ridge
from sklearn. linear_model import Lasso
from sklearn. linear_model import ElasticNet
from sklearn. neighbors import KNeighborsRegressor
from sklearn. tree import DecisionTreeRegressor
from sklearn. model_selection import KFold
from sklearn. model_selection import cross_val_score
from sklearn. svm import SVR
from pandas. plotting import scatter_matrix
file_name='E:/经济模型与实验特色课程网站/书稿 2023. 2. 2/boston_house_prices1. csv'
names=['CRIM',' ZN',' INDUS',' CHAS',' NOX',' RM',' AGE',' DIS',' RAD',' TAX',' PTRATIO
',' B',' LSTAT',' MEDV']
f=open(file_name)#因为中文要报错,所以多了这么一个步骤
data=pd. read_csv(f,names=names)
array=data. values #从 dataframe 数据格式转为矩阵格式,重要的一步
X=array[:,:13] #输入特征
Y=array[:,13] #标签 label
seed=7
num_folds=10 #通常取 3,5,10,不知道设置为多少时,设为 10
#K 折交叉验证分离的核心函数
kfold=KFold(n_splits=num_folds,random_state=seed,shuffle=True) #n_splits:表示划分几等份,shuffle:在
```

每次划分时,是否进行洗牌。若为 Falses 时,其效果等同于 random_state 等于整数,每次划分的结果相同;若为 True 时,每次划分的结果都不一样,表示经过洗牌,随机取样的。random_state:随机种子数,如果设置了具体数值比如 42(随便一个具体数值),那么每次运行结果都是一样的,不会随机产生结果,即每次运行结果都可以复现。

```
models={}
models['LR']=LinearRegression() #选择模型
models['Ridge']=Ridge() #选择模型
models['lasso']=Lasso() #选择模型
models['ElasticNet']=ElasticNet() #选择模型
models['KNN']=KNeighborsRegressor() #选择模型
models['CART']=DecisionTreeRegressor() #选择模型
models['SVM']=SVR() #选择模型
results=[]
for name in models:
    result = cross_val_score(models[name], X, Y, cv=kfold, scoring='neg_mean_squared_error')   # 交叉
验证的函数,scori
    results. append(result)
print(' {}的评估结果(平均 NMSE)为:{}'. format(name,result. mean()),)
```

（1'）计算结果:

LR 的评估结果(平均 NMSE)为:-23. 74650181131339。

Ridge 的评估结果(平均 NMSE)为:−23.889890185053424。

lasso 的评估结果(平均 NMSE)为:−28.745890075851538。

ElasticNet 的评估结果(平均 NMSE)为:−27.90842036023106。

KNN 的评估结果(平均 NMSE)为:−38.852320266666666。

CART 的评估结果(平均 NMSE)为:−21.831506274509806。

SVM 的评估结果(平均 NMSE)为:−67.64140705473743。

(2)计算过程:

程序如下:

```
import numpy as np
cc=np.array([790,3977,849,1294,1927,1105,204,1329,768,5037,1135,1330,1925,1459,275,1487,
942,2793,820,814,1617,942,155,976,916,2798,901,932,1599,910,182,1135,1006,2864,1052,1005,
1618,839,196,1081])
cc_mean = np.mean(cc, axis=0)    #axis=0,表示按列求均值 ——— 即第一维,每一列可看做一个维
度或者特征。
cc_std = np.std(cc, axis=0)
cc_zscore = (cc- cc_mean)/cc_std    #直接计算,对数组进行标准化,一定要注意维度.
```

(2)计算结果:

zscor 标准化:

array([−0.54883933, 2.72304795, −0.48826783, −0.03141505, 0.61844521,
       −0.22544915, −1.15044772, 0.0045172, −0.57142531, 3.81128155,
       −0.19465009, 0.00554383, 0.61639194, 0.13797981, −1.0775566,
        0.1667256, −0.39279073, 1.50751154, −0.51804026, −0.52420008,
        0.30018821, −0.39279073, −1.20075286, −0.35788513, −0.41948326,
        1.51264472, −0.43488279, −0.40305709, 0.28170878, −0.42564307,
       −1.1730337, −0.19465009, −0.32708606, 1.58040266, −0.27986083,
       −0.3281127, 0.30121485, −0.49853419, −1.1586608, −0.2500884])

最大最小标准化:

array([0.13006964, 0.78287587, 0.14215485, 0.23330602, 0.362966   ,
       0.19459238, 0.01003687, 0.24047522, 0.12556329, 1.   ,
       0.2007374, 0.24068005, 0.36255633, 0.26710365, 0.02458009,
       0.272839   , 0.16120442, 0.54035231, 0.13621467, 0.13498566,
       0.29946743, 0.16120442, 0.   , 0.16816878, 0.15587874,
       0.54137649, 0.15280623, 0.15915608, 0.29578042, 0.15464973,
       0.00553052, 0.2007374, 0.17431381, 0.55489553, 0.18373617,
       0.17410897, 0.29967227, 0.14010651, 0.0083982, 0.18967636])

10.6　上机练习

网上非常著名的电影分类的例子：

电影名称	打斗镜头	接吻镜头	电影类型
电影 1	1	101	爱情片
电影 2	5	89	爱情片
电影 3	108	5	动作片
电影 4	115	8	动作片

算法过程：

a. 计算已知类别数据集中的点与当前点之间的距离；

b. 按照距离递增次序排序；

c. 选取与当前点距离最小的 k 个点；

d. 确定前 k 个点所在类别的出现频率；

e. 返回前 k 个点所出现频率最高的类别作为当前点的预测分类。

比如电影分类的例子，如果 k 值取 3，那么在电影例子中，按距离依次排序的三个点分别是动作片（108，5）、动作片（115，8）、爱情片（5，89）。在这三个点中，动作片出现的频率为三分之二，爱情片出现的频率为三分之一，所以该红色圆点标记的电影为动作片。

10.7　上机练习参考答案

10.7.1　MATLAB 操作提示

```
train_dat = [1, 101; 5, 89; 108, 5; 115, 8]; %假设这是已知的电影数据集,其中每一列为一部电影的特
征(打斗次数,接吻次数)
train_label = {'爱情片';'爱情片';'动作片';'动作片'}; %对应的电影类别
test_data=[101,20]; %测试电影数据的特征
k=knnclassify(test_data,train_data,train_label,3,'euclidean','nearest') %KNN 判别
test_data=[1,90]; %测试电影数据的特征
k=knnclassify(test_data,train_data,train_label,3,'euclidean','nearest') %KNN 判别
计算结果:
k=
    '动作片'
k=
    '爱情片'
```

10. 7. 2　Python 操作提示

```python
import numpy as np
import operator
'''
函数说明:创建数据集
Parameters: 无
Returns:
    group- 数据集
    labels- 分类标签
'''
def createDataSet():
    #四组二维特征
    group = np. array([[1,101],[5,89],[108,5],[115,8]])
    #四组特征的标签
    labels = ['爱情片','爱情片','动作片','动作片']
    return group,labels
'''
函数说明:kNN 算法,分类器
Parameters:
    inX- 用于分类的数据(测试集)
    dataSet- 用于训练的数据(训练集)
    labes- 分类标签
    k- kNN 算法参数,选择距离最小的 k 个点
Returns:
    sortedClassCount[0][0]- 分类结果
'''
def classify(inX, dataSet,labels,k):
    #numpy 函数 shape[0]返回 dataSet 的行数
    dataSetSize = dataSet. shape[0]
    #在列向量方向上重复 inX 共 1 次(横向),行向量方向上重复 inX 共 dataSetSize 次(纵向)
    diffMat = np. tile(inX, (dataSetSize, 1))- dataSet
    #二维特征相减后平方
    sqDiffMat = diffMat**2
    #sum()所有元素相加,sum(0)列相加,sum(1)行相加
    sqDistances = sqDiffMat. sum(axis=1)
    #开方,计算出距离
    distances = sqDistances**0. 5
    #返回 distances 中元素从小到大排序后的索引值
    sortedDistIndices = distances. argsort()
    #定一个记录类别次数的字典
    classCount = {}
    for i in range(k):
```

```
                #取出前 k 个元素的类别
                voteIlabel = labels[sortedDistIndices[i]]
                #dict. get(key,default=None),字典的 get()方法,返回指定键的值,如果值不在字典中返回默
认值。
                #计算类别次数
                classCount[voteIlabel] = classCount. get(voteIlabel,0) + 1
        #Python3 中用 items()替换 Python2 中的 iteritems()
        #key=operator. itemgetter(1)根据字典的值进行排序
        #key=operator. itemgetter(0)根据字典的键进行排序
        #reverse 降序排序字典
        sortedClassCount = sorted(classCount. items(),key=operator. itemgetter(1),reverse=True)
        #返回次数最多的类别,即所要分类的类别
        return sortedClassCount[0][0]
if _name_=='_main_':
        #创建数据集
        group,labels = createDataSet()
        print(group)
        #测试集
        a = [101,20]
        b = [1,90]
        #kNN 分类
        c = classify(a,group, labels, 3)
        d = classify(b, group, labels, 4)
        #打印分类结果
        print(c)
        print(d)
```

计算结果:
[[1 101]
 [5 89]
 [108   5]
 [115   8]]
动作片
爱情片

第三篇　模型实验

第 11 章　投入产出问题

11.1　问题

在现代经济活动中，利用经济数学方法研究整个国民经济、某个地区、部门及企业在再生产过程中的平衡关系，了解各部门从事经济活动的各种消耗与结果是十分重要的。其中，各部门总投入与总产出要达到平衡是一项重要的因素。

一般地，价值型投入产出表见表 11-1，其中

$$A = \begin{pmatrix} a_{11} & a_{12} & \cdots & a_{1n} \\ a_{21} & a_{22} & \cdots & a_{2n} \\ \vdots & \vdots & \ddots & \vdots \\ a_{n1} & a_{n2} & \cdots & a_{nn} \end{pmatrix}$$

为中间产品矩阵，$D = (d_1, d_2, \cdots, d_n)$ 为固定资产折旧向量，$Z = (z_1, z_2, \cdots, z_n)$ 为新创造价值向量，$Y = (y_1, y_2 \cdots, y_n)$ 为最终产品向量。

根据投入产出平衡思想解决如下问题：

在问题中，若已知某地区在某一生产周期内各部门之间的生产消耗关系矩阵 A，固定资产折旧向量 D 及新创造价值向量 Z 分别为

$$A = \begin{pmatrix} 18 & 37 & 65 & 43 \\ 26 & 35 & 84 & 73 \\ 69 & 24 & 21 & 35 \\ 47 & 82 & 51 & 37 \end{pmatrix}$$

$D = (15, 20, 10, 17)$，$Z = (250, 380, 662, 384)$。

表 11-1　价值型投入产出表

投入		中间产品				最终产品				总产品量
		1	2	$\cdots$	n	消费	积累	出口	小计	
资料补偿价值	1	a_{11}	a_{12}	$\cdots$	a_{1n}				y_1	x_1
	2	a_{21}	a_{22}	$\cdots$	a_{2n}				y_2	x_2
	$\vdots$	$\vdots$	$\vdots$	$\cdots$	$\vdots$				$\vdots$	$\vdots$
	n	a_{n1}	a_{n2}	$\cdots$	a_{nn}				y_n	x_n
	固定资产折旧	d_1	d_2		d_n					

投入		中间产品				最终产品				总产品量
		1	2	⋯	n	消费	积累	出口	小计	
新创造价值	劳动报酬	v_1	v_2	⋯	v_n					
	纯收入	m_1	m_2	⋯	m_n					
	小计	z_1	z_2	⋯	z_n					
总投入		x_1	x_2	⋯	x_n					

*注：a_{ij}表示第j部门在生产过程中消耗第i部门的产品数量。

1. 求出总投入向量$X=(x_1,\ x_2,\ x_3,\ x_4)$，最终产品向量$Y=(y_1,\ y_2,\ y_3,\ y_4)$，直接消耗系数矩阵$B=(b_{ij})$，其中$b_{ij}=a_{ij}/x_j$，$b_{ij}$表示第$j$部门消耗第$i$部门的产品价值在第$j$部门的总产品价值中所占比率。

2. 若已知四个部门的直接消耗系数矩阵B与总产值X及固定资产折旧D分别为：

$$B=\begin{pmatrix} 0 & 0.15 & 0.53 & 0 \\ 0.25 & 0.05 & 0.1 & 0.25 \\ 0.15 & 0 & 0.05 & 0.35 \\ 0.1 & 0.15 & 0.15 & 0.1 \end{pmatrix},\quad X=\begin{pmatrix} 360 \\ 240 \\ 180 \\ 300 \end{pmatrix},\quad D=\begin{pmatrix} 3 \\ 15 \\ 10 \\ 20 \end{pmatrix}$$

求出：各部门新创造价值Z，各部门最终产品Y，各部门中间产品a_{ij}。

3. 由问题(2)中的直接消耗系数矩阵B，且知最终产品列向量$Y=(234,310,124,180)^T$。求出：该系统在这一生产周期内的总产值列向量X。

11.2　实验目的

本实验的目的是利用经济数学中的投入产出模型，通过建立矩阵方程来分析经济系统中各个部门之间的相互依赖关系，并利用数学软件进行求解。通过这个实验，我们可以深入了解经济系统的结构和运行机制，探索不同部门之间的关联性，并对经济政策的影响进行评估。

在实验中，我们将学习如何构建投入产出矩阵，其中包括各个部门的产出、投入以及消费等数据。然后，我们将利用数学软件进行矩阵运算，求解出各个部门的最终产出和最终需求。通过分析这些结果，我们可以得出关于经济系统的一些重要结论，比如各个部门之间的关联度、经济增长的潜力以及政策干预的影响等。

通过本实验，我们可以提高对经济系统的理解和分析能力，培养数学建模和数据分析的技能。这些技能对于经济学、管理学以及其他相关领域的学习和研究都具有重要意义。同时，本实验也为我们提供了一个实践应用经济数学知识的机会，帮助我们更好地理解和应用所学的理论知识。

11.3　预备知识

在进行本实验之前，我们需要掌握以下预备知识：

1. 线性代数中矩阵运算及解线性方程组。

2. 经济数学中投入产出的知识：投入是指从事一项经济活动的消耗，产出是指经济活动的结果。投入产出方法是利用数学方法和计算机来研究经济活动的投入与产出之间的数量依存关系。例如，表 11-2 是某地区某时段编制的价值型投入产出表，其中各部门的总投入 $x_j(j=1，2，3，4)$ 等于生产资料补偿价值与新创造价值之和，各部门的总产出 x_i $(i=1，2，3，4)$ 等于中间产品价值与最终产品价值之和，平衡思想就是总投入等于总产出。

表 11-2　价值型投入产出表

投入		中间产品				最终产品				总产品量
		1 农业	2 工业	3 其他		消费	积累	出口	小计	
资料补偿价值	1. 农业	118	137	43		300	308	230	838	1 136
	2. 工业	206	835	273		950	524	266	1 740	3 054
	3. 其他	47	482	237		550	100	128	778	1 544
	固定资产折旧	115	320	107						
新创造价值	劳动报酬	520	510	414						
	纯收入	330	770	470						
	小计	850	1 280	884						
总投入		1 136	3 054	1 544						

3. 如选用 MATLAB 软件，其所用到的命令提示：

（1）求矩阵 A 的列和：sum（A）。

（2）循环：

　　for 变量 = 初值：步长：终值

　　　　循环体语句

　　end

（3）于 B 左乘 A 的逆：$x = A \setminus B$。

（4）矩阵 A、B 的加、减、乘：$A + B$、$A - B$、$A * B$。

11.4　实验内容与要求

根据投入产出平衡思想建立一般问题的数学模型：总产出方程组和总投入方程组。建议用 MATLAB 和 Python 软件求解三个问题。

1. 求出子问题 1 中总投入向量 X、最终产品向量 Y 及直接消耗系数矩阵 B。

2. 由投入产出平衡模型确定各部门新创造价值 Z、各部门最终产品 Y 及各部门中间

产品 $A(i, j)$ 的表达式，再根据子问题 2 得出所求的中间产品矩阵 A 与新创造价值向量 Z 及最终产品向量 Y。

3. 由总产值等于总投入得总产值列向量 X 的表达。即关于 X 的非齐次线性方程组。验证其系数矩阵可逆，并求解。

11.5 投入产出问题解析

11.5.1 问题分析与建立模型

由价值型投入产出表 11-1 可知，总产出等于中间产品价值之和，所以可建立以下模型。
一般模型：总产出方程组为

$$\begin{cases} a_{11} + a_{12} + a_{13} + \cdots + a_{1n} + y_1 = x_1 \\ a_{21} + a_{22} + a_{23} + \cdots + a_{2n} + y_2 = x_2 \\ \qquad\qquad \cdots\cdots \\ a_{n1} + a_{n2} + a_{n3} + \cdots + a_{nn} + y_n = x_n \end{cases}$$

即 $x_i = \sum\limits_{j=1}^{n} a_{ij} + y_i$

又由总投入等于生产资料补偿价值与创新价值之和，得总投入方程组为

$$\begin{cases} a_{11} + a_{12} + a_{13} + \cdots + a_{1n} + d_1 + z_1 = x_1 \\ a_{21} + a_{22} + a_{23} + \cdots + a_{2n} + d_2 + z_2 = x_2 \\ \qquad\qquad \cdots\cdots \\ a_{n1} + a_{n2} + a_{n3} + \cdots + a_{nn} + d_n + z_n = x_n \end{cases}$$

即 $x_i = \sum\limits_{j=1}^{n} a_{ij} + d_i + z_i$

$$z_j = m_j + v_j, \quad j = 1, 2 \cdots, n$$

11.5.2 模型求解及代码实现

（1）MATLAB 程序如下：

```
A=[18 37 65 43;26 35 84 73;69 24 21 35;47 82 51 37];
D=[15 20 10 17];Z=[250 380 662 384];
X=sum(A)+D+Z
Y1=X- sum(A');
y=Y1'
for j=1:4
   for i=1:4
   B(i,j)=A(i,j)/X(j);
   end
end
B
```

计算结果:

X =

425　　578　　893　　589

y =

　262

　360

　744

　372

B =

0.0424	0.0640	0.0728	0.0730
0.0612	0.0606	0.0941	0.1239
0.1624	0.0415	0.0235	0.0594
0.1106	0.1419	0.0571	0.0628

(1)Python 程序如下:

```
import numpy as np
A=np.array([[18,37,65,43],[26,35,84,73],[69,24,21,35],[47,82,51,37]])
D=np.array([15,20,10,17])
Z=np.array([250,380,662,384])
X=sum(A)+D+Z
print(X)
Y1=X-sum(A.T)
print(Y1)
B=np.mat(np.zeros((4,4)))
for j in [0,1,2,3]:
    for i in [0,1,2,3]:
        B[i,j]=A[i,j]/X[j]
print(B)
```

计算结果:

[425 578 893 589]

[262 360 744 372]

[[0.04235294 0.06401384 0.07278835 0.07300509]

[0.06117647 0.06055363 0.09406495 0.12393888]

[0.16235294 0.04152249 0.02351624 0.05942275]

[0.11058824 0.14186851 0.05711086 0.06281834]]

2. 由投入产出平衡表的各部门中间产品 $A_1(i,j)$ 与直接消耗系数矩阵 B 和总投入向量 X 相关元素的关系为 $A_1(i,j)=B(i,j)\times X(j)$, i , j = 1, 2, 3, 4。新创造价值向量 Z 的每一个元素与总投入向量 X 与中间产品矩阵 A_1 及固定资产折旧向量 D 的关系为

$$Z(j) = X(j) - \sum_{j=1}^{4} A_1(i,j) \ (i = 1, 2, 3, 4) \ 4$$

又由最终产品价值向量 Y 等于总产出价值量减去中间产品价值量有

$$y(j) = X(j) - \sum_{j=1}^{4} A_1(i, j) \quad (i = 1, \ 2, \ 3, \ 4)$$

（2）MATLAB 程序如下：

```
B=[0,0.15,0.55,0; 0.25,0.05,0.1,0.25; 0.15,0,0.05,0.35; 0.1,0.15,0.15, 0.1];
X=[360,240,180,300];
D=[5,15,10,20];
for j=1:4
    for i=1:4
    A1( i, j)=B( i, j)*X( j)
    end
end
A1
A2=sum(A1)
Z=X- A2- D
A3=sum( A1' )
Y1=X- A3
Y=Y1'
```

计算结果：

A1 =

0	36.0000	99.0000	0
90.0000	12.0000	18.0000	75.0000
54.0000	0	9.0000	105.0000
36.0000	36.0000	27.0000	30.0000

A2 =

180	84	153	210

Z =

175	141	17	70

A3 =

135	195	168	129

Y1 =

225	45	12	171

Y =

225
45
12
171

（2）Python 程序如下：

```
B=np.array([[0, 0.15, 0.53, 0],[0.25, 0.05, 0.1, 0.25],[0.15, 0, 0.05, 0.35],[0.1, 0.15, 0.15, 0.1]])
X=np.array([360, 240, 180, 300])
```

```
D=np. array([3, 15, 10, 20])
A1=np. mat(np. zeros((4,4)))
for j in [0,1,2,3]:
    for i in [0,1,2,3]:
        A1[i,j]=B[i,j]*X[j]
print(A1)
A2=sum(A1)
Z=X- A2- D
A3=sum(A1. T)
Y1=X- A3
Y=Y1. T
```

计算结果：

A1 =

$$\begin{bmatrix} 0. & 36. & 95.4 & 0. \\ 90. & 12. & 18. & 75. \\ 54. & 0. & 9. & 105. \\ 36. & 36. & 27. & 30. \end{bmatrix}$$

A2 =

$$[[180. \quad 84. \quad 149.4 \quad 210.]]$$

Z =

$$[[177. \quad 141. \quad 20.6 \quad 70.]]$$

A3 =

$$[[131.4 \quad 195. \quad 168. \quad 129.]]$$

Y1 =

$$[[228.6 \quad 45. \quad 12. \quad 171.]]$$

Y =

$$\begin{bmatrix} 228.6 \\ 45. \\ 12. \\ 171. \end{bmatrix}$$

（3）由总产值等于总投入知 $x_i = \sum_{j=1}^{n} b_{ij}x_j + y_i$ $i = 1,\ 2 \cdots n$ 故有方程组

$$\begin{cases} (1 - b_{11}) x_1 - b_{12}x_2 - b_{13}x_3 - \cdots - b_{1n}x_n = y_1 \\ - b_{21}x_1 + (1 - b_{22}) x_2 - b_{23}x_3 - \cdots - b_{2n}x_n = y_2 \\ \cdots\cdots \\ - b_{n1}x_1 - b_{n2}x_2 - b_{n3}x_3 - \cdots + (1 - b_{nn}) x_n = y_n \end{cases}$$

简记为 $(E - B)X = Y$，解出 $X = (E - B)^{-1}Y$。

（3）MATLAB 程序如下：

B=[0,0.15,0.55,0; 0.25,0.05,0.1,0.25; 0.15,0,0.05,0.35; 0.1,0.15,0.15, 0.1];

```
Y=[235;310;124;180];
C=eye(4)- B;              % eye(4)表示 4 阶单位阵
X=inv(C)*Y               % inv(C)表示 C 的逆阵
```

计算结果:

X =

    531. 2257

    616. 5596

    370. 4396

    423. 5249

(3)Python 程序如下:

```
import numpy as np
from numpy. linalg import inv
B=np. array([[0, 0. 15, 0. 53, 0],[0. 25, 0. 05, 0. 1, 0. 25],[0. 15, 0, 0. 05, 0. 35],[0. 1, 0. 15,
0. 15, 0. 1]])
Y=np. array([[235],[310],[124],[180]])
C= np. eye(4)- B;                    #eye(4)表示 4 阶单位阵
X= np. dot(inv(C),Y)
X
```

计算结果:

X =

    array([[522. 23994755],

        [613. 48339161],

        [368. 33479021],

        [421. 66302448]])

11.6　思考与练习

    某地区经济系统最近周期的中间产品价值型投入产出表见表 11-2,假设其计划周期的最终产品向量为 $Y=(1\,000, 1\,500, 1\,000)$,那么计划周期的价值型投入产出表应如何编制? 试预测各部门在计划期内的总产出 x_1, x_2, x_3。

## 第 12 章

基金最佳使用方案问题

12.1　问题

这是一个基金存款策略问题。某单位基金会有一笔数额为 M 元的基金，打算将其存入银行或购买国库券。当前银行及各期国库券的利率见表 12-1。假设国库券每年至少发行一次，发行时间不定。取款政策参考银行的现行政策。

该基金会计划在 n 年内每年用部分本息帮助困难学生，要求每年的帮困金额大致相同，且在 n 年末仍保留原基金数额。该基金会希望获得最佳的基金使用计划，以提高每年的帮困金额。我们来帮助该基金会在如下情况下设计基金使用方案，并对 $M = 8\,000$ 万元，$n = 10$ 年给出具体结果：

（1）只存款，不购国库券；

（2）可存款也可购国库券；

（3）学校在基金到位后的第 3 年要举行百年校庆，基金会希望这一年的帮困金比其他年度多 20%。

表 12-1　银行 2007 年 12 月存款利率和国库券年利率

期限	银行存款年利率/%	国库券年利率/%
活期	0.72	—
半年期	3.78	—
一年期	4.14	—
二年期	4.68	—
三年期	5.40	5.74
五年期	5.85	6.34

12.2　实验目的

学会分析问题，并建立问题的数学表达式，加以求解和推广，体会数学建模整个过程。

本实验的目的是通过数学建模的方法，分析并设计基金使用方案，以满足基金会在困难学生帮助方面的需求。通过建立问题的数学表达式，我们将探索如何在给定条件下，获得最佳的基金使用计划，以提高每年的帮困金额。通过实验，我们将学会分析问题、建立数学模型，并运用数学方法进行求解和推广，全面体会数学建模的整个过程。

12.3　预备知识

在进行本实验之前，我们需要掌握以下预备知识：

1. 整除概念：了解整除的定义和性质，掌握如何判断一个数能否整除另一个数。

2. 利率：了解利率的概念和计算方法，包括简单利率和复利率的计算。

3. 最优投资组合：了解最优投资组合的概念和原理，包括如何在给定的投资选项中选择最佳的组合，以最大化收益或满足特定的要求。

4. 通过对上述预备知识的学习和掌握，我们将为解决基金使用方案的问题提供必要的数学工具和方法。同时，我们还将学习如何将实际问题转化为数学问题，并通过数学建模的过程进行求解和推广。这些知识和技能对于数学建模、金融学、经济学等领域的学习和研究都具有重要意义。

12.4　实验内容与要求

对 $M=8\ 000$ 万元，$n=10$ 年求出最佳存储方案，并解答以下问题：

(1) 只存款，不购国库券；

(2) 可存款也可购国库券；

(3) 单位在基金到位后的第 3 年要举行百年校庆，基金会希望这一年的帮困金比其他年度多 20%。

12.5　基金最佳使用方案问题解析

12.5.1　问题分析与建立模型

由于基金数 M 使用 n 年，是要把 M 分成 n 份，其中第 $i(1 \leqslant i \leqslant n)$ 份存款 x_i 存期为 i 年，于是只有当第 i 份$(i \leqslant n-1)$资金按最佳存款策略存款到期后的本息和等于当年的帮困金数，并且第 n 份资金按最佳存款策略存款 n 年后的本息和等于原基金 M 与当年的帮困金数之和时，每年发放的帮困金才能达到最多。

1. 对问题(1)参照存款年利率数据表可知，定期存款年限越长，存款年利率越大。因此，在不影响帮困金发放的情况下，应尽可能存年限较长的定期存款，这样才能获得较高的利息。因此，基金的最佳使用计划是：拿出一部分基金存入一年定期，一年后的本息全部用于发放第一年的帮困金，再拿出一部分基金存入二年定期，二年后的本息全部用于发放第二年的帮困金。依此类推，且每年发放帮困金数额相同，最后一年存入银行的款项在发完帮困金后仍然为基金总额 M。

2. 对问题（2）根据所给数据，可以发现同期的国库券年利率要高于银行存款的年利率，所以首先应考虑尽可能多地购买国库券。但由题意可知，国库券的发行时间不是固定的，若一味追求高利率，有时反而会增加活期存款所占的比重，所得平均年利率不一定为最优。我们利用逐个分析法研究在每个年限 n 中最佳的方案，然后归纳出总的公式，并针对具体数值，$M=8\ 000$ 万元，$n=10$ 年，求出最佳存储方案，用以上所归纳出的方案，我们只需把第三年的帮困金增加 20%，再分别代入两个最优方案，就可以求出在两种不同情况下的最佳基金存款方案。

模型假设：

（1）每年发放帮困金一次，且均在年末发放。

（2）银行发行国库券时间不固定。

（3）由于近几年国库券销售市场很好，所以，国库券可在发行当日购买。

（4）国库券在没有到期之前，不得进行贴现。

问题一：只存款，不购买国库券的情况。

结论 1：一定数额的资金 A 先存定期 m 年再存定期 k 年，与先存定期 k 年再存定期 m 年，两者的本息和相等。

分析：设 L_m，L_k，分别为定期 m 年和 k 年的年利率，则一定数额的资金 A 先存定期 m 年再存定期 k 年的本息和为 $A(1+mL_m)(1+kl_k)$；先存定期 k 年再存定期 m 年的本息和为 $A(1+kL_k)(1+mL_m)$，根据乘法交换律 $A(1+mL_m)(1+kl_k)=A(1+kL_k)(1+mL_m)$。

推论 1：一定数额的资金 A 若把存款年限 n 分成 j 个存期 $n=n_1+n_2+\cdots+n_j$，其中 $n_i \in (0.5，1，2，3，5)$，$(i=1，2\cdots，j)$，则 n 年后本息和与存期顺序无关。

结论 2：使一定数额的资金 A 存储 n 年后本息和最大的存款策略为：

当 $n=1$ 时，存定期 1 年；

当 $n=2$ 时，存定期 2 年；

当 $n=3$ 时，存定期 3 年；

当 $n=4$ 时，先存定期 3 年，然后再存定期 1 年；当 $n=5$ 时，存定期 5 年；

当 $n>5$ 时，首先存储 $[n/5]$ 个 5 年定期，剩余年限存储情况与 $n<5$ 时相同。

分析：表 12-2 中用形如 $(i，j)$ 的形式表示存款策略，$(i，j)$ 表示先存 i 年定期，再存 j 年定期。

表 12-2　银行 2007 年 12 月存款利率和各种存款策略年均利率

期限	存款策略	银行存款年均利率/%	最佳存款策略	银行存款最佳年均利率/%
一年期	（1）	4.14	（1）	4.14
两年期	（1，1）	4.226	（2）	4.68
	（2）	4.68		

期限	存款策略	银行存款年均利率/%	最佳存款策略	银行存款最佳年均利率/%
三年期	(1，1，1)	4.314	(3)	5.40
	(2，1)	4.629		
	(3)	5.40		
四年期	(1，1，1，1)	4.404	(3，1)	5.253
	(2，2)	4.899		
	(3，1)	5.253		
五年期	(1，1，1，1，1)	4.497	(5)	5.85
	(2，2，1)	4.909		
	(3，2)	5.415		
	(5)	5.85		
六年期	(3，3)	5.837	(5.1)	5.837
	(5.1)	5.767		

其中：如 $0.05767=[(1+5\times0.0585)(1+0.0414)-1]\div6$

由表12-2可得，任何最佳存款策略中不能存在以下的存款策略(1，1)、(2，1)、(2，2)(3，2)和(3，3)。由 1，2，3，5 四种定期能够组成的最佳策略(5 年定期不重复)只能有(1)，(2)，(3)，(3，1)，(5)，(5，1)，(5，2)，(5，3)，(5，3，1)九种，它们分别对应 $n=1$ 到 9 年的最优存款策略，当 n>9 时的最佳存款策略只能是首先重复存 $[n/5]$ 个定期 5 年，剩余年限 $\text{mod}(n,5)$ 只能是 1、2、3、4，当 $\text{mod}(n,5)=1$ 时，再存 1 年定期；当 $\text{mod}(n,5)=2$ 时，再存 2 年定期；当 $\text{mod}(n,5)=3$ 时，再存 3 年定期；当 $\text{mod}(n,5)=4$ 时，先存 3 年定期，再存 1 年定期。

结论3：基金 M 使用 n 年的情况，首先把 M 分成 n 份，其中第 $i(1\leq i\leq n)$ 份基金 x_i 存款期限为 i 年，那么只有当第 $i(1\leq i\leq n-1)$ 份基金 x_i 按最优存款策略存款 i 年后的本息和等于当年的帮困金数，并且第 n 份基金按最佳存款策略存款 n 年后的本息和等于原基金 M 与当年的奖学金数之和时，每年发放的帮困金才能达到最多。

分析：当 $n=1$ 时，即将基金存入银行一年后的所得利息全部用于发放帮困金，此种情况显然成立。

当 n>1 时，首先需要证明：第一份基金 x_1 存入银行 1 年定期，到期后本息和正好等于帮困金数额 p，即 $x_1(1+4.14\%)=p$，$x_1=p/(1+4.14\%)$。下面试用反证法予以证明：

假设 $x_1\neq p/(1+4.14\%)$，可分两种情况：

第一，假设 $x_1<p/(1+4.14\%)$，那么基金 x_1 存入银行 1 年后，到期本息和小于帮困金数额 p，为了使每年的帮困金数额尽可能相同，所差资金只能从其他定期存款中按活期存款提前支取，这样做的结果比按 $x_1=p/(1+4.14\%)$ 存一年定期(即到期本息和正好等于帮困金数额)，其他基金均按定期存款的总利息要少。为使帮困金数额最大，所以 $x_1\nless p/(1+4.14\%)$。

第二，假设 $x_1>p/(1+4.14\%)$，那么基金 x_1 存入银行 1 年，到期后本息和大于帮困金

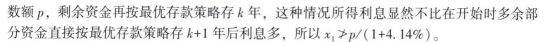

数额 p，剩余资金再按最优存款策略存 k 年，这种情况所得利息显然不比在开始时多余部分资金直接按最优存款策略存 $k+1$ 年后利息多，所以 $x_1 \not< p/(1+4.14\%)$。

因此 $x_1 = p/(1+4.14\%)$。

同理，为使帮困金数额最大，第 i 份基金 $x_i(1<i\leqslant n-1)$ 按最优存款策略存 i 年后本息和应正好等于帮困金数额。

第 n 份基金为 $M-\sum\limits_{i=1}^{n-1}x_i$ 存储 n 年应按最佳策略存款。根据问题条件，第 n 份基金按最优策略存 n 年后所得本息和应为 $M+p$。

12.5.2　模型求解及代码实现

（1）由结论 1、2、3 可得 n 年的最佳存款方案公式为〔其中，$x_i(1\leqslant i\leqslant n)$ 表示把基金 M 分成 n 份中的第 i 份基金，P 为每年的帮困金数额〕：

$$x_1(1+4.14\%) = p$$

$$x_2(1+4.68\%\times 2) = p$$

$$x_3(1+5.40\%\times 3) = p$$

$$x_4(1+5.40\%\times 3)(1+4.14\%) = p$$

$$x_5(1+5.85\%\times 5) = p$$

$$x_j\left(\frac{p}{x_5}\right)^{\left[\frac{j}{5}\right]}\left(\frac{p}{x_{\left(j-5\left[\frac{j}{5}\right]\right)}}\right) = p\left\{当\ 6\leqslant j\leqslant n-1\ 且\ j-5\left[\frac{j}{5}\right]\neq 0\right\}$$

$$x_j\left(\frac{p}{x_5}\right)^{\left[\frac{j}{5}\right]} = p\left\{当\ j-5\left[\frac{j}{5}\right] = 0\right\}$$

$$\left(M-\sum_{i=1}^{n-1}x_i\right)\left(\frac{p}{x_5}\right)^{\left[\frac{n}{5}\right]}\left(\frac{p}{x_{\left(j-5\left[\frac{j}{5}\right]\right)}}\right) = p+M$$

根据以上公式，可用求得 $n=10$ 年，$M=8\,000$ 万元时基金使用的最佳方案：每年帮困金 $p=417.6045$（万元）。

（1）MATLAB 程序如下：

```
Syms p x1 x2 x3 x4 x5 x6 x7 x8 x9 x10
p=solve('(8000- p/1.0414- p/1.0936- p/1.162- p/(1.0414*1.162)- p/1.2925- p/1.0414*p/1.2925/p- p/1.0936*p/1.2925/p- p/1.162*p/1.2925/p- p/(1.0414*1.162)*p/1.2925/p)*p^2/(p/1.2925)^2*p/p- p- 8000')
x1=p/1.0414
x2=p/1.0936
x3=p/1.162
x4=p/(1.0414*1.162)
x5=p/1.2925
x6=x1*x5/p
x7=x2*x5/p
x8=x3*x5/p
```

```
x9＝x4*x5/p
x10＝x5^2/p
```

计算结果：

p＝

417. 60449138715530014565102110625

x1＝

401. 00296849160293849207895247383

x2＝

381. 86219036864968923340437189672

x3＝

359. 38424387879113609780638649419

x4＝

345. 09721901170644502358477951757

x5＝

323. 09825252391125736607429099130

x6＝

310. 25374738228467194744986651746

x7＝

295. 44463471462258354615425291817

x8＝

278. 05357360061209756116548278080

x9＝

266. 99978260093341974745437486853

x10＝

249. 97930562778433838767836827181

（1）Python 程序如下：

```
from sympy import *
p,x1, x2, x3, x4, x5, x6, x7, x8, x9, x10＝symbols(' p,x1, x2, x3, x4, x5, x6, x7, x8, x9, x10' )
p＝solve((8000- p/1. 0414- p/1. 0936- p/1. 162- p/(1. 0414*1. 162)-
p/1. 2925- p/1. 0414*p/1. 2925/p- p/1. 0936*p/1. 2925/p- p/1. 162
*p/1. 2925/p- p/(1. 0414*1. 162)*p/1. 2925/p)*p**2/(1. 2925)**2
*p/p- p- 8000,p)
p

x1＝p/1. 0414
x2＝p/1. 0936
x3＝p/1. 162
x4＝p/(1. 0414*1. 162)
x5＝p/1. 2925
```

```
x6=x1*x5/p
x7=x2*x5/p
x8=x3*x5/p
x9=x4*x5/p
x10=x5**2/p
```

计算结果：

p=

　417. 604491387154

x1=

　401. 0029684916016

x2=

　381. 8621903686485

x3=

　359. 38424387879

x4=

　345. 09721901170536

x5=

　323. 0982525239102

x6=

　310. 2537473822836

x7=

　295. 44463471462166

x8=

　278. 05357360061123

x9=

　266. 9997826009326

x10=

　249. 9793056277835

（2）对于问题（2）由表 12-3 给出的年利率可知：

银行存款年利率/%		国库券年利率/%
活　期	0. 72	—
半年期	3. 78	—
一年期	4. 14	—
二年期	4. 68	—
三年期	5. 40	5. 74
四年期	—	—
五年期	5. 85	6. 34

当 $n=1$ 时，因为没有一年期国库券，基金只能存入银行，即为问题一。

当 $n=2$ 时，可以购买国库券，但是国库券发行不一定在 1 月 1 日，因此，国库券到期日可能在第三年的某月，这样就影响到第二年末的帮困金发放，所以，基金存入两年定期，而不购买国库券。由此分析，可得 n 年的最优存储公式：

$$x_1(1+4.14\%)=p$$
$$x_2(1+4.68\%\times2)=p$$
$$x_3(1+5.40\%\times3)=p$$
$$x_4(1+5.74\%\times3)(1+0.72\%\times0.5)(1+3.78\%\times0.5)=p$$
$$x_5(1+5.74\%\times3)(1+0.72\%\times0.5)(1+3.78\%\times0.5)(1+4.14\%)=p$$
$$x_6(1+5.837\%\times5)(1+0.72\%\times0.5)(1+3.78\%\times0.5)=p$$
$$x_j\left(\frac{p}{x_6}\right)^{\left[\frac{j}{6}\right]}\left(\frac{p}{x\left(j-6\left[\frac{j}{6}\right]\right)}\right)=p \ \left[当 7\le j\le n-1 且 j-6\left[\frac{j}{6}\right]\ne0\right.$$
$$x_j\left(\frac{p}{x_6}\right)^{\left[\frac{j}{6}\right]}=p \ 当 j-6\left[\frac{j}{6}\right]=0$$
$$\left(M-\sum_{i=1}^{n-1}x_i\right)\left(\frac{p}{x_6}\right)^{\left[\frac{n}{6}\right]}\left(\frac{p}{x\left(j-6\left[\frac{j}{6}\right]\right)}\right)=p+M$$

根据以上公式，可用软件求得 $n=10$ 年，$M=8\,000$ 万元时基金使用的最佳方案：每年帮困金 $p=376.437\,9$（万元）。

（2）MATLAB 程序如下：

```
syms   p x1 x2 x3 x4 x5 x6 x7 x8 x9 x10
p=solve('(8000- p/1.0414- p/1.0936- p/1.162- p/(1.1722*1.0036*1.0189)- p/1.24828- p/1.3210- p/
(1.3210*1.0414)- p/(1.3210*1.0936)- p/(1.3210*1.162))*1.3210*1.1986- p- 8000')
x1=p/1.0414
x2=p/1.0936
x3=p/1.162
x4=p/(1.1722*1.0036*1.0189)
x5=p/1.24828
x6=p/1.3210
x7=x1*x6/p
x8=x2*x6/p
x9=x3*x6/p
x10=x4*x6/p
```

计算结果：
p=
376.43796467471460180693456273620
x1=
361.47298317141790071724079386998
x2=
```
```

344. 21906060233595629748954163881

x3 =

323. 95694033968554372369583712238

x4 =

314. 05049674429049128819457936816

x5 =

301. 56532562783558320804191586519

x6 =

284. 96439415194140939207764022422

x7 =

273. 63586916837085595551914751702

x8 =

260. 57461059980011831755453568418

x9 =

245. 23613954556059328061759055441

x10 =

237. 73693924624564064208522283736

（2）Python 程序如下：

```
from sympy import *
p,x1, x2, x3, x4, x5, x6, x7, x8, x9, x10 =symbols(' p,x1, x2, x3, x4, x5, x6, x7, x8, x9, x10' )
p=solve((8000 - p/1. 0414 - p/1. 0936 - p/1. 162 - p/(1. 1722 * 1. 0036 * 1. 0189) - p/1. 24828 - p/1. 3210 - p/
(1. 3210*1. 0414)- p/(1. 3210*1. 0936)- p/(1. 3210*1. 162))*1. 3210*1. 1986- p- 8000 ,p)
    p
    x1 =p/1. 0414
    x2 =p/1. 0936
    x3 =p/1. 162
    x4 =p/(1. 1722*1. 0036*1. 0189)
    x5 =p/1. 24828
    x6 =p/1. 3210
    x7 =x1*x6/p
    x8 =x2*x6/p
    x9 =x3*x6/p
    x10 =x4*x6/p
```

计算结果：

p =376. 437964674714

x1 = 361. 4729831714173

x2 = 344. 21906060233545

x3 = 323. 95694033968505

x4 = 314. 05049674429

x5 = 301. 5653256278351

x6 = 284. 96439415194095

x7 = 273. 6358691683704

x8 = 260. 5746105997997

x9 = 245. 2361395455602

x10 = 237. 73693924624524

(3)对于问题(3)的求解分析如下:

第一种方案:只存款不购买国库券。由于单位要在第三年举行校庆,因此此年的帮困金是其他年度的 1. 2 倍,在计算时只要把相应公式中的 $x_3(1+5.40\%\times3)=p$ 改为 $x_3(1+5.40\%\times3)=1.2p$ 即可。

利用上面的相应软件程序可以求得当 $M=8\,000$ 万元,$n=10$ 年时基金最佳使用方案。读者可以一试。

第二种方案:既可存款又可购买国库券,也可对第一种方案作相应的修改即可。

12. 6　思考与练习

对 $M=8\,000$ 万元,$n=10$ 年,思考实验内容与要求中的问题(2)、(3),求出最佳存储方案。

第 13 章　财政收入预测问题

13.1　问题

财政收入与国民收入、工业总产值、农业总资产投资等因素有关。表 13-1 列出了 1952—1981 年的原始数据，试求预测模型。

表 13-1　1952—1981 年原始数据

年份	国民收入/亿元	工业总产值/亿元	农业总产值/亿元	总人口/万人	就业人口/万人	固定资产投资/亿元	财政收入/亿元
1952	598	349	461	57 482	20 729	44	184
1953	586	455	475	58 796	21 364	89	216
1954	707	520	491	60 266	21 832	97	248
1955	737	558	529	61 465	22 328	98	254
1956	825	715	556	62 828	23 018	150	268
1957	837	798	575	64 653	23 711	139	286
1958	1 028	1 235	598	65 994	26 600	256	357
1959	1 114	1 681	509	67 207	26 173	338	444
1960	1 079	1 870	444	66 207	25 880	380	506
1961	757	1 156	434	65 859	25 590	138	271
1962	677	964	461	67 295	25 110	66	230
1963	779	1 046	514	69 172	26 640	85	266
1964	943	1 250	584	70 499	27 736	129	323
1965	1 152	1 581	632	72 538	28 670	175	393
1966	1 322	1 911	687	74 542	29 805	212	466
1967	1 249	1 647	697	76 368	30 814	156	352
1968	1 187	1 565	680	78 534	31 915	127	303

续表

年份	国民收入/亿元	工业总产值/亿元	农业总产值/亿元	总人口/万人	就业人口/万人	固定资产投资/亿元	财政收入/亿元
1969	1 372	2 101	688	80 671	33 225	207	447
1970	1 638	2 747	767	82 992	34 432	312	564
1971	1 780	3 156	790	85 229	35 620	355	638
1972	1 833	3 365	789	87 177	35 854	354	658
1973	1 978	3 684	855	89 211	36 652	374	691
1974	1 993	3 696	891	90 859	37 369	393	655
1975	2 121	4 254	932	92 421	38 168	462	692
1976	2 052	4 309	955	93 717	38 834	443	657
1977	2 189	4 925	971	94 974	39 377	454	723
1978	2 475	5 590	1 058	96 259	39 856	550	922
1979	2 702	6 065	1 150	97 542	40 581	564	890
1980	2 791	6 592	1 194	98 705	41 896	568	826
1981	2 927	6 862	1 273	100 072	43 280	496	810

13.2　实验目的

本实验的目的是通过使用 MATLAB 和 Python 软件中的预测运算命令，对财政收入与国民收入、工业总产值、农业总资产投资等因素之间的关系进行预测模型的建立。通过熟悉和使用这些软件中的预测运算命令，我们将能够对未来的财政收入进行预测，并分析其与其他因素之间的相关性。通过实验，我们将掌握如何使用这些软件进行预测模型的建立和分析，提高我们在数据分析和预测方面的能力。

13.3　预备知识

在进行本实验之前，我们需要掌握以下预备知识：

概率统计、统计学中的回归运算：了解概率统计和统计学中回归分析的基本概念和原理，包括线性回归、多元回归等方法。掌握如何通过回归分析来建立变量之间的数学模型，以及如何使用统计学方法对模型进行评估和预测。

MATLAB 和 Python 命令提示：熟悉 MATLAB 和 Python 软件中关于预测运算的各种命令和函数，包括数据导入、数据预处理、回归分析、模型建立和预测等方面的命令。了解如何使用这些命令来处理和分析实际数据，并进行预测模型的建立和评估。

通过对上述预备知识的学习和掌握，我们将能够在 MATLAB 和 Python 软件中进行财政收入预测模型的建立和分析。这些知识和技能对于数据分析、经济学、金融学等领域的学习和研究都具有重要意义。

13.4　实验内容与要求

1. 设国民收入、工业总产值、农业总产值、总人口、就业人口、固定资产投资分别为 x_1，x_2，x_3，x_4，x_5，x_6，财政收入为 y，设变量之间的关系为：

$$y = ax_1 + bx_2 + cx_3 + dx_4 + ex_5 + fx_6$$

2. 求出财政收入与国民收入、工业总产值、农业总产值、总人口、就业人口、固定资产投资的关系式。

13.5　财政收入预测问题解析

13.5.1　问题分析与建立模型

(1)建立国民收入、工业总产值、农业总产值、总人口、就业人口、固定资产投资与财政收入变量之间的关系。

设财政收入为 y，国民收入为 x_1，工业总产值为 x_2，农业总产值为 x_3，总人口为 x_4，就业人口为 x_5，固定资产投资 x_6。

基本模型：利用表 13-1 所示分别描绘出 y 对 x_1，x_2，x_3，x_4，x_5，x_6 的散点图，如图 13-1 所示。

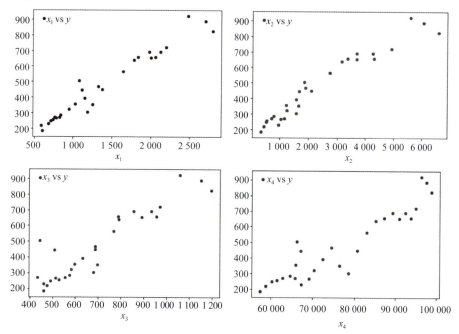

图 13-1　散点图

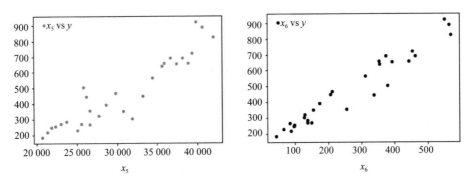

图 13-1 散点图(续)

从图上可以发现,随着 x_1,x_2,x_3,x_4,x_5,x_6 的增加,y 值有比较明显的线性增长趋势,从而建立模型

$$y = ax_1 + bx_2 + cx_3 + dx_4 + ex_5 + fx_6$$

13. 5. 2　模型求解及代码实现

(2)MATLAB 程序如下:

```
'Shuru'的 m-文件:
function y=shuru(beta0,X);
x1=X(:,1);
x2=X(:,2);
x3=X(:,3);
x4=X(:,4);
x5=X(:,5);
x6=X(:,6);
y=beta0(1)*x1+beta0(2)*x2+beta0(3)*x3+beta0(4)*x4+beta0(5)*x5+beta0(6)*x6;
主程序:
X=[598 349 461 57482 20729 44
586 455 475 58796 21364 89
707 520 491 60266 21832 97
737 558 529 61465 22328 98
825 715 556 62828 23018 150
837 798 575 64653 23711 139
1028 1235 598 65994 26600 256
1114 1681 509 67207 26173 338
1079 1870 444 66207 25880 380
757 1156 434 65859 25590 138
677 964 461 67295 25110 66
779 1046 514 69172 26640 85
943 1250 584 70499 27736 129
1152 1581 632 72538 28670 175
1322 1911 687 74542 29805 212
```

```
1249 1647 697 76368 30814 156
1187 1565 680 78534 31915 127
1372 2101 688 80671 33225 207
1638 2747 767 82992 34432 312
1780 3156 790 85229 35620 355
1833 3365 789 87177 35854 354
1978 3684 855 89211 36652 374
1993 3696 891 90859 37369 393
2121 4254 932 92421 38168 462
2052 4309 955 93717 38834 443
2189 4925 971 94974 39377 454
2475 5590 1058 96259 39856 550
2702 6065 1150 97542 40581 564
2791 6592 1194 98705 41896 568];
```

y=[184, 216, 248, 254, 268, 286, 357, 444, 506, 271, 230, 266, 323, 393, 466, 352, 303, 447, 564, 638, 658, 691, 655, 692, 657, 723, 922, 890, 826]';

beta0=[0.50,-0.03,-0.60,0.01,-0.02,0.35]';%回归系数的初始值

betafit=nlinfit(X, y, 'shuru', beta0);

nlintool(X, y, 'shuru', beta0)

nlintool(X, y, 'shuru', beta0)

计算结果：

betafit=[0.514, −0.025, −0.596, 0.011, −0.022, 0.332] %回归系数

betaci[0.261, 0.768

−0.070, 0.020

−0.968, −0.224

0.003, 0.019

−0.0428, −0.002

0.0317, 0.632] %置信区间

即回归模型为：

$y=0.514*x1-0.025*x2-0.596*x3+0.011*x4-0.022*x5+0.332*x6$

（2）Python 程序如下：

```python
import pandas as pd
import numpy as np
from sklearn.preprocessing import PolynomialFeatures
from sklearn import linear_model
import numpy as np
def stdError_func(y_test, y):
    return np.sqrt(np.mean((y_test- y) ** 2))
def R2_1_func(y_test, y):
    return 1- ((y_test- y) ** 2).sum() / ((y.mean()- y) ** 2).sum()
def R2_2_func(y_test, y):
```

```python
    y_mean = np.array(y)
    y_mean[:] = y.mean()
    return 1- stdError_func(y_test, y) / stdError_func(y_mean, y)
X=pd.DataFrame([[598,349,461,57482,20729,44], [586,455,475,58796,21364,89],
    [707,520,491,60266,21832,97],
    [737,558,529,61465,22328,98],
    [825,715,556,62828,23018,150],
    [837,798,575,64653,23711,139],
    [1028,1235,598,65994,26600,256],
    [1114,1681,509,67207,26173,338],
    [1079,1870,444,66207,25880,380],
    [757,1156,434,65859,25590,138],
    [677,964,461,67295,25110,66],
    [779,1046,514,69172,26640,85],
    [943,1250,584,70499,27736,129],
    [1152,1581,632,72538,28670,175],
    [1322,1911,687,74542,29805,212],
    [1249,1647,697,76368,30814,156],
    [1187,1565,680,78534,31915,127],
    [1372,2101,688,80671,33225,207],
    [1638,2747,767,82992,34432,312],
    [1780,3156,790,85229,35620,355],
    [1833,3365,789,87177,35854,354],
    [1978,3684,855,89211,36652,374],
    [1993,3696,891,90859,37369,393],
    [2121,4254,932,92421,38168,462],
    [2052,4309,955,93717,38834,443],
    [2189,4925,971,94974,39377,454],
    [2475,5590,1058,96259,39856,550],
    [2702,6065,1150,97542,40581,564],
    [2791,6592,1194,98705,41896,568]],
    columns=['x1','x2','x3','x4','x5','x6'])
y=pd.DataFrame([[184],[216],[248],[254],[268],[286],[357],[444],[506],[271],
[230],[266],[323],[393],[466],[352],[303],[447],[564],[638],[658],[691],[655],
[692],[657],[723],[922],[890],[826]],columns=['y'])
    df=pd.concat([X,y],axis=1)
    df
    x = np.array(df.iloc[:,0:6].values)
    y = np.array(df.iloc[:,6].values)
    cft = linear_model.LinearRegression(fit_intercept=False)
    print(x.shape)
    cft.fit(x, y)
    print("model coefficients", cft.coef_)
```

```
print("model intercept",cft.intercept )
predict y ＝    cft.predict(x)
strError ＝ stdError func(predict y，y)
R2 1 ＝ R2 1 func(predict y，y)
R2 2 ＝ R2 2 func(predict y，y)
score ＝ cft.score(x，y) ##sklearn 中自带的模型评估，与 R2 1 逻辑相同
print(' strError＝{:.2f},R2 1＝{:.2f},R2 2＝{:.2f}, clf.score＝{:.2f}'.format(strError,R2 1,R2 2,score))
```

计算结果：

model coefficients $\begin{bmatrix} 0.5145714 & -0.0249886 & -0.59580873 & 0.01078581-0.02229669 \\ 0.33196683 \end{bmatrix}$

model intercept 0.0

strError＝27.29，R2_1＝0.98，　　R2_2＝0.87，clf.score＝0.98

即回归模型为：

$y = 0.514 * x1 - 0.025 * x2 - 0.596 * x3 + 0.011 * x4 - 0.022 * x5 + 0.332 * x6$

总结：模型对大部分的模拟是正确的，但是对个别年份拟合得不是很完美。比如1981年等，应该再对模型进行进一步的修正，希望在人口总数和就业人口这两个制约因素进行改变，如果用就业人口的百分比来拟合，应该可以得到更好的模拟和预测。

13.6　思考与练习

基于上例的结果，可否对财政收入与国民收入、工业总产值、农业总产值、总人口、就业人口、固定资产投资的关系式进行进一步完善？

第 14 章　陈酒出售的最佳时机问题

14.1　问题

某酒厂有批新酿的好酒，如果现在就出售，可得总收入 $R_0 = 100$ 万元；如果窖藏起来待来日（第 n 年）按陈酒价格出售，第 n 年末可得总收入 $R = R_0 e^{\frac{\sqrt{n}}{6}}$（万元）。而银行利率为 $r = 0.06$。试分析这批好酒窖藏多少年后出售可使总收入的现值最大。

14.2　实验目的

本实验的目的是利用计算机进行测算，分析不同窖藏年限下出售好酒所得总收入的现值，以确定在哪个年限下可以获得最大的现值。通过比较不同方案的优劣，我们将学会在简单问题中选择较好的方案，在综合问题中选取最优方案。通过实验，我们将熟悉并掌握如何使用计算机进行数值计算和优化问题的求解，提高我们在决策分析和方案选择方面的能力。

14.3　预备知识

在进行本实验之前，我们需要掌握以下预备知识：

一元微积分知识：了解一元微积分中的基本概念和方法，包括函数的导数和积分，以及求解极值和最优化问题的方法。掌握如何使用微积分方法来分析和解决实际问题。

反函数概念：了解反函数的定义和性质，包括如何通过反函数来求解方程和求解函数的逆运算。掌握如何使用反函数来进行数值计算和优化问题的求解。

求一元函数极值方法：了解如何通过一元函数的导数和二阶导数来判断函数的极值，并掌握如何使用一元函数的极值方法来求解最优化问题。了解如何使用数值计算方法来求解函数的极值和最优化问题。

通过对上述预备知识的学习和掌握，我们将能够分析好酒窖藏多少年后出售可以使总收入的现值最大化。这些知识和技能对于决策分析、经济学、金融学等领域的学习和研究都具有重要意义。

14.4　实验内容与要求

银行现值问题。若银行的年利率为 r，现有本金为 A_0 的一笔存款存在银行里，则第 n 年末这笔存款的积累值变为 $A = A_0(1+r)^n$；反之，若第 n 年末资金为 A，则开始的本金为 $A_0 = A(1+r)^{-n}$，A_0 称为 A 的现值。例如，设银行的利率为 0.06，现有两笔存款，已知第一笔存款在第八年末的积累值为 88.64 元，第二笔存款在第四年末的积累值为 74.14 元，则第一笔存款的现值为 $88.64(1+0.06)^{-8} = 55.61$ 元，第二笔存款的现值为 $74.74(1+0.06)^{-4} = 59.20$ 元。

第一种方案：如果现在出售这批好酒，可得本金 100 万元。由于银行利润率为 $r = 0.06$，按照复利计算公式，第 n 年连本带利资金积累为：$B(n) = 100(1+0.06)^n$。

第二种方案：如果窖藏起来，待第 n 年出售。原来的 100 万元到第 n 年时增值为 $R(n) = 100\mathrm{e}^{\frac{\sqrt{n}}{6}}$。

利用这两个不同的公式分别计算出 16 年内采用两种方案 100 万元增值的数目，将计算所得数据分别填入表 14-1。

表 14-1　增值数目表

第 1 年	第 2 年	第 3 年	第 4 年	第 5 年	第 6 年	第 7 年	第 8 年

第 9 年	第 10 年	第 11 年	第 12 年	第 13 年	第 14 年	第 15 年	第 16 年

根据表 14-1 中的数据考虑问题。

根据第一种方案和第二种方案，比较以上两表中的数据，考虑如下问题：

(1) 如果酒厂希望在 2 年后投资扩建酒厂，应选择哪一种方案使这批好酒所具有的价值发挥最大作用？

(2) 如果酒厂希望在 6 年后将资金用作其他投资，应该选用哪一种方案？

假设现在酒厂有一笔现金，数额为 X（万元），将其存入银行，到第 n 年时增值为 $R(n)$（万元）。根据复利公式 $R(n) = X(1+0.06)^n$，则称 X 为 $R(n)$ 的现值。故 $R(n)$ 的现值计算公式为 $X(n) = \dfrac{R(n)}{(1+0.06)^n}$，将 $R(n) = 100\mathrm{e}^{\frac{\sqrt{n}}{6}}$ 代入上式，可得酒厂将这批好酒窖藏起来作为陈酒在第 n 年后出售所得总收入的现值为 $X(n) = \dfrac{100\mathrm{e}^{\frac{\sqrt{n}}{6}}}{(1+0.06)^n}$。

利用这一公式计算出 16 年内陈酒出售后总收入 $R(n)$ 的现值数据填入表 14-1，并根据表 14-1 中的数据考虑问题：

(1) 如果酒厂打算将这批好酒出售所得收入用于 8 年后的另外投资，应该选择哪一年作为陈酒的最佳时期？

（2）如果综合考虑银行利率，将出售陈酒后所得总收入再存入银行，使 8 年后资金增值最大，又应该作何选择？

（3）考虑银行利率按连续复利公式计算：$R(t)=100\mathrm{e}^{0.06t}$（或 $X(t)=100\mathrm{e}^{-0.06t}$）而酒厂将这批好酒窖藏到第 n 年，作为陈酒出售总收入为：$R(t)=100\mathrm{e}^{\frac{\sqrt{t}}{6}}$。结合这两个计算公式，将 t 年后陈酒出售总收入的现值 X 视为时间 t 的函数。试写出函数 $X(t)$ 的表达式，并利用求一元函数极大值的方法求出酒厂将这批好酒作为陈酒出售的最佳时机。

14.5 陈酒出售的最佳时机问题解析

14.5.1 问题分析和建立模型

酒厂新酿的好酒，如果现在出售，总收入 $R_0=100$ 万元，如果窖藏起来第 n 年出售，可得总收入为：$R(n)=100\mathrm{e}^{\frac{\sqrt{n}}{6}}$（万元），银行利率为 $r=0.06$。

首先考虑两种简单处理方案：

第一种方案：现在出售这批好酒，可得本金 100 万元。由于银行利率为 $r=0.06$，按照复利计算公式，第 n 年连本带利资金积累为 $B(n)=100(1+0.06)^n$。

第二种方案：如果窖藏起来，待第 n 年出售，原来的 100 万元到第 n 年时增值为 $R(n)=100\mathrm{e}^{\frac{\sqrt{n}}{6}}$。

利用这两个公式分别计算出 16 年内 100 万元增值的数目。可得两个数列：

$\{b_1, b_2, b_3, b_4, b_5, b_6, b_7, b_8, b_9, b_{10}, b_{11}, b_{12}, b_{13}, b_{14}, b_{15}, b_{16}\}$；

$\{r_1, r_2, r_3, r_4, r_5, r_6, r_7, r_8, r_9, r_{10}, r_{11}, r_{12}, r_{13}, r_{14}, r_{15}, r_{16}\}$；

第一个数列在刚开始时递增速度较慢，后来递增速度较快；第二个数列在刚开始时递增速度较快，后来递增速度较慢。对比两个数列的变化，可大概得知陈酒出售的最佳时机。

作为决策者的选择：追求短期效益可简单采取第二种方案；追求长期效益应综合考虑两种方案的结合。

在第二种方案中，如果考虑第 n 年售出陈酒的总收入 $R(n)$ 的现值，可以建立一个简单的数学模型，使问题更直观。设想现在将 X（万元）存入银行，到第 n 年时增值为 $R(n)$（万元）。根据复利公式，$R(n)=X(1+0.06)^n$，我们称 X 为 $R(n)$ 的现值。故 $R(n)$ 的现值计算公式为 $X(n)=\dfrac{100\mathrm{e}^{\frac{\sqrt{n}}{6}}}{(1+0.06)^n}$ 的最大值点即为陈酒出售的最佳期时机。这可以通过计算出 1 年到 16 年内各年的 $X(n)$ 值比较而得到。

14.5.2 模型求解与代码实现

（1）第一种方案计算公式：$B(n)=100(1+0.06)^n$

MATLAB 程序如下：

```
for   n=1:16
b(n)=100*(1+0. 06)^n;
end b
```

计算结果：

b=

Columns　1　through　7

106. 0000 112. 3600 119. 1016 126. 2477 133. 8226 141. 8519 150. 3630

Columns　8　through　14

159. 3848 168. 9479 179. 0848 189. 8299 201. 2196 213. 2928 226. 0904

Columns　15　through　16

239. 6558254. 0352

Python 程序如下：

```
for i in range(1,17):
    print(i)
    b=100*(1+0. 06)**i
print(b)
```

计算结果：

1

106. 0

2

112. 36000000000001

3

119. 1016

4

126. 24769600000003

5

133. 82255776000002

6

141. 85191122560005

7

150. 36302589913606

8

159. 38480745308422

9

168. 9478959002693

10

179. 08476965428545

11

189. 82985583354258

12

201. 21964718355514

13

213. 29282601456848

14

226. 0903955754426

15

239. 65581930996916

16

254. 03516846856732

即第一种方案结果见表14-2。

表 14-2　第一种方案　　　　　　　　　　　　（单位：万元）

第 1 年	第 2 年	第 3 年	第 4 年	第 5 年	第 6 年	第 7 年	第 8 年
106. 00	112. 36	119. 10	126. 25	133. 82	141. 85	150. 36	159. 38
第 9 年	第 10 年	第 11 年	第 12 年	第 13 年	第 14 年	第 15 年	第 16 年
168. 95	179. 08	189. 83	201. 221	213. 29	226. 09	239. 66	254. 04

第二种方案计算公式：$R(n) = 100\mathrm{e}^{\frac{\sqrt{n}}{6}}$

MATLAB 程序如下：

```
for   n=1:16
r(n)=100*exp(sqrt(n)/6);
end
r
```

计算结果：

r =

Columns 1　through　6

118. 1360　126. 5797　133. 4658　139. 5612　145. 1617　150. 4181

Columns 7　through　12

155. 4196　160. 2243　164. 8721　169. 3922　173. 8062　178. 1312

Columns 13　through　16

182. 3805　186. 5650　190. 6935　194. 7734

Python 程序如下：

```
import numpy as np
for i in range(1,17):
    print(i)
    r=100*np. exp(np. sqrt(i)/6)
print(b)
```

计算结果：

1

118. 13604128656459

2

126. 57973760454556

3

133. 46580738566723

4

139. 56124250860896

5

145. 1616838502612

6

150. 41805885050238

7

155. 4196282437456

8

160. 22429972035604

9

164. 87212707001282

10

169. 39215365246952

11

173. 80621720647875

12

178. 13121741108026

13

182. 38054277461288

14

186. 56500869733756

15

190. 69349681174

16

194. 77340410546756

即第二种方案结果见表 14-3。

表 14-3　第二种方案　　　　　　　　　　　（单位：万元）

第 1 年	第 2 年	第 3 年	第 4 年	第 5 年	第 6 年	第 7 年	第 8 年
118. 14	126. 58	133. 47	139. 56	145. 16	150. 42	155. 42	160. 22
第 9 年	第 10 年	第 11 年	第 12 年	第 13 年	第 14 年	第 15 年	第 16 年
164. 87	169. 39	173. 81	178. 131	182. 38	186. 57	190. 69	194. 77

简单比较，应该是第二种方案较好。两年后资金增值为 126.58 万元。8 年后资金增值为 160.22 万元。

(2)第 n 年出售陈酒所得收入的现值计算公式：$X(n) = \dfrac{100e^{\frac{\sqrt{n}}{6}}}{(1+0.06)^n}$

MATLAB 程序如下：

```
for   n=1:16
x(n)=100*exp(sqrt(n)/6)/((1+0.06)^n);
end x
```

计算结果：

x=

Columns   1   through   6

111.4491   112.6555   112.0605   110.5456   108.4733   106.0388

Columns   7   through   12

103.3629   100.5267   97.5876   94.5877   91.5589   88.5258

Columns   13   through   16

85.507182.517979.569776.6718

Python 程序如下：

```
import numpy as np
for i in range(1,17):
    print(i)
    x=100*np.exp(np.sqrt(i)/6)/((1+0.06)**i)
    print(x)
```

计算结果：

1

111.44909555336281

2

112.65551584598215

3

112.06046550648121

4

110.5455758246938

5

108.4732546441064

6

106.0387960591372

7

103.36292936004195

8

100.52670783413214

9

97. 58755869166764

10

94. 58769384994208

11

91. 55894705987946

12

88. 52575774998088

13

85. 50711535049744

14

82. 51788326633447

15

79. 5697335290233

16

76. 67182669220367

即陈酒出售后的现值见表 14-4。

表 14-4　陈酒出售后的现值　　　　　　　（单位：万元）

第 1 年	第 2 年	第 3 年	第 4 年	第 5 年	第 6 年	第 7 年	第 8 年
111.45	112.66	112.06	110.55	108.47	106.04	103.36	100.53
第 9 年	第 10 年	第 11 年	第 12 年	第 13 年	第 14 年	第 15 年	第 16 年
97.59	94.59	91.56	88.531	85.51	82.52	79.57	76.67

陈酒在第 2 年出售时现值最高。在 7 年后，出售陈酒可收入 155.42 万元；但是在 2 年后，售出陈酒所得资金为 126.58 万元，将其存入银行，再过 5 年后从银行取出。总收入按复利公式计算，在 MATLAB 环境下键入指令：126.58 * (1+0.06)^5（回车）得 169.39 元，显然优于单纯采用第二种方案。用一元函数极值的方法分析如下：

假设银行利率按连续复利公式 $R(t) = R_0 e^{0.06t}$［或 $R(t) = X(t) e^{0.06t}$］计算。酒厂将这批好酒窖藏到第 t 年，作为陈酒出售总收入为 $R(t) = 100 e^{\frac{\sqrt{t}}{6}}$。结合这两个计算公式，将 t 年后陈酒出售总收入的现值 X 视为时间 t 的函数。函数 $X(t)$ 的表达式：$X(t) = 100 e^{\frac{\sqrt{t}}{6} - 0.06t}$，求出 $X(t)$ 的唯一驻点：$t_0 = \frac{1}{144 \times 0.06^2} \approx 2$（年），所以陈酒出售的最佳时期为第 2 年。

如果单纯采用某一种方案处理陈酒，所得的收入并不是最好的（155.42 万元）。引入现值的概念得出令人满意的结论（169.39 万元），这是在两种方案的简单比较中得不到的。最后由离散问题转化为连续问题，用一元函数极值的方法得出了与离散方法相一致的结果应该在第 2 年卖掉陈酒。如果银行利率下降为 $r = 0.05$，只需修改参数 $r = 0.06$，考虑现值重新计算可得结果，此时，陈酒出售的最佳时期不一定是第 2 年了；如果银行利率下降是分两阶段进行，则应分阶段计算。

14.6　思考练习

若银行利率 $r=0.04$，试重新考虑两种方案的优劣。若银行利率在 10 年期间两次降息，第一次是在第 5 年降至 $r=0.045$，第二次是在第 10 年降至 $r=0.04$。请考虑陈酒在第 1 年一次性售出后所得总收入在这 10 年期间每年的现值。

## 第 15 章

我国个人住房抵押贷款问题

15.1　问题

在我国, 自 2000 年开始, 个人住房抵押贷款进入了高速发展阶段。随着个人住房贷款的快速发展, 个人住房抵押贷款正越来越多地进入普通人的生活。该选用何种贷款方式? 银行贷款利率是如何确定的? 成了老百姓关心的问题。以下是中国人民银行公布的 2007 年末存款年利率, 表 15-1、表 15-2、表 15-3 分别是 2007 年个人住房商业抵押贷款基准年利率和个人住房抵押贷款(借款额为 10 000 元)等额本息还款法月均还款额的部分数据。

表 15-1　数据 1

存款期限	半年	1 年	2 年	3 年	5 年
利率/%	3.78	4.14	4.68	5.4	5.76

表 15-2　数据 2

贷款期限	1 年	2 年	3 年	4 年	5 年
利率/%	7.02	7.20	7.20	7.38	7.38

表 15-3　数据 3

贷款期	年	1	2	3	4	5
	月	12	24	36	48	60
月还款额/元		865.36	448.63	309.69	241.23	199.81
本息总额/元		10 384.32	10 767.12	11 148.84	11 579.04	11 988.6

我们讨论的问题是:

(1)表 15-2、表 15-3 是如何依据中央银行(中国人民银行)公布的存款利率水平而制定的?

(2)目前贷款的还款方式有两种: 等额本金还款法与等额本息还款法。等额本息还款法即借款人每月以相等的金额偿还贷款本息。等额本金还款法，即借款人每月等额偿还本金，贷款利息逐月递减。两种还款方式的区别：等额本金还款法在整个还款期内每期还款额中的本金都相同，偿还的利息逐月减少；本息合计逐月递减。这种还款方式前期还款压力较大，适合收入较高或想提前还款人群。等额本息还款法每期还款额中的本金都不相同，前期还款金额较少，本息合计每月相等。这种还款方式由于本金归还速度相对较慢，占用资金时间较长，还款总利息较相同期限的等额本金还款法高。

可以观察两种方式下，某户人家贷 10 万元、贷期 10 年、月息 1%，这户人家 10 年间总共还款各多少？

15.2　实验目的

本实验的目的是通过复习微积分中的数列和线性代数知识，了解函数方程求根与线性代数方程组相关的知识。同时，我们将介绍与经济、金融、保险等领域中一些常见重要问题相关的离散形式的数学模型，即差分方程。通过本实验，可掌握差分方程的基本概念和离散形式的数学模型的建立方法，提高我们在经济、金融、保险等领域中应用数学模型解决问题的能力。

15.3　预备知识

在进行本实验之前，我们需要掌握以下预备知识：

数列、函数方程求根和线性代数方程组：复习数列的概念和性质，了解如何求解函数方程的根，以及线性代数方程组的求解方法。熟悉数列和函数方程求根的基本思想和技巧，掌握线性代数方程组求解的基本步骤。

差分方程的基本概念：了解差分方程的定义和性质，包括差分方程的离散性质和解的概念。了解差分方程与微分方程的关系，以及差分方程在离散形式的数学模型中的应用。

通过对上述预备知识的学习和掌握，我们将能够理解差分方程在经济、金融领域的应用。

15.4　实验内容与要求

1. 了解中央银行(中国人民银行)公布的存款利率是如何制定的。
2. 分析等额本金还款法与等额本息还款法。

15.5 我国个人住房抵押贷款问题解析

15.5.1 问题分析与建立模型

我们以商业性贷款 10 000 元为例来分析，由于一年期贷款的年利率为 7.02%，如果到期一次性还本付息，总计 10 702.00 元，这很容易理解。二年期贷款的年利率为 7.20%。等额还款法下的月还款数 448.63 元，为本息总额 10 767.12 元的二十四分之一，这两个数字究竟是如何得到的呢？是根据本息总额算出月还款数还是恰好相反？

以下我们来做进一步分析。

由于贷款是逐月等额归还的，因此首先必须考察每个月欠款余额的情况。设贷款后第 k 个月时欠款余数为 A_k 元，月还款为 m 元，则由 A_k 变化到 A_{k+1}，除了还款数外，还有利息因素参与。但时间仅过了一个月，应该用月利率来计算，设其为 r，从而得到 $A_{k+1} - A_k = rA_k - m$，或者 $A_{k+1} = (1 + r)A_k - m$，$k = 0，1，2\cdots$

其中 A_0 是最初贷款金额，即 $A_0 = 10\ 000$。

以上是问题的数学模型。在该模型中，月利率 r 将采用两年贷款基准年利率 $R = 0.072$ 的平均数，即 $r = \dfrac{0.072}{12} = 0.006$，在 m 已知的情况下，则由式

$$A_{k+1} = (1 + r)A_k - m，\quad k = 0，1，2\cdots$$

可以依次求出 A_k 中的每一项，这种表达式我们称它为差分方程。

（1）以月还款。

我们考虑二年期的贷款在第 24 个月时还清，即 $A_{24} = 0$。

为求 m 的值，令 $B_k = A_k - A_{k-1}，\quad k = 1，2，\cdots$

利用差分方程有：$B_{k+1} = (1 + r)B_k$。

由递推关系可以导出 B_k 的表达式

$$B_{k+1} = (1 + r)^{k-1}B_1，\quad k = 1，2，\cdots$$

由上式可知

$$
\begin{aligned}
A_k - A_0 &= B_0 + B_1 + \cdots + B_k \\
&= B_1\big[1 + (1 + r) + \cdots + (1 + r)^k - 1\big] \\
&= (A_1 - A_0)\left[\frac{(1 + r)^k - 1}{r}\right] \\
&= \big[(1 + r)A_0 - m - A_0\big]\left[\frac{(1 + r)^k - 1}{r}\right]
\end{aligned}
$$

从而得到差分方程的解

$$A_k = A_0(1 + r)^k - \frac{m}{r}\big[(1 + r)^k - 1\big]，\quad k = 0，1，2，\cdots$$

将 $A_{24} = 0$，$A_0 = 10\ 000$，$r = 0.006$ 的值和 $k = 24$ 代入，就有如下程序。

15.5.2 模型求解及代码实现

MATLAB 代码如下：

```
Syms m
solve('10000*(1+0.006)^24-m/0.006*((1+0.006)^24-1)=0',m)
```

计算结果：

ans=

448.6330225166596523262076521 7043

Python 代码如下：

```
from sympy import *
m=symbols(' m ')
m=solve(10000*(1+0.006)**24-m/0.006*((1+0.006)**24-1),m)
m
```

计算结果：

$m = [448.633022516658]$

即

m=448.63(元)

与表 15-3 中的数额完全一致。

（2）以年、季还款。

我们注意到，上面讨论的个人住房贷款是采取逐月归还的方法，虽然依据的最初利率是年利率。那么如果采取逐年归还的方法，情况将如何呢？现仍以二年期贷款为例，显然，只要对公式

$$A_k = A_0 (1+r)^k - \frac{m}{r}[(1+r)^k-1], \quad k=0, 1, 2, \cdots$$

中的利率代之以年利率 $R=0.072$，那么由 $k=2$，$A_2=0$，$A_0=10\,000$ 则可求出年还款额。

MATLAB 代码如下：

```
symsm
solve('10000*(1+0.072)^2-m/0.072*((1+0.072)^2-1)=0',m)
```

计算结果：

ans=

5546.2548262548262548262548262548

```
Python 代码如下：
from sympy import *
m=symbols(' m ')
m=solve(10000*(1+0.072)**2-m/0.072*((1+0.072)**2-1),m)
m
```

计算结果：

m＝[5 546.25482625483]

即 m ≈ 5 546.2548(元)

于是本息总额为 2m ≈ 11 092.51(元)

这远远超出逐月还款的本息总额 1 0767.12(元)。考虑到人们的收入一般均以月薪方式获得，因此逐月归还法对于贷款者是合适的。

同理，以季度进行还款，可以计算出其本息总额 10 826.8528(元)。

我们建议读者思考：缩短还款周期对于贷款本息总额的影响如何？这显然是一个有意义的问题。

(3)以等额本金还款法。

每月应还本金为 $\frac{a}{k}$，每月应还利息为 $a\frac{a_k}{30}\cdot i\cdot d_k$。

注：a 为贷款本金，i 为贷款月利率，k 为贷款月数，a_k 为第 k 个月贷款剩余本金。$a_1=a$，$a_j=a-(j-1)\frac{a}{k}$。其中，$j=2$，3，$\cdots$，k 为第 k 个月的实际天数，如平年 2 月就为 28，3 月就为 31，4 月就为 30，依此类推。

为方便计算，设 $d_k=30$，若仍取 $a=10\ 000$，$k=24$，$i=0.006$，则每月还款额可由软件求出。

MATLAB 代码如下：

```
x0=[1,2,3,4,5,6,7,8,9,10,11,12,13,14,15,16,17,18,19,20,21,22,23, 24];
k=0;
for x=x0
k=k+1;
m(k)=10 000/24+10 000*(24- k+1)/24*0. 006;
end
x0,
m
```

计算结果：

123456789101112

13141516171819202122324

m＝476. 6667474. 1667471. 6667469. 1667466. 6667

464. 1667461. 6667459. 1667456. 6667454. 1667

451. 6667449. 1667446. 6667444. 1667441. 6667

439. 1667436. 6667434. 1667431. 6667429. 1667

426. 6667424. 1667421. 6667419. 1667

且

v＝（476.6667＋474.1667＋471.6667＋469.1667＋466.6667＋464.1667＋461.6667＋459.1667＋456.6667＋454.1667＋451.6667＋449.1667＋446.6667＋444.1667＋441.6667＋439.1667＋436.6667＋434.1667＋431.6667＋429.1667＋426.6667＋424.1667＋421.6667＋

419. 1667)/24

v = 447. 9166666666666

Python 代码如下：

```
s=0
for i in range (1,25):
    print(i)
    m=10 000/24+10 000*(24- i+1)/24*0. 006
    s+=m
    print(m)
    print(s)
v=s/24
v
```

计算结果：

1

476. 6666666666667

476. 6666666666667

2

474. 1666666666667

950. 8333333333334

3

471. 6666666666667

1422. 5

4

469. 1666666666667

1891. 6666666666667

5

466. 6666666666667

2358. 3333333333335

6

464. 1666666666667

2822. 5

7

461. 6666666666667

3284. 1666666666665

8

459. 1666666666667

3743. 333333333333

9

456. 6666666666667

4200. 0

10

454. 1666666666667

4654. 166666666667

11

451. 6666666666667

5105. 833333333334

12

449. 1666666666667

5555. 000000000001

13

446. 6666666666667

6001. 666666666668

14

444. 1666666666667

6445. 833333333335

15

441. 6666666666667

6887. 500000000002

16

439. 1666666666667

7326. 666666666669

17

436. 6666666666667

7763. 333333333336

18

434. 1666666666667

8197. 500000000002

19

431. 6666666666667

8629. 166666666668

20

429. 1666666666667

9058. 333333333334

21

426. 6666666666667

9485. 0

22

424. 1666666666667

9909. 166666666666

23

421. 6666666666667

10330. 833333333332

24

419. 1666666666667

10749. 999999999998

V = 447. 9166666666666

通过以上分析，读者不难比较等额本金还款法与等额本息还款法的优劣。一般而言，以等额本息还款方式还房贷，借款人每月承担相同的款项方便安排收支，因此，等额本息还款方式尤其适合收入处于稳定状态的人群；以等额本金还款，适合目前收入较高的人群。

15.6　思考与练习

1. 如果某户人家月收入3 000元，请问他选择何种方式贷款比较合适？

2. 两种贷款各适合什么类型的家庭？

3. 某高校一对年轻夫妇为买房要用银行贷款60 000元，月利率为0. 01，贷款期25 年即为 300 个月，这对夫妇希望知道每月要还多少钱(等额本息还款)，25 年就可还清。假设这对夫妇每月可有节余 900 元，是否可以去买房呢？恰在此时，这对夫妇看到某借贷公司的一则广告："若借款60 000元，22 年还清，只要：(1)每半个月还 316 元；(2)由于文书工作多了的关系要你预付三个月的款，即316×6 = 1 896元。"这对夫妇想：提前三年还清当然是好事，每半个月还 316 元，那一个月不正好是还 632 元，只不过多跑一趟去交款罢了；要预付1 896元，当然使人不高兴，但提前三年还清省下来的钱可是22 752 元，是1 896元的十几倍！这家公司是慈善机构呢？还是仍然要赚我们的钱呢？这对夫妇请你给他们一个满意的回答。

第 16 章　厂址选择问题

16.1　问题

考虑 A、B、C 三地，每地都出产一定数量的原料也消耗一定数量的产品（表 16-1）。已知制成每吨产品需 3 吨原料，各地之间的距离为：A—B 为 150 km，A—C 为 100 km，B—C 为 200 km。假定每万吨原料运输 1 km 的运价是 5 000 元，每万吨产品运输 1 km 的运价是 6 000 元。由于地区条件的差异，在不同地点设厂的生产费用也不同。问：究竟在哪些地方设厂，规模多大，才能使总费用最小？另外，由于其他条件限制，在 B 处建厂的规模（生产的产品数量）不能超过 5 万吨。

表 16-1　A、B、C 三地出产原料、消耗产品情况表

地点	年产原料/万吨	年销产品/万吨	生产费用/万元·万吨
A	20	7	150
B	16	13	120
C	24	0	100

16.2　实验目的

本实验的目的是通过运输费用和生产费用的计算，确定在哪些地方设厂以及每个厂的规模，以使总费用最小化。同时，通过该实验，我们可以了解以下几点内容：

运输费用对总费用的影响：通过比较不同地点的总运输费用，我们可以观察到运输费用对总费用的贡献，并分析运输距离对总费用的影响。

生产费用对总费用的影响：通过比较不同地点的总费用，我们可以观察到生产费用对总费用的贡献，并分析生产费用在设厂决策中的重要性。

通过实验的结果，我们可以得出最优的设厂方案，以及在不同因素影响下的费用变化趋势和决策原则。这将为实际生产和运输决策提供有价值的参考和指导。

16.3　预备知识

在进行本实验之前，我们需要掌握以下几点预备知识：

数学模型：数学模型是用数学语言和符号来描述实际问题的抽象工具。在本问题中，我们需要建立一个数学模型来求解最小总费用。这个模型需要考虑原料和产品的运输费用以及各个工厂的生产费用。

运输费用：根据题目所给的条件，我们知道每万吨原料运输 1 km 的运价是 5 000 元，每万吨产品运输 1 km 的运价是 6 000 元。我们需要根据这个运价来计算原料和产品在各个地点之间的运输费用。

生产费用：由于地区条件的差异，在不同地点设厂的生产费用也不同。我们需要考虑各个地点的生产费用，并根据工厂的规模来计算各个工厂的生产费用。

约束条件：在问题中，有一个约束条件是 B 地建厂的规模（生产的产品数量）不能超过 5 万吨。我们需要将这个约束条件考虑在内，以确保解的可行性。

16.4　实验内容及要求

建立数学模型：根据题目所给条件，建立一个数学模型来求解最小总费用。首先，我们需要确定在哪些地方设厂以及各个工厂的规模。设 A 地的工厂规模为 x 吨，B 地的工厂规模为 y 吨，C 地的工厂规模为 z 吨。然后，我们需要计算原料和产品的运输费用，以及各个工厂的生产费用。

计算原料和产品的运输费用：根据题目所给的运价，我们可以计算出原料和产品在各个地点之间的运输费用。原料的运输费用为：$5\ 000*(3*x+3*y+3*z)*(150+100+200)$。产品的运输费用为：$6\ 000*(x+y+z)*(150+100+200)$。

计算各个工厂的生产费用：根据题目所给的条件，我们可以计算出各个工厂的生产费用。假设 A 地的生产费用为 a 元/吨，B 地的生产费用为 b 元/吨，C 地的生产费用为 c 元/吨。各个工厂的生产费用为 $a*x+b*y+c*z$。

求解最小总费用：将原料和产品的运输费用以及各个工厂的生产费用相加，即可得到总费用。我们的目标是求解最小总费用，因此，需要使用数学方法（如线性规划、整数规划等），并确定在哪些地方设厂以及各个工厂的规模。

在计算总费用时，需要考虑到 B 地建厂规模不能超过 5 万吨的限制条件。

在求解最小总费用时，需要考虑到各个地区的生产费用差异。

在实验报告中，需要清晰地列出数学模型、计算过程和最终结果，并对结果进行合理解释。

16.5　厂址选择问题解析

16.5.1　问题分析与建立模型

我们需要建立一个数学模型来求解最小总费用。

首先，我们需要确定在哪些地方设厂以及各个工厂的规模。然后，我们需要计算原料和产品的运输费用，以及各个工厂的生产费用。

运输费用计算：根据题目所给的条件，每万吨原料运输 1km 的运价是 5 000 元，每万吨产品运输 1km 的运价是 6 000 元。我们需要计算原料和产品在各个地点之间的运输费用。

生产费用计算：由于地区条件的差异，在不同地点设厂的生产费用也不同。我们需要考虑各个地点的生产费用，并根据工厂的规模来计算各个工厂的生产费用。

约束条件：在问题中，有一个约束条件是 B 地建厂的规模（生产的产品数量）不能超过 5 万吨。我们需要将这个约束条件考虑在内，以确保解的可行性。

求解最小总费用：我们的目标是求解最小总费用，即在哪些地方设厂以及各个工厂的规模可以使得总费用最小。为了达到这个目标，我们需要使用数学方法线性规划来进行求解。

令 x_{ij} 为由 i 地运到 j 地的原料数量（万吨），y_{ij} 为由 i 地运到 j 地的产品数量（万吨），i，$j=1$，2，3（分别对应 A、B、C 三地）。根据题意，可以建立问题的数学模型，其中目标函数包括原料运输费、产品运输费和生产费用（万元）：

$$\min \quad z = 75x_{12} + 75x_{21} + 50x_{13} + 50x_{31} + 100x_{23} + 100x_{32} + 150y_{11} + 240y_{12} + 210y_{21} + 120y_{22} + 160y_{31} + 220y_{32}$$

$$\text{sub. to} \quad 3y_{11} + 3y_{12} + x_{12} + x_{13} - x_{21} - x_{31} \leqslant 20$$
$$3y_{21} + 3y_{22} - x_{12} + x_{21} + x_{23} - x_{32} \leqslant 16$$
$$3y_{31} + 3y_{32} - x_{13} - x_{23} + x_{31} + x_{32} \leqslant 24$$
$$y_{11} + y_{21} + y_{31} = 7$$
$$y_{12} + y_{22} + y_{32} = 13$$
$$y_{21} + y_{22} \leqslant 5$$
$$x_{ij} \geqslant 0, \quad i, \ j = 1, \ 2, \ 3; \ i \neq j$$
$$y_{ij} \geqslant 0, \quad i = 1, \ 2, \ 3; \ i = 1, \ 2$$

16.5.2　模型求解及代码实现

MATLAB 代码如下：

```
f=[75;75;50;50;100;100;150;240;210;120;160;220];
A=[1-1 1-1 0 0 3 3 0 0 0 0
   -1 1 0 0 1-1 0 0 3 3 0 0
   0 0-1 1-1 1 0 0 0 0 3 3
   0 0 0 0 0 0 0 0 1 1 0 0];
b=[20;16;24;5];
```

```
Aeq=[0 0 0 0 0 0 1 0 1 0 1 0
      0 0 0 0 0 0 0 1 0 1 0 1];
beq=[7;13];
lb=zeros(12,1);
[x,fval,exitflag,output,lambda]=linprog(f,A,b,Aeq,beq,lb)
```

计算结果:

x =

      0. 0000
      1. 0000
      0. 0000
      0. 0000
      0. 0000
      0. 0000
      7. 0000
      0. 0000
      0. 0000
      5. 0000
      0. 0000
      8. 0000

fval =

      3. 4850e+03

exitflag =

      1

output =

          iterations: 8
           algorithm: 'large-scale: interior point'
         cgiterations: 0
             message: 'Optimization terminated. '
      constrviolation: 4. 9738e-14
         firstorderopt: 4. 2980e-11

lambda =

      ineqlin: [4x1 double]
        eqlin: [2x1 double]
        upper: [12x1 double]
        lower: [12x1 double]

Python 代码如下:

```
import numpy as np
from scipy. optimize import linprog
f = [75, 75, 50, 50, 100, 100, 150, 240, 210, 120, 160, 220]
```

```
A = [[1,-1, 1,-1, 0, 0, 3, 3, 0, 0, 0, 0],
     [-1, 1, 0, 0, 1,-1, 0, 0, 3, 3, 0, 0],
     [0, 0,-1, 1,-1, 1, 0, 0, 0, 0, 3, 3],
     [0, 0, 0, 0, 0, 0, 0, 0, 1, 1, 0, 0]]
b = [20, 16, 24, 5]
Aeq = [[0, 0, 0, 0, 0, 0, 1, 0, 1, 0, 1, 0],
       [0, 0, 0, 0, 0, 0, 0, 1, 0, 1, 0, 1]]
beq = [7, 13]
lb = [0]*12
x = linprog(f, A_ub=A, b_ub=b, A_eq=Aeq, b_eq=beq, bounds=lb)
print(x)
```

计算结果：

message：Optimization terminated successfully.（HiGHS Status 7：Optimal）

success：True

status：0

fun：3485. 0

x：$[0.000e+00 \quad 1.000e+00 \quad 0.000e+00 \quad 0.000e+00 \quad 0.000e+00 \quad 0.000e+00$
$7.000e+00 \quad 0.000e+00 \quad 0.000e+00 \quad 5.000e+00 \quad -0.000e+00 \quad 8.000e+00]$

nit：6

lower：residual：$[0.000e+00 \quad 1.000e+00 \quad 0.000e+00 \quad 0.000e+00 \quad 0.000e+00$
$0.000e+00 \quad 7.000e+00 \quad 0.000e+00 \quad 0.000e+00 \quad 5.000e+00 -0.000e+00 \quad 8.000e+00]$

marginals：$[1.500e+02 \quad 0.000e+00 \quad 5.333e+01 \quad 4.667e+01 \quad 2.833e+01 \quad 1.717e+02$
$0.000e+00 \quad 3.000e+01 \quad 1.500e+02 \quad 0.000e+00 \quad 0.000e+00 \quad 0.000e+00]$

upper：residual：$[inf \quad inf \quad inf \quad inf \quad inf \quad inf \quad inf \quad inf \quad inf \quad inf \quad inf \quad inf]$

marginals：$[0.000e+00 \quad 0.000e+00 \quad 0.000e+00 \quad 0.000e+00 \quad 0.000e+00 \quad 0.000e+00$
$0.000e+00 \quad 0.000e+00 \quad 0.000e+00 \quad 0.000e+00 \quad 0.000e+00 \quad 0.000e+00]$

eqlin：residual：$[0.000e+00 \quad 0.000e+00]$

marginals：$[3.750e+02 \quad 4.350e+02]$

ineqlin：residual：$[0.000e+00 \quad 0.000e+00 \quad 0.000e+00 \quad 0.000e+00]$

marginals：$[-7.500e+01 -0.000e+00 -7.167e+01 -3.150e+02]$

mip_node_count：0

mip_dual_bound：0. 0

mip_gap：0. 0

因此，要使总费用最小，需要 B 地向 A 地运送 1 万吨原料，A、B、C 三地的建厂规模分别为 7 万吨、5 万吨、8 万吨，最小总费用为 3 485 万元。

16.6　思考与练习

考虑 A、B、C 三地，每地都出产一定数量的原料也消耗一定数量的产品。已知制成每吨产品需 3 吨原料，各地之间的距离为：A—B 为 150 km，A—C 为 100 km，B—C 为

200 km。假定每万吨原料运输 1 km 的运价是 5 000 元，每万吨产品运输 1 km 的运价是 6 000元。由于地区条件的差异，在不同地点设厂的生产费用也不同。问：究竟在哪些地方设厂、规模多大，才能使总费用最小？

第 17 章　保险储备策略问题

17.1　问题

某企业每年耗用某种材料 3 650 件，每日平均耗用 10 件，材料单价 10 元，一次订购费 25 元。每件年储存费 2 元，每件缺货一次费用 4 元，平均交货期为 10 天，交货期内不同耗用量 X 概率分布见表 17–1。

表 17–1　交货期内不同耗用量 X 概率分布

X_i	80	85	90	95	100	105	110	115	120	125
P_i	0.01	0.02	0.05	0.15	0.25	0.20	0.15	0.10	0.04	0.02

求使平均费用达到最小的订货量、订购次数及含有保险储量的最佳订货点。

17.2　实验目的

运用高等数学和概率论的知识，解决储存问题，特别是在确定最佳订货量、订购次数和含有保险储量的订货点方面的应用。

探究如何通过优化策略，使平均费用达到最小化，并提高企业的储存效率和经济效益。

熟悉储存问题中的相关概念和计算方法，包括导数、极值、定积分和数学期望的应用。

理解保险储备的作用和计算方法，并学习如何在储存问题中考虑和应用保险储备。

17.3　预备知识

在进行本实验之前，我们需要掌握以下预备知识：

高等数学中的导数、极值和定积分：了解导数和极值的概念和计算方法，以及定积分的应用，特别是在优化问题中的应用，如确定最佳订货量和订购次数。

概率论中的数学期望：熟悉数学期望的定义和计算方法，理解其在概率分布中的重要性和应用，如计算平均费用。

储存策略和优化：了解储存问题中的相关概念和策略，包括订货量、订购次数和订货点的确定，以及如何通过优化策略来降低平均费用。

保险储备：了解保险储备的概念和作用，明白如何在储存问题中考虑和计算保险储备，以应对不确定性和风险。

通过本实验，我们将运用以上预备知识，解决某企业的储存问题。我们将考虑每年耗用材料的数量、单价、订购费、储存费、缺货费和交货期等因素，并通过优化策略和计算分析，确定使平均费用达到最小的订货量、订购次数和含有保险储量的最佳订货点。

17.4   实验内容与要求

企业在经济活动中，按照某一经济订货批量和在订货点发出订单后，如果需求增大或送货延迟，就会发生缺货或供货中断。为防止由此造成的损失，需要多储备一些存货以备应急之需，称为保险储备（安全存量）。这些存货在正常情况下不动用，只有当存货过量使用或送货延迟时才动用。保险储备如图 17-1 所示。

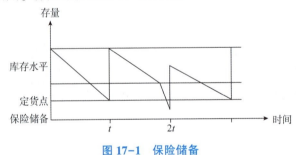

图 17-1   保险储备

1. 求最佳订货量及订货次数。

不考虑缺货，看作确定性不允许缺货模型。日需求量为已知常数，周期初始储存为订货量，当储存量耗尽时，所订货物即可到达。建立目标函数使单位时间的平均费用最小。

2. 求最佳订货点和保险储备量。

考虑订货期内需求量增加引起缺货，建立保险储备。订货期内缺货，采取缺货不处理方式，寻求目标函数使年度总费用最小。

17.5   保险储备策略问题解析

17.5.1   问题分析与建立模型

先作如下假设：

C_1——订购费(元/次)

C_2——储存费(元/(件·天))

C_3——缺货费(元/(次·件))

U——单价(元/件)

D——年需求量

R——日平均需求量

T——订货周期

Q——订购量

N——订货次数

S——订货点

L——平均送货期

B——保险储备量

以下分两个步骤讨论:

1. 求最佳订货量及订货次数,为确定性不允许缺货模型,货物订货量

$$Q = RT \tag{1}$$

均匀下降,当降到零时订货即可到达,目标函数为每天的平均费用。

记任意时刻 t 的库存量为 q,则 q 的变化规律如图 17-2 所示。在 $0 \leqslant t < T$ 间无订货,对于足够小的 t 有:

$$q(t+\Delta t) = q(t) - R\Delta t, \ 0 \leqslant t < T$$

即 $q'(t) = -R$,又 $q(0) = Q$,故 $q(t) = Q - Rt$,即

$$q(t) = RT - Rt, \ 0 \leqslant t < T$$

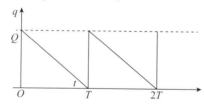

图 17-2 库存量变化规律

由(1)式可得一周期内的储存量为

$$\int_0^T q(t)\,dt = \frac{1}{2}RT^2$$

于是有每天的储存费为

$$C_2 \frac{\frac{1}{2}RT^2}{T} = \frac{1}{2}C_2RT$$

每天的订货费为

$$\frac{C_1 + URT}{T} = \frac{C_1}{T} + UR$$

每天的平均费用

$$C(T) = \frac{C_1}{T} + UR + \frac{1}{2}C_2RT$$

欲求最佳订货量 Q^* 及订货次数，归结为求订货周期 T 使 $C(T)$ 最小。

利用微分法求极值，令 $\dfrac{\mathrm{d}C}{\mathrm{d}T}=0$ 求得：

$$T^* = \sqrt{\frac{2C_1}{RC_2}}$$

再由 $Q=RT$ 得 $Q^* = \sqrt{\dfrac{2C_1R}{C_2}}$，$N^* = \dfrac{D}{Q^*}$（订货次数）。

2. 求最佳订货点和保险储备量

考虑送货期需求量的随机性，订货点 S 除满足送货期 L 的平均需求外，还需维持储备量 B，则 $S=LR+B$。

当库存量降到 S 时应订货。订货期内发生缺货则采取缺货不供应处理方式。

令

$$Y_i = \begin{cases} X_i - S & X_i > S \\ 0 & X_i \le S \end{cases}$$

则送货期内需求量增加而引起的平均缺货量为：

$$E(Y) = \sum_{i=1}^{11} Y_i P_i$$

因此得年度缺货费为 $N^* C_3 E(Y)$，保险储备费为 $C_2 B$，与保险储备有关的总费用：

$$T = N^* C_3 E(Y) + C_2(S-LR)$$

欲求 T 最小，即有 $\min\{N^* C_3 EL(Y) + C_2(S-LR)\}$ 确定 S^*，B^*。

17.5.2 模型求解及代码实现

1. 算法：

（1）定义：订购费 $C_1=25$ 元/次，储存费 $C_2=2$ 元/年 $=2/365$ 天，缺货费 $C_3=4$ 元/（件·次），单价 $U=10$ 元/件，年需求量 $D=3\,650$ 件/年，日平均需求量 $R=10$ 件/天，平均送货期 $L=10$ 天。

（2）定义：$Q=RT$

$$C(T) = \frac{C_1}{T} + UR + \frac{1}{2}C_2RT$$

利用微分法求极值，令 $\dfrac{\mathrm{d}C}{\mathrm{d}T}=0$ 求得

$$T^* = \sqrt{\frac{2C_1}{RC_2}}$$

再由 $Q=RT$ 得 $Q^* = \sqrt{\dfrac{2C_1R}{C_2}}$，$N^* = \dfrac{D}{Q^*}$（订货次数）

$$S=LR+B$$

$$Y_i = \begin{cases} X_i - S & X_i > S \\ 0 & X_i \le S \end{cases}$$

则送货期内因需求量增加而引起的平均缺货量为

$$E(Y) = \sum_{i=1}^{11} Y_i P_i$$

用枚举法求 S^*，使 $\min\{N^* C_3 E(Y) + C_2(S-LR)\}$，再由 $B^* = S^* - LR$ 确定 B^*。

（4）输出 Q^*、N^*、S^*、B^*。

MATLAB 代码如下：

```
c1 = 25;
c2 =2/365;
c3 = 4;
R = 10;
U=10;
D = 3650;
Q=sqrt(2*c1*R/ c2);
N=D/Q;
n= round(N)
L=10;
B=0 :5 :30;
E=1 :7;
C=1 :7;
H=1 :7;
T=1 :7;
X=80 :5 :130
Q=1 :11;
p=[0. 01   0. 02    0. 05    0. 15    0. 25    0. 2    0. 15    0. 10    0. 04    0. 02    0. 01];
for   i=1 :7
    s=L*R+B(i);
    for   j=1 :11
        if   X(j)>s
        Q(j)=X(j)- s;
        else    Q(j)=0;
        end;
    E(i)=Q*p' ;
    C(i)=n*c3*E(i);
    H(i)=U*B(i);
T(i)=C(i)+H(i);
    end
end
E
C
H
T
```

```
min( T)
ind = find(T==min(min(T)))
B(ind)
H(ind)
```

计算结果：

```
n =
    12
X =
    80    85    90    95   100   105   110   115   120   125   130
E =
   5.60    3.00    1.40    0.55    0.20    0.05    0
C =
 268.80  144.00   67.20   26.40    9.60    2.40    0
H =
    0    50   100   150   200   250   300
T =
 268.80  194.00  167.20  176.40  209.60  252.40  300.00
minT = 167.20
B* = 10
S* = 110
```

Python 代码如下：

```python
import numpy as np
c1 = 25
c2 = 2/365
c3 = 4
R = 10
U = 10
D = 3650
Q = np. sqrt(2*c1*R/c2)
N = D/Q
n = round(N)
L = 10
B = np. arange(0, 31, 5)
E = np. zeros(7)
C = np. zeros(7)
H = np. zeros(7)
T = np. zeros(7)
X = np. arange(80, 131, 5)
Q = np. arange(1, 12)
p = np. array([0. 01, 0. 02, 0. 05, 0. 15, 0. 25, 0. 2, 0. 15, 0. 10, 0. 04, 0. 02, 0. 01])
```

```
for i in range(7):
    s = L*R + B[i]
    for j in range(11):
        if X[j] > s:
            Q[j] = X[j]- s
        else:
            Q[j] = 0
    E[i] = np. dot(Q, p)
    C[i] = n*c3*E[i]
    H[i] = U*B[i]
    T[i] = C[i] + H[i]
print("E:", E)
print("C:", C)
print("H:", H)
print("T:", T)
print("Min T:", np. min(T))
ind = np. unravel_index(np. argmin(T), T. shape)
print("B with Min T:", B[ind])
print("H with Min T:", H[ind])
```

计算结果：

E：$[5.6 \quad 3. \quad 1.4 \quad 0.55 \quad 0.2 \quad 0.05 \quad 0.]$

C：$[268.8 \ 144. \quad 67.2 \quad 26.4 \quad 9.6 \quad 2.4 \quad 0.]$

H：$[0. \quad 50. \ 100. \ 150. \ 200. \ 250. \ 300.]$

T：$[268.8 \ 194. \quad 167.2 \ 176.4 \ 209.6 \ 252.4 \ 300.]$

Min T：167.2

B with Min T：10

H with Min T：100.0

由结果看出以下几点：

（1）不采用储存策略，缺货费用较多；

（2）保存较多的库存量，储备多；

（3）建立合理的保险储备量，则企业的年度平均费用最少。这无疑给企业的领导提供了科学可行的决策依据。

这是一个经济活动中常见的模型，既可用于工业生产，也可应用于商业管理等领域。读者不妨考虑：因延迟交货而引起缺货，应如何建立保险储备来进行决策。

17.6 思考与练习

试用此模型研究其他保险问题，比如汽车保险问题，可研究汽车年事故率、年维修次数、保险金额、保险赔率等。

第 18 章 | 最优投资组合及其计算问题

18.1 问题

金融市场上有两类证券：风险证券和无风险证券，为了说明问题方便，称风险证券为股票，其收益率不确定；称无风险证券为债券，其收益率确定。通常情况下，无风险利率也可以认为是国有银行的存贷款利率。

一个有经验的投资者一方面希望他的投资能获得较高收益率，另一方面又希望收益率尽可能避免不确定性。因此，投资者追求两个目标：最大期望收益率和最小的风险，这两个目标常常是相互制约的。投资者在 $t = 0$ 期作出购买决策，在这两个相互矛盾的目标间寻求平衡，希望在 $t = 1$ 期获得最大的收益。

设金融市场上有两种风险证 A 和 B，它们的期望收益率分别为 $\overline{r_A} = 12\%$、$\overline{r_B} = 8\%$，方差分别为 $\sigma_A{}^2 = 10$，$\sigma_B{}^2 = 1$，$\sigma_{AB} = 0$。同时市场上还有一种无风险债券，利率为 6%，试构造投资组合，使风险最小。

18.2 实验目的

运用概率论中的期望、方差和协方差的知识，解决金融市场中投资组合的问题，寻找最优投资组合，以实现投资者的最大期望收益率和最小风险的目标。

探究如何将投资组合问题转化为数学规划问题，并利用数学规划中的 Lagrange 乘数法、矩阵和线性方程组等工具进行计算和分析。

理解投资者在面临风险和不确定性时的决策过程，以及如何在期望收益率和风险之间寻求平衡。

18.3 预备知识

在进行本实验之前，我们需要掌握以下预备知识：

概率论的期望、方差和协方差：熟悉期望、方差和协方差的定义和计算方法，了解它们在概率论中的重要性和应用，特别是在金融市场中评估和比较不同证券的收益和风险。

数学规划：了解数学规划的基本概念和方法，包括 Lagrange 乘数法、矩阵和线性方程组的应用，明白如何将投资组合问题转化为数学规划问题，并通过计算和分析找到最优解。

金融市场和投资组合：了解金融市场中不同类型证券的特点和风险，理解投资者在选择投资组合时所面临的目标和制约条件，以及如何通过优化方法找到最优投资组合。

通过本实验，我们将运用以上预备知识，解决投资者在金融市场中面临的投资组合问题。我们将考虑投资者的期望收益率和风险的平衡，利用概率论中的期望、方差和协方差的计算，将问题转化为数学规划问题，并通过 Lagrange 乘数法、矩阵和线性方程组等工具，寻找最优投资组合。

18.4 实验内容与要求

1. 构造最优投资组合的关键是寻找证券选择集的有效前沿，从而建立最优投资组合的数学模型。

2. 由于目标函数是二次的，约束条件是一次的，是非标准的线性规划，可利用 Lagrange 乘数法，进而解线性方程组，并用 MATLAB 或 Python 程序进行计算。

3. 设有三种证券 S_1、S_2、S_3，期望收益率分别为 10%、15%、40%，风险分别是 10%、5%、20%，相关系数为 $\rho_{12}=0$，$\rho_{13}=-0.4$，$\rho_{23}=0.8$，试研究各种组合的收益率和风险。

18.5 最优投资组合及其计算问题解析

18.5.1 问题分析与建立模型

基本概念

设 S 是 N 种证券的选择集，如果其中存在一个子集 $F(P)$ 具有如下性质：

(1) 在给定的标准差中，$F(P)$ 中的证券组合具有最大的期望收益；

(2) 在给定的期望收益中，$F(P)$ 中的证券组合具有最小的标准差，则称 $F(P)$ 为有效前沿。

假设有两种证券 A 和 B，设投资者有 1 单位资金，他按比例将 x 购买证券 A，$1-x$ 购买

证券 B，我们用 $P=(x，1-x)$ 表示这一证券组合的方式，x 在 0 和 1 之间，亦即选择集 $S=\{(x，1-x)，x\in[0，1]\}$。设证券的期望收益率为 $\overline{r_A}$ 和 $\overline{r_B}$，并设它们的方差和协方差分别为 σ_A^2，σ_B^2 和 $\rho_{AB}\sigma_A\sigma_B$，则证券组合 P 的期望收益率和方差分别为：

$$\overline{r_p}=x\overline{r_A}+(1-x)\overline{r_B}，\sigma_p^2=x^2\sigma_A^2+(1-x)^2\sigma_B^2+2x(1-x)\rho_{AB}\sigma_A\sigma_B$$

证券组合的 $\overline{r_p}-\sigma_p$ 曲线为开口向右的双曲线，如图 18-1 所示。虚线部分为无效集，有效前沿为实线段 BD。如果有三种证券 A、B、C，则可以得到如图 18-2 所示的图形，其中前沿 1 表示投资者把全部资金投入 A 和 B 中，前沿 2 表示投资者把全部资金投入 B 和 C 中，前沿 3 表示投资者把全部资金投入 A 和 C 中，由于三种证券 A、B、C 的各种组合包含了上述 A-B、B-C、A-C 三种组合，它比只选两种证券多了一种选择，从而减少了风险。因此三种证券投资组合的有效前沿将前面三种前沿 1、2、3 包含于内部，得到有效前沿 4。进一步，如果市场上有 n 种证券，则可以从形式上推导出风险证券投资组合的有效前沿，如图 18-3 所示，有效前沿为曲线段 SE。

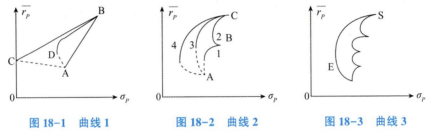

图 18-1　曲线 1　　　　　图 18-2　曲线 2　　　　　图 18-3　曲线 3

如果市场中存在无风险证券，则投资者也可以选择无风险证券作为投资对象，但由于无风险证券的收益率固定，没有任何风险，所以它在 $\overline{r_p}-\sigma_p$ 坐标系中是一条直线，该直线与有效前沿的切点是最优投资组合点。

由金融分析理论可知，构造最优投资组合的关键是寻找证券选择集的有效前沿，因为如果知道了投资者的效用函数 $u(\overline{r}，\sigma^2)$，即投资者的风险偏好，就可以在有效前沿上作选择，从而构造出最优投资组合，本问题是在风险最小的目标下，选择证券 A、B 和无风险债券的投资比例，即有效前沿上的切点投资比例。

无风险投资组合计算：

假设市场上有 N 种风险证券和一种无风险债券，以 $x=(x_1，x_2，\cdots，x_N)^T$ 记为在 N 种风险证券上的投资比例，则 $1-x^TI$ 就是在债券上的投资比例。对给定的 N 种风险证券的期望收益率 r_i 和风险 σ_i^2 及协方差 $\sigma_{ij}(i，j=1，2，\cdots，N，i\neq j)$，无风险债券的期望收益 r_f，如果给定投资组合的期望收益率 r_p，则可以求出投资比例 x，使得投资组合收益率的方差 σ_p^2 最小，这转化为求解如下规划问题：

$$\begin{cases} \min \dfrac{1}{2}x^Tvx \\ s.t\ x^T\overline{r}+(1-x^TI)r_f=\overline{r_p} \end{cases}$$

其中 v 为协方差矩阵，I 为 N 维单位向量，这可以用前面学过的知识编程求解。

问题分析：设总资本为单位 1，分别以比例 x_1 购买股票 A，x_2 购买股票 B，x_3 购买无风险债券(也可以认为以 x_3 的比例将钱存入银行)，则可以建立如下的规划问题：

$$\min x^T v x$$

$$\text{s. t.} \begin{cases} x_1 r_A + x_2 r_B + x_3 r_f = \overline{r_p} \\ x_1 + x_2 + x_3 = 1 \\ x_1 \geqslant 0, \ x_2 \geqslant 0 \end{cases}$$

其中 $x = \begin{pmatrix} x_1 \\ x_2 \\ x_3 \end{pmatrix}$, $v = \begin{pmatrix} \sigma_A{}^2 & \sigma_{AB} & 0 \\ \sigma_{AB} & \sigma_A{}^2 & 0 \\ 0 & 0 & 0 \end{pmatrix}$

因为债券无风险,所以方差、协方差全为 0。

r_p 为投资组合的期望收益率。

解法 1 根据两基金分离定理,任意指定一个期望收益率 r_p,如令 $r_p = 10\%$,目标函数为二次的,约束条件为一次的,应用 Lagrange 乘数法,解得:

$x_1 = 6/19$, $x_2 = 20/19$, $x_3 = -7/19$

结论表明:为获得 10% 的期望收益率,应以无风险利率从银行贷款 7/19 单位,将贷款和手中已有的 1 单位现金的总和的 6/19 购买 A 股票、20/19 购买 B 股票。故投资于 A 的比例:

$(6/19)/(6/19+20/19) = 3/13$

投资于 B 的比例:

$(20/19)/(6/19+20/19) = 10/13$

由于这并不是标准的线性规划问题,需要用到 Lagrange 乘数法,进而解线性方程组。

18.5.2 模型求解与代码实现

MATLAB 程序如下:

```
先建立目标函数文件
f1. m function
f=f1(x) f=10*x(1)^2+x(2)^2;
再建立约束条件文件
f1g. m function
[c,g]=f1g(x)
c=[];                % 没有不等式约束记故记 c=[]
g(1)=0. 12*x(1)+0. 08*x(2)+0. 06*x(3)- 0. 1;
g(2)=x(1)+x(2)+x(3)- 1;
然后在工作空间运行程序如下:
x0=[1  1  1]'/3;
nonlcon=@f1g;
[x,fval,exitflag]=fmincon(@f1,x0,[],[],[],[],[],[],nonlcon)
```

计算结果:

x =

0. 3158(6/19)

$1.0526(20/19)$

$-0.3684(-7/19)$

fval =

2. 1053

exitflag =

1

在这里 MATLAB 的自带优化工具箱程序作优化问题时，初始的点选取对优化所得结果有很大的影响，因为 MATLAB 搜索所得到的结果是局部最优点，初始点的不同很可能造成求解结果的不同。

如果希望得到全局最优节点，可以尝试 MATLAB 中别的自带工具箱，比如遗传算法等方面的知识。

Python 程序如下：

```python
from scipy. optimize import brent, fmin, minimize
import numpy as np
# 4. Demo4:约束非线性规划问题(Scipy. optimize. minimize)
def objF4(x):  # 定义目标函数
    a, b = 10,1
    fx = a*x[0]**2 + b*x[1]**2
    return fx
# 定义约束条件函数
def constraint1(x):  # 不等式约束 f(x)>=0
    return 0. 12*x[0]+0. 08*x[1]+0. 06*x[2]-0. 1
def constraint2(x):  # 不等式约束 转换为标准形式
    return x[0]+x[1]+x[2]-1
# 定义边界约束
b1 = (0, 10)
b2 = (0, 10)
b3 = (-3, 10)
bnds = (b1, b2, b3)
# 定义约束条件
con1 = {'type': 'eq', 'fun': constraint1}
con2 = {'type': 'eq', 'fun': constraint2}
cons = ([con1, con2])  # 3 个约束条件
# 求解优化问题
x0 = np. array([1/3, 1/3, 1/3])  # 定义搜索的初值
res = minimize(objF4, x0, method='SLSQP', bounds=bnds, constraints=cons)
print("Optimization problem (res):\t{}". format(res. message))  # 优化是否成功
print("xOpt = {}". format(res. x))  # 自变量的优化值
print("min f(x) = {:. 4f}". format(res. fun))  # 目标函数的优化值
```

计算结果：

x = [0. 31578947 1. 05263159 -0. 36842106]

min f(x) = 2.1053

解法 2 由两基金分离定理，有效前沿上任意点的投资比例等于切点的投资比例，因此可以不指定投资组合的期望收益率 r_p，而仅使用一阶条件的前两个方程：

$$L = x_1{}^2 \sigma_A{}^2 + x_2{}^2 \sigma_B{}^2 + \lambda (r_p - x_1 \overline{r_A} - x_2 \overline{r_B} - x_3 r_f)$$

$$\begin{cases} \dfrac{\mathrm{d}L}{\mathrm{d}x_1} = 2x_1 \sigma_A{}^2 + \lambda (-\overline{r_A} + r_f) = 0 \\ \dfrac{\mathrm{d}L}{\mathrm{d}x_2} = 2x_2 \sigma_B{}^2 + \lambda (-\overline{r_B} + r_f) = 0 \end{cases}$$

其中 $x_3 = 1 - x_1 - x_2$，引入新变量 $y_1 = \dfrac{2x_1}{\lambda}$，$y_2 = \dfrac{2x_2}{\lambda}$，上述方程组转化为

$$\begin{cases} y_1 \sigma_A{}^2 = r_f - \overline{r_A} \\ y_2 \sigma_B{}^2 = r_f - \overline{r_B} \end{cases}$$

解出 $y_1 = 3/5$，$y_2 = 2$，

投资于 A 的比例：$y_1/(y_1+y_2) = (3/5)/(3/5+2) = 3/13$

投资于 B 的比例：$y_2/(y_1+y_2) = (2)/(3/5+2) = 10/13$

两基金分离定理(two-fund separation)：当市场上存在无风险证券时，每个投资者有一个效用最大的证券组合，它由无风险证券和切点证券组合构成。

思考问题求解

思考问题 1 的求解：

证券 期望收益率 风险相关系数方差协方差

S_1 $r_1 = 10\%$ $\sigma_1 = 10\%$ $\rho_{12} = 0$ $\sigma_1{}^2 = 0.01$ $\sigma_{12} = \rho_{12}\sigma_1\sigma_2 = 0$

S_2 $r_2 = 15\%$ $\sigma_2 = 5\%$ $\rho_{13} = -0.4$ $\sigma_2{}^2 = 0.0025$ $\sigma_{13} = \rho_{13}\sigma_1\sigma_3 = -0.008$

S_3 $r_3 = 40\%$ $\sigma_3 = 20\%$ $\rho_{23} = 0.8$ $\sigma_3{}^2 = 0.04$ $\sigma_{23} = \rho_{23}\sigma_2\sigma_3 = 0.008$

试研究各种组合的收益率和风险。

三种证券的有效前沿定义为：在期望收益率为 $\overline{r_p}$ 的各种组合中风险最小的设为 σ_p，则所有 (σ_p, r_p) 的轨迹即为有效前沿。即需求解以下规划问题：

$$\min \sigma_p = \left(\sum_{i,\,l=1}^{3} \sigma_{ij} \right)^{\frac{1}{2}}$$

$$\mathrm{s.\,t.} \begin{cases} x_1 r_1 + x_2 r_2 + x_3 r_3 = \overline{r_p} \\ x_1 + x_2 + x_3 = 1 \\ 0 \leqslant x_i \leqslant 1, \ i = 1, 2, 3 \end{cases}$$

其中方差—协方差矩为

$$\begin{pmatrix} \sigma_{11} & \sigma_{12} & \sigma_{13} \\ \sigma_{21} & \sigma_{22} & \sigma_{23} \\ \sigma_{31} & \sigma_{32} & \sigma_{33} \end{pmatrix} = \frac{1}{100} \begin{pmatrix} 1 & 0 & -0.8 \\ 0 & 0.25 & 0.8 \\ -0.8 & 0.8 & 4 \end{pmatrix}$$

用拉格朗日乘数法，令

$$L = \sum_{i,j=1}^{3} \sigma_{ij} x_i x_j + \lambda_1 \left(\sum_{i=1}^{3} x_i - 1 \right) + \lambda_1 \left(\sum_{i=1}^{3} \overline{r_i} - \overline{r_p} \right)$$

则极值点应满足：

$$\begin{cases} \dfrac{\mathrm{d}L}{\mathrm{d}x_1} = 2\sum_{j=1}^{3} \sigma_{ij} x_j - \lambda_1 - \lambda_2 \overline{r_i} = 0 \\[2mm] \dfrac{\mathrm{d}L}{\mathrm{d}\lambda_1} = \sum_{i=1}^{3} x_i - 1 = 0 \\[2mm] \dfrac{\mathrm{d}L}{\mathrm{d}\lambda_1} = \sum_{i=1}^{3} \overline{r_i} - \overline{r_p} = 0 \end{cases}$$

代入相应数据得：

$$\begin{cases} 20x_1 - 16x_2 - 1\,000\lambda_1 - 100\lambda_2 = 0 \\ 5x_2 + 16x_3 - 1\,000\lambda_1 - 105\lambda_2 = 0 \\ -16x_1 + 16x_2 + 80x_3 - 1\,000\lambda_1 - 400\lambda_2 = 0 \\ x_1 + x_2 + x_3 = 1 \\ 10x_1 + 15x_2 + 40x_3 = 100\,\overline{r_p} \end{cases}$$

解得

$$x_1 = \frac{1}{51}(205\,\overline{r_p} - 22), \quad x_2 = \frac{1}{17}(36 - 150\,\overline{r_p}), \quad x_1 = \frac{35}{51}(7\,\overline{r_p} - 1)$$

由于 $0 \leqslant x_i \leqslant 1$ 的限制，可解得 $\dfrac{1}{7} \leqslant \overline{r_p} \leqslant \dfrac{5}{26}$。这部分有效前沿由图 18-4 参数曲线确定。

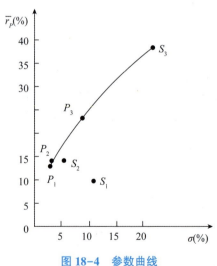

图 18-4　参数曲线

这是双曲线的一段，它的两个端点为 $P_2\left(\dfrac{1}{7\sqrt{10}}, \ \dfrac{1}{7} \right)$，对应投资组合 $\left(\dfrac{1}{7}, \ \dfrac{6}{7}, \ 0 \right)$ 和 $P_3\left(\dfrac{\sqrt{1\,065}}{225}, \ \dfrac{6}{25} \right)$，对应投资组合 $\left(\dfrac{8}{15}, \ 0, \ \dfrac{7}{15} \right)$。同样，当 $\overline{r_p} > \dfrac{1}{7}$ 时，有效前沿是 S_1、

S_2 的有效前沿的一段 P_1P_2，为 $\sigma_p^2 = 5\overline{r_p}^2 - 1.4\overline{r_p} + 0.1$。$0.14 \leqslant \overline{r_p} \leqslant \dfrac{1}{7}$，其中点 P_1 $\left(\dfrac{\sqrt{50}}{5}, 0.14\right)$ 相应投资组合 $(0.2, 0.8, 0)$，是所有组合中风险最小的一种。当 $\overline{r_p} > \dfrac{6}{25}$ 时，有效前沿是 S_1、S_3 的有效前沿的一段 P_3S_3，为 $\sigma_p^2 = \dfrac{1}{9}(6.6\overline{r_p}^2 - 2.4\overline{r_p} + 0.264)$。$\dfrac{6}{25} \leqslant \overline{r_p} \leqslant 0.4$，点 $S_3(0.2, 0.4)$ 是所有组合中期望收益率最大的。

由本例可以看出，初看证券 S_1 的质量不够好，但由于它的补偿作用，却是起重要作用的证券。

18.6   思考与练习

保险公司在股票、债券、基金和房产四种资产之间进行配置，已知各资产收益率服从正态分布，均值分别为 11.58%、3.87%、22.02%、0.99%，各资产收益率标准差分别为 0.05、0.01、0.05、0.01。协方差矩阵为：

$$\text{ExpCovariance} = \begin{bmatrix} 0.264 & -0.01 & 0.273 & 0.025 \\ -0.010 & 0.002 & -0.013 & -0.002 \\ 0.273 & -0.013 & 0.318 & 0.028 \\ 0.025 & -0.002 & 0.028 & 0.005 \end{bmatrix}$$

蒙特卡洛仿真模拟方法求解最优资产配置。

问题分析与建立模型：

Portfolio 在金融投资理论中占有非常重要的地位，Markowitz 根据每一种证券的预期收益率、方差和所有证券间的协方差矩阵，得到证券组合的有效边界，再根据投资者的效用无差异曲线，确定一组 Portfolio。

Markowitz 均值方差模型为：

$$\min sigma\hat{\ }2 = X'MX$$
$$\max E(r) = X'R$$
$$\text{s. t. } x_1 + x_2 + \cdots + x_n = 1$$

其中，$R = (R_1, R_2, \cdots, R_n)^T$；$R_i = E(r_i)$ 是第 i 种资产的预期收益率；$X = (x_1, x_2, \cdots, x_n)^T$ 是投资组合的权重向量；$M(\text{ExpCovariance})$ 是 n 种资产间的协方差矩阵；$E(r)$ 和 $sigma\hat{\ }2$ 分别是投资组合的期望回报率和方差。

MATLAB 程序如下：

```
%% 蒙特卡洛仿真模拟无 GUI 程序代码
clear
clc
N =10;%随机模拟的次数
RisklessRate = 0.0306;          % 无风险利率即银行利率来自 9 年平均值
BorrowRate   = 0.055;           % 贷款利率取约定值
```

```
RiskAversion = 39. 8;                %取厌恶系数平均值
%M 期望,E 为标准差 sigma
ExpReturn=[ 11. 58      3. 87      22. 02      0. 99 ]./100;
sigma =[0. 05 0. 01 0. 05 0. 01]; %根据对未来的预期,分别给股票、债券、基金和房产赋予一个 sig-
ma。
S_M = ExpReturn(1);              %股票收益率
S_E = sigma(1);                  %股票标准差
B_M = ExpReturn(2);              %债券收益率
B_E = sigma(2);                  %债券标准差
F_M = ExpReturn(3);              %基金收益率
F_E = sigma(3);                  %基金标准差
H_M = ExpReturn(4);              %房产收益率
H_E = sigma(4);                  %房产标准差
%各资产收益率服从正态分布,模拟生成服从正态分布的各资产收益随机数
S = normrnd(S_M,S_E,N,1);
B = normrnd(B_M,B_E,N,1);
F = normrnd(F_M,F_E,N,1);
H = normrnd(H_M,H_E,N,1);
for i=1:N
    ExpReturns=[S(i) B(i) F(i) H(i)];
%       set(handles. edit13,' string' ,S(i));
%       set(handles. edit16,' string' ,B(i));
%       set(handles. edit19,' string' ,F(i));
%       set(handles. edit22,' string' ,H(i));
ExpCovariance=[0. 264      - 0. 01      0. 273      0. 025
               - 0. 010      0. 002    - 0. 013    - 0. 002
               0. 273     - 0. 013     0. 318      0. 028
               0. 025     - 0. 002     0. 028      0. 005];
                %协方差矩阵
[PortRisk,PortReturn,PortWts]=portopt(ExpReturns,ExpCovariance,20);
%资产组合有效前沿求解
[RiskyRisk, RiskyReturn, RiskyWts, RiskyFraction, OverallRisk, OverallReturn] = portalloc(PortRisk,
PortReturn,PortWts,RisklessRate,BorrowRate,RiskAversion);  % 在给定风险厌恶程度和相关资产组合后,求
最优资产配置函数
%输入变量:
%PortRisk                      %资产组合有效前沿上资产组合标准差
%PortReturn                    %风险资产的回报率
%PortWts                       %资产组合有效前沿上的资产权重
%RisklessRat                   %无风险利率
%BorrowRate                    %可选,借贷利率,默认值是没有借贷 NaN
%RiskAversion                  %可选,风险厌恶程度,默认是 3
%输出变量:
%PortRisk                      %风险资产组合的标准差
```

```
% PortReturn                    %风险资产的回报
% PortWts                       %风险资产的的资产权重
% RiskyFraction                 %即风险资产占总资产的比例
% OverallReturn                 %资产组合的整体回报率
    RiskWeights＝RiskyWts*RiskyFraction
    % show(i,:)＝[ OverallRisk OverallReturn ]
    S1(i) = RiskWeights(1);
    B1(i) = RiskWeights(2);
    F1(i) = RiskWeights(3);
    H1(i) = RiskWeights(4);
    RiskWeights1(i,:)＝RiskWeights;
    RiskyWts1(i,:)＝RiskyWts;
    RiskyReturn1(i)＝RiskyReturn;
    RiskyRisk1(i)＝RiskyRisk;
    RiskyFraction1(i)＝RiskyFraction;
    OverallRisk1(i) = OverallRisk;
    OverallReturn1(i) = OverallReturn;
end
```

计算结果：

RiskWeights =

0	0.3176	0.0316	0

RiskWeights =

0	0.6331	0.0364	0.0199

RiskWeights =

0.0272	0.2463	0	0.0018

RiskWeights =

0	0.3599	0.0325	0.0027

RiskWeights =

0	0.3006	0.0301	0.0039

RiskWeights =

0	0.6637	0.0361	0.0247

RiskWeights =

0	0.1256	0.0188	0

RiskWeights =

0	0.4019	0.0300	0.0095

RiskWeights =

0	0.0120	0.0170	0

RiskWeights =

0	0.3597	0.0326	0.0043

Python 程序如下：

```python
import numpy as np
from scipy.optimize import minimize
# 设置参数
N = 10                          # 随机模拟次数
RisklessRate = 0.0306           # 无风险利率
BorrowRate = 0.055              # 贷款利率
RiskAversion = 39.8             # 风险厌恶系数
                                # 各资产期望收益率和标准差
ExpReturn = np.array([11.58, 3.87, 22.02, 0.99]) / 100
sigma = np.array([0.05, 0.01, 0.05, 0.01])
S_M, S_E = ExpReturn[0], sigma[0]
B_M, B_E = ExpReturn[1], sigma[1]
F_M, F_E = ExpReturn[2], sigma[2]
H_M, H_E = ExpReturn[3], sigma[3]
# 模拟生成服从正态分布的各资产收益随机数
S = np.random.normal(S_M, S_E, N)
B = np.random.normal(B_M, B_E, N)
F = np.random.normal(F_M, F_E, N)
H = np.random.normal(H_M, H_E, N)
ExpCovariance = np.array([
    [0.264, -0.01, 0.273, 0.025],
    [-0.010, 0.002, -0.013, -0.002],
    [0.273, -0.013, 0.318, 0.028],
    [0.025, -0.002, 0.028, 0.005]
])
PortRisk = []
PortReturn = []
PortWts = []
RiskyRisk1 = []
RiskyReturn1 = []
RiskyWts1 = []
RiskyFraction1 = []
OverallRisk1 = []
OverallReturn1 = []
S1 = []
B1 = []
F1 = []
H1 = []
RiskWeights1 = []
for i in range(N):
    ExpReturns = np.array([S[i], B[i], F[i], H[i]])
    def negative_sharpe_ratio(weights, returns, cov_matrix, risk_free_rate, alpha):
        portfolio_return = np.sum(returns * weights)
```

```
        portfolio_std_dev = np. sqrt(np. dot(weights. T, np. dot(cov_matrix, weights)))
        sharpe_ratio = (portfolio_return - risk_free_rate) / portfolio_std_dev
        return - alpha *  sharpe_ratio
    initial_weights = np. ones(4) / 4                # 初始权重设置为均匀分配
    bounds = [(0, 1)] *  4                            # 权重约束:0 到 1 之间
    result = minimize(negative_sharpe_ratio, initial_weights, args=(ExpReturns, ExpCovariance, Riskless-
Rate, RiskAversion), bounds=bounds)
    optimal_weights = result. x
    PortRisk. append(np. sqrt(np. dot(optimal_weights. T, np. dot(ExpCovariance, optimal_weights))))
    PortReturn. append(np. sum(ExpReturns *  optimal_weights))
    PortWts. append(optimal_weights)
    RiskyFraction = sum(optimal_weights)          # 假设没有借贷,即全部是风险资产
    RiskyWts = optimal_weights
    OverallRisk = np. sqrt(RiskyFraction *  PortRisk[- 1]* * 2)
    # 如果没有借贷,则组合风险等于风险资产部分的风险
    OverallReturn = RiskyFraction *  PortReturn[- 1]
    RiskWeights = RiskyWts *  RiskyFraction
    S1. append(RiskWeights[0])
    B1. append(RiskWeights[1])
    F1. append(RiskWeights[2])
    H1. append(RiskWeights[3])
    RiskWeights1. append(RiskWeights)
    RiskyWts1. append(RiskyWts)
    RiskyReturn1. append(PortReturn[- 1])
    RiskyRisk1. append(PortRisk[- 1])
    RiskyFraction1. append(RiskyFraction)
    OverallRisk1. append(OverallRisk)
OverallReturn1. append(OverallReturn)
print(RiskWeights1)
print(RiskyWts1)
print(RiskyReturn1)
print(RiskyRisk1)
print(RiskyFraction1)
print(OverallRisk1)
print(OverallReturn1)
```

计算结果:

$$\begin{bmatrix} 0. & 0.63636364 & 0. & 0.36363636 \end{bmatrix}$$
$$\begin{bmatrix} 0. & 0.63636364 & 0. & 0.36363636 \end{bmatrix}$$
$$\begin{bmatrix} 0. & 0.63636364 & 0. & 0.36363636 \end{bmatrix}$$
$$\begin{bmatrix} 0. & 0.63636364 & 0. & 0.36363636 \end{bmatrix}$$
$$\begin{bmatrix} 0. & 0.63636364 & 0. & 0.36363636 \end{bmatrix}$$

$$
\begin{bmatrix} 0. & 0.63636364 & 0. & 0.36363636 \end{bmatrix}
$$
$$
\begin{bmatrix} 0. & 0.63636364 & 0. & 0.36363636 \end{bmatrix}
$$
$$
\begin{bmatrix} 0. & 0.63636364 & 0. & 0.36363636 \end{bmatrix}
$$
$$
\begin{bmatrix} 0. & 0.63636364 & 0. & 0.36363636 \end{bmatrix}
$$
$$
\begin{bmatrix} 0. & 0.63636364 & 0. & 0.36363636 \end{bmatrix}
$$

第19章　神经网络模型预测股价问题

19.1　问题

　　有效市场条件下，股票价格的变动反映了所有的信息，短期股价随机游走，技术分析不能帮助投资者获得超额收益。然而，大量的实证证明，股票市场并非是有效的，股票价格运行存在一定的规律性。股票价格走势实际上是一种复杂的非线性函数，因而股价具有一定的可预测性。影响股票价格波动的因素很多，各因素对股价波动的作用方式也异常复杂，因而基于统计学的时间序列预测方法难以取得满意的效果。为了解决这个难题，具有优秀模拟性能的人工神经网络被引入金融预测领域。

　　多指标的股票开盘价预测：2015 年 11 月 2 日至 12 月 31 日平安银行股票的开盘价、最高价、最低价数据如表 19-1 所示，试用 BP 神经网络对股票开盘价进行仿真预测。

表 19-1　2015 年 11 月 2 日至 12 月 31 日平安银行股票的开盘价、最高价、最低价数据

日　期	开盘价	最高价	最低价	收盘价	日　期	开盘价	最高价	最低价	收盘价
2015-11-02	11.27	11.32	11.1	11.14	2015-12-02	11.7	12.64	11.66	12.51
2015-11-03	11.15	11.21	11.01	11.05	2015-12-03	12.39	12.75	12.25	12.45
2015-11-04	11.08	11.7	11.05	11.69	2015-12-04	12.31	12.38	12.08	12.12
2015-11-05	11.6	12.57	11.55	12.07	2015-12-07	12.18	12.25	12.04	12.15
2015-11-06	12.02	12.41	11.92	12.39	2015-12-08	12.07	12.09	11.9	11.96
2015-11-09	12.5	13.38	12.46	12.94	2015-12-09	11.92	12.12	11.9	11.99
2015-11-10	12.8	13.07	12.61	12.75	2015-12-10	11.95	12.14	11.91	11.96
2015-11-11	12.7	12.78	12.38	12.55	2015-12-11	11.91	11.92	11.73	11.83
2015-11-12	12.6	12.65	12.28	12.4	2015-12-14	11.73	12.11	11.71	12.07
2015-11-13	12.22	12.48	12.19	12.24	2015-12-15	12.03	12.09	11.86	11.92
2015-11-16	12.13	12.39	12.09	12.34	2015-12-16	11.98	12.01	11.88	11.89

续表

日　期	开盘价	最高价	最低价	收盘价	日　期	开盘价	最高价	最低价	收盘价
2015-11-17	12.41	12.7	12.36	12.5	2015-12-17	11.97	12.14	11.96	12.07
2015-11-18	12.46	12.7	12.31	12.42	2015-12-18	12.03	12.55	12.02	12.23
2015-11-19	12.4	12.51	12.33	12.5	2015-12-21	12.14	12.72	12.11	12.51
2015-11-20	12.5	12.59	12.42	12.55	2015-12-22	12.5	12.62	12.38	12.43
2015-11-23	12.55	12.6	12.38	12.45	2015-12-23	12.47	12.78	12.4	12.48
2015-11-24	12.41	12.45	12.16	12.28	2015-12-24	12.46	12.56	12.24	12.34
2015-11-25	12.21	12.37	12.17	12.32	2015-12-25	12.38	12.47	12.33	12.41
2015-11-26	12.36	12.38	12.2	12.23	2015-12-28	12.43	12.46	11.98	11.98
2015-11-27	12.18	12.2	11.53	11.73	2015-12-29	11.99	12.1	11.97	12.09
2015-11-30	11.72	11.87	11.5	11.74	2015-12-30	12.09	12.11	11.95	12.1
2015-12-01	11.7	11.86	11.51	11.75	2015-12-31	12.1	12.13	11.98	11.99

19.2　实验目的

了解和掌握神经网络的基本原理，包括前向传播、反向传播等算法，以及网络的训练和优化方法。

熟悉基本的建模仿真软件（如 MATLAB、Python 等）的操作和使用，以便进行股票开盘价预测的仿真实验。

通过仿真实验，进一步理解和掌握神经网络在金融领域中的应用，特别是在股票市场中的预测和决策支持方面。

19.3　预备知识

在进行本实验之前，我们需要掌握以下预备知识：

统计学相关知识：包括时间序列分析、回归分析等，以便对股票数据进行分析和预处理。

神经网络相关知识：包括多层感知器、激活函数、损失函数等，以便进行股票开盘价预测模型的建立和训练。

金融市场相关知识：包括股票交易规则、市场影响因素等，以便理解股票市场的特点和规律。

19.4　实验内容与要求

BP 神经网络通过对以往历史数据的学习，找出数据的变化趋势之间的非线性关系，并将其存储在网络具体的权值和阈值中，从而预测未来数据的走势。

$$X_{n+m+k} = f(X_n, X_{n+1}, \cdots, X_{n+m})$$

用神经网络进行预测，即用神经网络通过一组数据点 X_n，X_{n+1}，$\cdots$，X_{n+m} 来拟合函数 f，得出未来 $n + m + k$ （$k>1$）时刻数据的预测值。

（1）试用 BP 神经网络对股票开盘价进行仿真预测。

（2）多指标的股票开盘价预测。

根据 2015 年 11 月 2 日至 12 月 31 日平安银行股票的开盘价、最高价、最低价和收盘价数据，试用 BP 神经网络对股票开盘价进行仿真预测。主要指标有开盘价、最高价、最低价、收盘价。用前一期的开盘价、最高价、最低价、收盘价作为输入变量，后一期开盘价作为输出变量，然后用 BP 神经网络模型进行预测。

19.5　神经网络模型预测股价问题解析

19.5.1　问题分析与建立模型

一、神经网络基本理论

人工神经网络（Artificial Neural Network，ANN），是由大量处理单元（神经元 Neurons）广泛互连而成的网络，由分布于若干层的节点组成。每个单节点都有自己的输入值、权重、求和与激活函数以及输出值，在处理之前，数据被分为训练数据集（Training Data Set）和测试数据集（Testing Data Set），然后将权重或输入，指派到第一层的每一个节点。每次重复时，系统处理输入，并与实际值相比较，得到度量后的误差，并反馈给系统，调整权重。大多数情形下，调整后的权重都能更好地预测实际值。当达到预定义的最小误差水平时，处理结束。

BP（Back-Propagation）网络是一种多层网络的"逆推"学习算法。其基本思想是：学习过程由信号的正向传播与误差的反向传播组成。

正向传播时，输入样本从输入层传入，经隐层逐层处理后传向输出层。若输出层的实际输出与期望输出不符，则转向误差的反向传播阶段。

误差的反向传播是将输出误差以某种形式通过隐层向输入层逐层反传，并将误差分摊给各层的所有单元，从而获得各层单元的误差信号，此误差信号即作为修正各单元权值的依据。

这种信号正向传播与误差反向传播的各层权值调整过程是周而复始地进行的。权值不断调整的过程，也就是网络的学习训练过程。此过程一直进行到网络输出的误差减少到可以接受的程度，或进行到预先设定的学习次数为止。

BP 网络是一种单向传播的多层前向网络，具有三层或三层以上的神经网络，包括输入层、中间层（隐层）和输出层。上下层之间实现全连接，每一层神经元之间无连接。

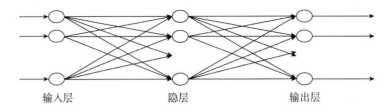

输入层　　　　　　　　隐层　　　　　　　　输出层

二、传递函数或激活函数

一般输入层和隐层的传递函数是 S 形函数(logsig)

$$f(x) = \frac{1}{1 + e^{-x}}$$

正切 S 形函数(tansig)

$$f(x) = \frac{1 - e^{-x}}{1 + e^{-x}}$$

输出层的是线性函数, 用 purelin 表示。

三、模拟过程

网络通过对已知信息的反复学习训练, 运用根据误差来逐步调整与改变神经元连接权重和神经元阈值的方法, 使得相似的输入有相似的输出, 从而达到处理信息、模拟输入输出关系的目的。

(1)读入样本、设定初始权值和阈值;

(2)设定参数;

(3)计算隐层输出;

(4)计算输出层输出;

(5)计算输出值与期望值的误差;

(6)判断误差是否小于设定值, 是则结束;

(7)调整隐层到输出层的权值和阈值;

(8)调整输入层到隐层的权值和阈值;

(9)返回计算隐层输出。

四、学习过程

(1)读入样本;

(2)数据处理;

(3)创建网络;

(4)设定参数;

(5)训练网络;

(6)模拟输出;

(7)调整参数: 学习速率、动量系数、训练次数、误差精度等;

(8)仿真预测: 网络固定, 输入新的样本集, 模拟输出。

五、BP 神经网络预测

BP 神经网络通过对以往历史数据的学习，找出数据的变化趋势之间的非线性关系，并将其存储在网络具体的权值和阈值中，从而预测未来数据的走势。

$$X_{n+m+k} = f(X_n, X_{n+1}, \cdots, X_{n+m})$$

用神经网络进行预测，即用神经网络通过一组数据点 X_n，X_{n+1}，$\cdots$，X_{n+m} 来拟合函数 f，得出未来 $n+m+k$（$k>1$）时刻数据的预测值。

单步预测：

当 $k=1$ 时，且网络的所有输入数据都是时间序列的实际观测值时所做的预测就是单步预测。在进行预测时，把实际的时序观测值 X_n，X_{n+1}，$\cdots$，X_{n+m}，输入网络，输出是下一时刻的预测值 X'_{m+m+1}。若要继续对 X_{n+m+2} 的值进行预测，则用实际观测值 X_{n+1}，X_{n+2}，$\cdots$，X_{n+m+1} 作为输入数据，得到预测值 $X'_{(n+m+2)}$。

多步预测：

当 $k>l$ 时，网络输入 m 个历史数据，输出 X_{n+m+1}，X_{n+m+2}，$\cdots$，X_{n+m+k} 的预测值。多步预测用于股票价格预测误差较大。这是因为在网络运行调整权值和阈值时，每次迭代都要累加前一次 k 个预测值的误差，从而造成网络难以收敛的情况，甚至导致网络发生振荡。

滚动预测：

滚动预测，又可称为迭代一步预测，是先进行单步预测，再将网络输出的预测值反馈给网络输入端作为输入的一部分，用于下一步的预测。若开始预测时输入数据是实际的时序观测值 X_n，X_{n+1}，$\cdots$，X_{n+m}，输出是下一时刻的预测值 X'_{n+m+1}。将 X'_{n+m+1} 与 X_n，X_{n+1}，$\cdots$，X_{n+m} 一起作为输入数据对 X_{n+m+2} 项进行估计，得到输出的预测值 X'_{n+m+2}。如此反复迭代，就得到对未来一段时期的预测值。

六、BP 神经网络的 MATLAB 函数

1. 数据的预处理和后处理

数据的预处理和后处理是有效训练神经网络的关键步骤，直接影响到训练后神经网络的性能。常见的方法是将原始数据进行归一化处理，即通过一定的线性变换将输入和输出数据统一限制在[0，1]或[-1，1]区间内。利用 premnmx 或 prestd 函数可以对输入和目标数据集进行归一化处理，使其落入[-1，1]区间。

格式：[Pn，minp，maxp]=premnmx(P)

　　　　[Pn，minp，maxp，Tn，mint，maxt]=premnmx(P，T)

说明：premnmx 函数用于对网络的输入数据或目标数据进行归一化，归一化后的数据将分布在[-1，1]区间内。归一化公式为：

Pn=2*(P-minp)/(maxp-minp)-1

Tn=2*(T-mint)/(maxt-mint)-1

其中，P 为原始输入数据，maxp 和 minp 分别是 P 中的最大值和最小值，Pn 为归一化后的输入数据。T 是原始目标数据，maxt 和 mint 分别是 T 的最大值和最小值，Tn 是归一化后的目标数据。

格式：[P，T]=postmnmx(Pn，minp，maxp，Tn，mint，maxt)

说明：Postmnmx 函数可将 premnmx 函数所归一化数据进行反归一化处理。

P = 0.5 * (Pn+1) * (maxp-minp) + minp

T = 0.5 * (Tn+1) * (maxt-mint) + mint

将输入数据或目标数据转化为区间[0，1]的归一化处理公式为：

Pn = (P-minp)/(maxp-minp)

Tn = (T-mint)/(maxt-mint)

其对应的反归一化处理公式

$$P = Pn * (maxp-minp) + minp$$

$$T = Tn * (maxt-mint) + mint$$

2. 创建网络

(1) newff 函数：用来建立一个前馈 BP 网络。

格式：net = newff(PR, SN, TF, BTF, BLF, PF)；

说明：PR 表示由每组输入(共 P 组)元素的最大值和最小值组成的 P×2 维矩阵，或用函数 minmax(P)表示。

SN：表示网络隐层和输出层神经元的个数。

TF：表示网络隐层和输出层的传递函数，tansig(默认)，logsig，purelin。

BTF：表示网络的训练函数。普通训练 traingdm：需设定学习速率、动量系数，快速训练 trainlm(默认)。

BLF：表示网络权值学习函数，learngdf(默认)。

PF：表示网络性能函数，mse(默认)，网络输出和目标输出的均方误差。

3. 设定参数

net = init(net)，初始化网络权值和阈值(可不设定)。

net. trainparam. show = 训练状态的显示幅度(默认 25)。

net. trainparam. lr = 学习速率(权值阈值的调整幅度)。

net. trainparam. mc = 动量系数(权阈值改变的重复度)。

net. trainparam. epochs = 训练次数(默认 100)。

net. trainparam. goal = 误差精度(默认 0)。

net. trainparam. time = 训练秒数(可不选)。

4. 训练网络

格式：[net, tr] = train(net, P, T)

说明：P 为输入样本矢量集；T 为对应的目标样本矢量集：等号左右两侧的 net 分别用于表示训练得到和训练以前的神经网络对象；tr 存储训练过程中的步数信息和误差信息，并给出网络误差实时变化曲线。

5. BP 神经网络的仿真

格式：[Y, Pf, Af, E, perf] = sim(net, P, Pi, Ai, T)

说明：输入 net 为神经网络对象，P 为网络输入，Pi 为输入延迟的初始状态，Ai 为层延迟的初始状态，T 为目标矢量，Y 为网络输出，Pf 为训练终止时的输入延迟状态，Af 为训练终止时的层延迟状态，E 为输出和目标矢量之间的误差，perf 为网络性能值。

6. 模拟输出

图形输出：plot(横坐标，纵坐标，'参数')。

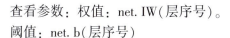

查看参数：权值：net. IW(层序号)。

阈值：net. b(层序号)

19.5.2　模型求解及代码实现

MATLAB 程序如下：

```
X=[11. 27,11. 32,11. 1,11. 14;
11. 15,11. 21,11. 01,11. 05;
11. 08,11. 7,11. 05,11. 69;
11. 6,12. 57,11. 55,12. 07;
12. 02,12. 41,11. 92,12. 39;
12. 5,13. 38,12. 46,12. 94;
12. 8,13. 07,12. 61,12. 75;
12. 7,12. 78,12. 38,12. 55;
12. 6,12. 65,12. 28,12. 4;
12. 22,12. 48,12. 19,12. 24;
12. 13,12. 39,12. 09,12. 34;
12. 41,12. 7,12. 36,12. 5;
12. 46,12. 7,12. 31,12. 42;
12. 4,12. 51,12. 33,12. 5;
12. 5,12. 59,12. 42,12. 55;
12. 55,12. 6,12. 38,12. 45;
12. 41,12. 45,12. 16,12. 28;
12. 21,12. 37,12. 17,12. 32;
12. 36,12. 38,12. 2,12. 23;
12. 18,12. 2,11. 53,11. 73;
11. 72,11. 87,11. 5,11. 74;
11. 7,11. 86,11. 51,11. 75;
11. 7,12. 64,11. 66,12. 51;
12. 39,12. 75,12. 25,12. 45;
12. 31,12. 38,12. 08,12. 12;
12. 18,12. 25,12. 04,12. 15;
12. 07,12. 09,11. 9,11. 96;
11. 92,12. 12,11. 9,11. 99;
11. 95,12. 14,11. 91,11. 96;
11. 91,11. 92,11. 73,11. 83;
11. 73,12. 11,11. 71,12. 07;
12. 03,12. 09,11. 86,11. 92;
11. 98,12. 01,11. 88,11. 89;
11. 97,12. 14,11. 96,12. 07;
12. 03,12. 55,12. 02,12. 23;
12. 14,12. 72,12. 11,12. 51;
12. 5,12. 62,12. 38,12. 43;
```

```
12. 47,12. 78,12. 4,12. 48;
12. 46,12. 56,12. 24,12. 34;
12. 38,12. 47,12. 33,12. 41;
12. 43,12. 46,11. 98,11. 98;
11. 99,12. 1,11. 97,12. 09;
12. 09,12. 11,11. 95,12. 1;
12. 1,12. 13,11. 98,11. 99];
[m,n]=size(X);          %44 行、4 列
ts=X(2:m,1);            % 第一列开盘价数据作为输出目标,从第二行开始取,直到最后一行
tsx=X(1:m- 1,:);        % 全部四列数据都作为输入变量,从第一行开始,最后一行不取
% 数据预处理
TS = ts';               % 将列转成行,神经网络要求按行输入数据
TSX = tsx';
[Pn1,minp1,maxp1]=premnmx(TS)      % 对 TS 归一化
[Pn2,minp2,maxp2]=premnmx(TSX)     % 对 TSX 归一化
rand(' state' ,0);                 % 保证每次仿真结果都相同
PR=[- 1,1;- 1,1;- 1,1;- 1,1];      % 与四个输入指标个数对应
% 创建网络,设定参数
net=newff(PR,[8,1],{' tansig' ,' purelin' },' traingdx' ,' learngdm' ,' mse' )
net. trainparam. show=50;
net. trainparam. lr=0. 1;
net. trainparam. mc=0. 9;
net. trainparam. epochs=15000;
net. trainparam. goal=0. 0001;
net=init(net);
% 训练网络
net=train(net,Pn2(:,1:40),Pn1(1:40));     % 选取训练样本 1~40 个
% 仿真预测
test=Pn2(:,35:43);                % 测试样本 9 个(包含训练用过的 6 个)
Y=sim(net,test)                   % Pn1 的预测值
% Pn1 的预测值
% 反归一化处理
P=postmnmx(Y,minp1,maxp1)         % 原始数据 X 的预测值
% 误差大小
e=(X(36:44,1)- P). /X(36:44,1)    % 相对误差
res=norm(e)%% 显示相对误差的整个网络误差
% 画出每日开盘数预测图
figure(1)
t=36:44
plot(t' ,X(36:44,1),' - +' ,t,P,' o' )
xlabel(' 交易日天数' )
ylabel(' 价格' )
```

（2）计算结果：

运行结果见图 19-1、图 19-2、图 19-3。

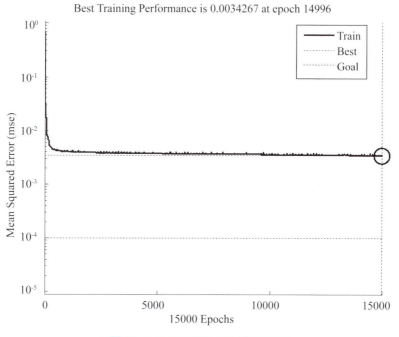

图 **19-1**　**best training performance**

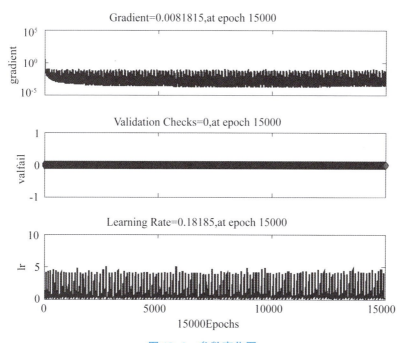

图 **19-2**　参数变化图

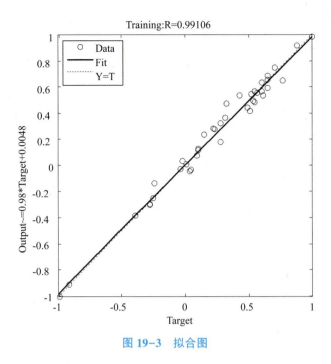

图 19-3　拟合图

Python 程序如下：

```python
import pandas as pd
file_path = r' E:\经济模型与实验特色课程网站\书稿 2023.2.2\stock.xlsx'   # r 对路径进行转义,
windows 需要
raw_data = pd. read_excel(file_path,header=0)   # header=0 表示第一行是表头,就自动去除了
% matplotlib inline
import numpy as np
from matplotlib import pyplot as plt
data = raw_data. values


ratio = 0. 8
offset = int(data. shape[0]*ratio)
data_slice = data[:offset]


# 计算 train 数据集的最大值、最小值和平均值
maximums, mininums,avgs = data_slice. max(axis=0), data_slice. min(axis=0), data_slice. sum(axis=0) / data_slice. shape[0]


# 对数据进行归一化处理
for i in range(4):
    # print(maximums[i], mininums[i], avgs[i])
    data[:,i] = (data[:,i] - avgs[i]) / (maximums[i] - mininums[i])


# 训练集和测试集的划分比例
```

```python
# ratio = 0.8
train_data = data[ :offset]
test_data = data[offset: ]
class NetWork(object):
    def _init_(self, num_of_weights):
        # 随机产生 w 的初始值
        # 为了保持程序每次运行结果的一致性,此处设置了固定的随机数种子
        np.random.seed(0)
        self.w = np.random.randn(num_of_weights, 1)
        self.b = 0
    def forward(self, x):
        z = np.dot(x, self.w) + self.b
        return z
    def loss(self, z, y):
        error = z- y
        cost = error*error
        cost = np.mean(cost)
        return cost
    def gradient(self,x, y):
        z = self.forward(x)
        gradient_w = (z- y)*x
        gradient_w = np.mean(gradient_w, axis=0)         # axis=0 表示把每一行做相加然后再除
以总的行数
        gradient_w = gradient_w[ :, np.newaxis]
        gradient_b = (z- y)
        gradient_b = np.mean(gradient_b)
        # 此处 b 是一个数值,所以可以直接用 np.mean 得到一个标量(scalar)
        return gradient_w, gradient_b
    def update(self, gradient_w, gradient_b, eta=0.01):        # eta 代表学习率,是控制每次参数值变动
的大小,即移动步长,又称为学习率
        self.w = self.w- eta*gradient_w         # 相减:参数向梯度的反方向移动
        self.b = self.b- eta*gradient_b
    def train(self, x, y, iterations=1000, eta=0.01):
        losses = [ ]
        for i in range(iterations):
            # 四步法
            z = self.forward(x)
            L = self.loss(z, y)
            gradient_w, gradient_b = self.gradient(x, y)
            self.update(gradient_w, gradient_b, eta)
            losses.append(L)
            if (i + 1)% 50 == 0:
                print(' iter {}, loss {}'.format(i, L))
        return losses
```

```python
# 获取数据
train_data, test_data = train_data, test_data
print(train_data. shape)
x = train_data[ :, :-1]
y = train_data[ :,-1:]
# 创建网络
c=test_data[ :,:-1]
net = NetWork(3)
T = NetWork(3). forward(c)
num_iterations = 2000
# 启动训练
losses = net. train(x,y,iterations=num_iterations, eta=0. 01)
# 画出损失函数的变化趋势,见图 19-4
plot_x = np. arange(num_iterations)
plot_y = np. array(losses)
plt. plot(plot_x, plot_y)
plt. show()
b=test_data[ :,-1 :]
m=np. arange( len(c))
import numpy as np
import matplotlib. pyplot as plt
#正确显示中文和负号
plt. rcParams[ ' font. sans- serif ' ] =[ ' SimHei ' ]
plt. rcParams[ ' axes. unicode_minus' ] =False
# 设置画布大小
plt. figure(figsize=(9, 5))
# plot 画 x 与 y 和 x 与 z 的关系图
plt. plot(m, b,label="真实值")
plt. plot(m, T,label="预测值")
plt. legend()
```

(2)计算结果：

(35，4)

iter 49，loss 0. 26636546781000414

iter 99，loss 0. 23279792740956254

iter 149，loss 0. 20378914875047874

iter 199，loss 0. 17871740933219638

iter 249，loss 0. 1570458001930208

iter 299，loss 0. 13831065568749654

iter 349，loss 0. 12211156166998705

iter 399，loss 0. 1081027267587478

iter 449，loss 0. 09598553072946323

iter 499，loss 0. 08550208945459088

iter 549，loss 0. 07642969771163897

iter 599，loss 0.06857603010175897

iter 649，loss 0.06177499665746839

iter 699，loss 0.05588316382700912

iter 749，loss 0.05077666370682929

iter 799，loss 0.046348524915525435

iter 849，loss 0.04250636758904242

iter 899，loss 0.039170412823820014

iter 949，loss 0.03627176367098954

iter 999，loss 0.0337509206367091 34

iter 1049，loss 0.03155649969738073

iter 1099，loss 0.02964412520272949

iter 1149，loss 0.027975473808596763

iter 1199，loss 0.026517448836018323

iter 1249，loss 0.02524146726387457

iter 1299，loss 0.024122843989674864

iter 1349，loss 0.023140260089186848

iter 1399，loss 0.0222753036158147

iter 1449，loss 0.02151207304387616

iter 1499，loss 0.02083683480991719

iter 1549，loss 0.020237727572027152

iter 1599，loss 0.019704506813899625

iter 1649，loss 0.019228324289821856

iter 1699，loss 0.0188015375576044

iter 1749，loss 0.01841754549486439

iter 1799，loss 0.018070646254021754

iter 1849，loss 0.017755914594926873

iter 1899，loss 0.01746909595163003

iter 1949，loss 0.017206514950426778

iter 1999，loss 0.016964996407741545

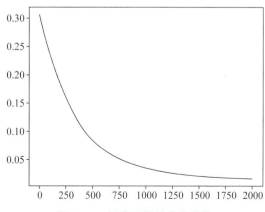

图 19-4　损失函数的变化趋势

图 19-5 用了归一化的数据，整体上看趋势是一致的，但由于数据量不大，整体上预测得不是很好；可以加入更多影响股价因素，这样测测效果会更好。

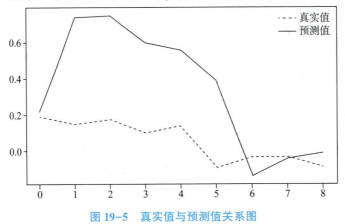

图 19-5　真实值与预测值关系图

19.6　思考与练习

1. 网上收集 2021 年 1 月 4 日至 2022 年 12 月 30 日平安银行股票的开盘价、最高价、最低价和收盘价数据，试用 BP 神经网络对股票开盘价进行仿真预测。

2. 试比较神经网络模型不同算法的优劣。

第 20 章　股票期权定价问题

20.1　问题

第二次世界大战结束后，战胜国们商量着成立一个处理世界事务的联合国，但联合国安在哪儿没有着落，这是一个千载难逢的好机会。美国的洛克菲勒家族闻讯马上在纽约买下一块地皮，无条件地捐赠给联合国，在买下这块地皮的同时，洛克菲勒家族还将与这块地皮比邻的地皮全部买下来。联合国大楼建成后，四周的地价立即飙升起来，洛克菲勒家族送给联合国的地皮时价为 870 万美元，而它的回报却不知有多少个 870 万美元。因此，在今天的金融市场，到处充满机会，估计并计算机会的价值有着十分重要的意义。

在世界大多数证券市场上，有一种期权（option）的交易。例如，某种股票的现价为 $S=42$ 美元，该股票的年波动率 $S=20\%$，市场的无风险年利率 $r=10\%$；若客户希望拥有在六个月即半年后以约定价格 $X=40$（美元）购进这种股票的权利，而且届时他也可以放弃这种权利。试问：为拥有这种购买的选择权，客户该付多少钱？换言之，这种期权的价格为多少？

20.2　实验目的

了解期权交易的概念和基本知识，包括期权的定义、特点和功能，以及期权交易的基本流程和市场规则。

熟悉二叉树方法在期权定价中的应用，了解离散数学模型在期权定价问题中的作用，以便进行期权价格的计算和分析。

通过实验和计算，探索期权定价中的最佳机会价值，了解如何评估和决策期权交易，以及如何利用期权进行风险管理和投资组合优化。

20.3　预备知识

在进行本实验之前，我们需要掌握以下预备知识：

股票期权相关知识：包括期权的基本概念、类型和交易策略，以便理解期权交易的基本原理和市场规则。

Black–Scholes 公式和二叉树方法：作为期权定价的常用模型和计算工具，需要了解其原理、假设和应用范围，以便进行期权价格的计算和分析。

期货市场的基本知识：包括期货合约、交易规则和交割方式，以便理解期权交易在金融市场中的定价和风险管理，以及期货与期权的关系和套利策略。

本实验涉及期货的概念和知识，二叉树(Binomial tree)方法。了解期权定价问题的一个离散数学模型。通过实验与计算，找到最佳机会价值。

20.4　实验内容与要求

1. 了解和计算简单二项式模型的机会价值。

2. 了解和计算两期二项式模型的机会价值。

3. 进一步，由于股票价格的变动是按月、按星期、按天、按小时变化的，当时间步长 $\Delta t \rightarrow 0$ 时，求以上情形的极限。

20.5　股票期权定价问题解析

20.5.1　问题分析与建立模型

期权是一种选择权。期权持有者拥有在约定期限以约定价格向期权提供者购买或售出某种资产的权利，而且期权持有者可以选择执行或不执行这种权利。对应购买和售出，期权分别称为看涨期权(Call Option)和看跌期权(Put Option)。另外，期权的执行也有两种类型：只能在期满日执行的称为欧式(European)期权，可以在期满日及之前执行的称为美式(American)期权，显然上述讨论的股票是欧式看涨期权。

无风险利率：国有银行的利率可以认为是无风险利率。比如投资人将 100 元存入银行，无风险利率为 0.12，不管银行如何处理这些钱，也不管银行是赔是赚，一年后，银行必须连本带利还给投资人 112 元。因此，这种行为对投资人而言，没有任何风险，故称无风险利率。

套利概念：简单地说就是年初投资者不用掏一分钱，但到年底却可以赚钱，这种情形就称为套利。比如当金融市场不健全时，A 银行的贷款利率为 0.10，而 B 银行的贷款利率为 0.12，则投资者年初从 A 银行借 100 元即存入 B 银行，到年底时，B 银行连本带利还投资者 112 元，但投资者还 A 银行贷款连本带利仅 110 元，投资者纯赚 2 元，这种情况就是套利。

　　某股票现行价格为 20 元，根据某些信息预知，一年后该股票的价格或者升到 30 元，或者下跌到 10 元，假设一年期间该公司股票不支付任何红利。现在有一个机会，可以签订一个合同，合同规定：购买该合同的一方在一年后有权以 22 元的协定价格购买一定数量的该公司的股票，但没有义务非购买不可。也就是说，一年后当股票价格上升为 30 元时，他可以只用 22 元购买，但是当股票价格下跌到 10 元时，他可以放弃购买（不赔钱，但损失购买机会合同的成本），问：合同的卖出方，如何给合同定价？

　　计算简单二项式模型的机会价值，将问题用示意图 20-1 表示：

图 20-1　二项式模型

　　显然，购买股票是不会获得稳定收益的。但如果投资者不买股票，而是将资金存入银行，他可以获得无风险利息。试想，如果无风险利率与风险资产的期望收益率不相等的话，无论是高于或低于期望收益率，都会存在套利机会。因此，在计算合约价值时，通常的办法是用无风险资产组合来复制机会合约，进而计算出机会合约的价值。

　　可以构造一种资产组合：一份空头机会合约和多头 k 股公司股票。首先计算机会合约在期末的价值。当股票上涨到 30 元时，机会合约值 30-22＝8 元；当股价下跌至 10 元时，低于协定价 22 元，放弃购买权利，机会合约价值为 0；由于不存在套利机会，故无论股价上升还是下跌，投资组合的价值应完全相等，即

$$30k-8=10k-0$$

　　得 $k=0.4$。即股价上升时，投资组合的价值＝30×0.4-8＝4。

　　股价下跌时，投资组合的价值＝10×0.4-0＝4。

　　表明：构造上述投资组合以后，无论股票价格是上涨还是下跌，投资者总可以获得不变的组合价值。即该投资组合的收益率应该等于将钱存入银行而获得的无风险利率，因此可以计算出将期末的 4 元折回到期初的价值为 $\frac{m}{1+r}=\frac{4}{1+0.12}=3.57$。

　　设期初机会合约价格为 f，则由资产组合在期初的价值知：

$$3.57=20×k-f=20×0.4-f$$

　　所以 $f=4.43$。

　　这说明：在无套利条件下，该机会合约的价格为 4.43 元，它是一种均衡价格，当卖出合约的价格低于或高于该价格时，都会出现套利。人们常称机会合约为选择权即期权（options），也称为以股票为基础资产的衍生产品。

　　以上计算方法是从期末开始向期初倒推，称为后向式动态规划。

　　MATLAB 程序如下：

```
Mzy1. m(一期二项式方法计算 Call options)
clear;
S0=input(' 输入当前股票价格:');
```

```matlab
E=input(' 输入协定执行价格:');
u=input(' 输入上升比例 u:');
d=input(' 输入下降比例 d:');
r=input(' 输入无风险利率 r:');
if any(S0<=0|E<=0|r<0|u<=0|d<0|u<1+r|1+r<d)
    error(sprintf(' 输入 S0,E,u,d 和 r>0.
    输入 u>(1+r)>d. '))
    return
end
fu=max(u*S0- E,0);
fd=max(d*S0- E,0);
p=(1+r- d)/(u- d);
f=(p*fu+(1- p)*fd)/(1+r);
disp(' 所求的合约价值为:');
f
```

计算结果:

上例中,S=20;E=22;u=1.5;d=0.5;r=0.12,

也可以修改参数,观察结果的变化:

输入当前股票价格:20

输入协定执行价格:22

输入上升比例 u:1.5

输入下降比例 d:0.5

输入无风险利率 r:0.12

所求的合约价值为:

f =4.4286

Python 代码如下:

```python
S0=float(input(' 输入当前股票价格:'))
E=float(input(' 输入协定执行价格:'))
u=float(input(' 输入上升比例 u:'))
d=float(input(' 输入下降比例 d:'))
r=float(input(' 输入无风险利率 r:'))
if any([ S0<=0,E<=0,r<0,u<=0,d<0,u<1+r,1+r<d]):
    print(' error,请输入 S0,E,u,d 和 r>0. 输入 u>(1+r)>d. ')
fu=max(u*S0- E,0)
fd=max(d*S0- E,0)
p=(1+r- d)/(u- d)
f=(p*fu+(1- p)*fd)/(1+r)
print(' 所求的合约价值为:')
f
```

计算结果：

输入当前股票价格：20

输入协定执行价格：22

输入上升比例 u：1.5

输入下降比例 d：0.5

输入无风险利率 r：0.12

所求的合约价值为：

4.428571428571429

一般地，假设某股票的当前价格为 S，设当前时间为 $t=0$，期末时间为 $T=1$。在期末 T，股价的变化有以下两种可能：

一种是上升到 $u \cdot S$，另一种是下降到 $d \cdot S$，其中 $u>1$，$0<d<1$。假设无风险利率为 r，机会合约的协定购买价格为 E，市场无套利机会，fu 与 fd 表示机会合约的价值，利用后向倒推动态规划方法：

构造资产组合：一份空头机会合约和多头 K 股公司股票，首先计算机会合约在期末的价值。当股票上涨到 30 元的时候，机会合约价值 $30-22=8$ 元。当股票下跌至 10 元时，低于协定价格 22 元，放弃购买机会，机会合约价值为 0。由于不存在套利机会，故无论股价上升还是下降，投资组合的价值应该完全相等，即 $30k-8=10k-0$，得 $k=0.4$。即股价上市时，投资组合的价值为 4；下跌时，投资组合的价值为 4。计算期末的 4 元折回到期初的价值为 $\frac{m}{1+4} = \frac{4}{1+0.12} = 3.57$。设期初机会合约价格为 f，则由资产组合在期初的价值知：$3.57 = 20*k-f = 20*0.4-f$，得 $f=4.43$。

由于 $pu+(1-p)d=1+r$，得，$p = \frac{1+r-d}{u-d}$，当 $t=0$ 时，

$$f = \frac{fup + fd(1-p)}{1+r} = \frac{0.62*11.01 + 0.38*0}{1+0.12} = 6.13$$

20.5.2　模型求解及代码实现

1.

```
S0=20
E=22
U=1.5
D=0.5
R=0.12
if any (S0<=0|E<=0|R<0|U<=0|D<0|U<1+R|1+R<D)
error(sprintf(20,22,1.5,0.5,0.12>0,1.5>(1+0.12)>0.5))
return
end
fU=max(U*S0-E,0)
fD=max(D*S0-E,0)
P=(1+R-D)/(U-D)
```

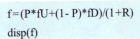

```
f=(P*fU+(1- P)*fD)/(1+R)
disp(f)
```

2.

```
S0=20
E=25
U=1. 5
D=0. 5
R=0. 12
if any (S0<=0|E<=0|R<0|U<=0|D<0|U<1+R|1+R<D)
error(sprintf(20,25,1. 5,0. 5,0. 12>0,1. 5>(1+0. 12)>0. 5))
return
end
fUU=max(U*U*S0- E,0)
fUD=max(U*D*S0- E,0)
fDD=max(D*D*S0- E,0)
P=(1+R- D)/(U- D)
fU=(P*fUU+(1- P)*fUD)/(1+R)
fD=(P*fUD+(1- P)*fDD)/(1+R)
f=(P*fU+(1- P)*fD)/(1+R)
disp(f)
```

（1）期末：上升时 $f_u = u \cdot S - E$；下降时 $f_d = \max(d \cdot S - E,\ 0)$。

（2）构造资产组合：一份空头机会合约，k 股公司股票，为保证资产组合有确定的收益，有

$$u \cdot S \cdot k - f_u = d \cdot S \cdot k - f_d$$

解得：$k = \dfrac{f_u - f_d}{(u - d)S}$。

（3）在无套利的情况下，倒推折现到 t 期有资产组合价值：

$$Sk - f = \frac{uSk - f_u}{(1 + r)^{T-t}} = \frac{uSk - f_u}{1 + r} \ \text{或} \ = \frac{dSk - f_d}{(1 + r)^{T-t}} = \frac{dSk - f_d}{1 + r}, \ \ \text{其中 } T-t=1$$

将 k 代入解出 f 得：

$$f = Sk + \frac{f_u - uSk}{1 + r} = \left(S - \frac{uS}{1 + r}\right)k + \frac{f_u}{1 + r} = \left(1 - \frac{u}{1 + r}\right)\frac{f_u - f_d}{u - d} + \frac{f_u}{1 + r}$$

$$= \frac{1 + r - d - (u - d)}{u - d} \cdot \frac{f_u - f_d}{1 + r} + \frac{f_u}{1 + r} = \frac{f_u}{1 + r} \cdot \frac{1 + r - d}{u - d} + \frac{f_d}{1 + r}\left(1 - \frac{1 + r - d}{u - d}\right)$$

$$= \frac{f_u p + f_d (1 - p)}{(1 + r)}$$

其中 $p = \dfrac{1 + r - d}{u - d}$，而 $f_u p + f_d(1 - p)$ 恰好是期末的期望收益，且期望收益的折现（除以折现因子 $1+r$）正好是机会合约的价值，其中 p 称为风险中性概率。

计算两期二项式模型的机会价值

在上述简单二项式模型机会价值的计算过程中，$u=1.5$，$d=0.5$。现假设某股票价格仍为 20 元，每一步上升、下降的幅度不变，且时间步长为一年，年无风险利率为 12%。如果有一个购买该股票的机会合约，规定投资者在第二期（2 年后）有权以 25 元的协定价购买该公司的股票，在不存在套利机会时，试确定该机会合约的当前价格。

分析如下：

类似简单二项式模型的机会价值，可以画出两期二项式模型的股价上升、下降示意图（图 20-2）。

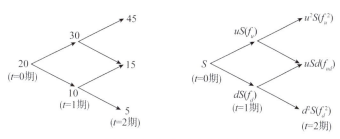

图 20-2　两期二项式模型

在 $t=0$ 时，$S=20$，根据 $u=1.5$，$d=0.5$，则 $t=1$ 时，$uS=1.5\times20=30$，$dS=0.5\times20=10$；$t=2$ 时，$u(uS)=u^2S=45$，$d(uS)=u(dS)=15$，$d(dS)=d^2S=5$。

按照倒推动态规划方法

（1）期末 $t=2$ 时，合约的价值：

$$f_{u^2}=\max(u^2S-E,\ 0)=\max(45-25,\ 0)=20,$$
$$f_{ud}=\max(udS-E,\ 0)=\max(15-25,\ 0)=0,$$
$$f_{d^2}=\max(d^2S-E,\ 0)=\max(5-25,\ 0)=0,$$
$$p=\frac{1+r-d}{u-d}=\frac{1+0.12-0.5}{1.5-0.5}=0.62,\quad 1-p=0.38。$$

（2）期中 $t=1$ 时，合约的价值：

$$f_u=\frac{f_{u^2}p+f_{ud}(1-p)}{(1+r)}=\frac{0.622\times20+0.38\times0}{1+0.12}=11.07$$
$$f_d=\frac{f_{ud}p+f_{d^2}(1-p)}{(1+r)}=0$$

（3）$t=0$ 时，合约的价值：

$$f=\frac{f_up+f_d(1-p)}{(1+r)}=\frac{0.62\times11.01+0.38\times0}{1+0.12}=6.13$$

将协定价记为 $E=25$，计算结果表明该机会合约期初值 6.13 元。

MATLAB 程序如下：

```
Mzy2. m(二期二项式方法计算 Call options)
S0=input(' 输入当前股票价格:' );
E=input(' 输入协定执行价格:' );
u=input(' 输入上升比例 u:' );
```

```
d=input(' 输入下降比例 d:');
r=input(' 输入无风险利率 r:');
if any(S0<=0|E<=0|r<0|u<=0|d<0|u<1+r|1+r<d)
    error(sprintf(' 输入 S,E,u,d 和 r>0. 输入 u>
                    (1+r)>d.'))

    return
end
fuu=max(u*u*S0- E,0);
fud=max(u*d*S0- E,0);
fdd=max(d*d*S0- E,0);
p=(1+r- d)/(u- d);
fu=(p*fuu+(1- p)*fud)/(1+r);
fd=(p*fud+(1- p)*fdd)/(1+r);
f=(p*fu+(1- p)*fd)/(1+r);
disp(' 所求的合约价值为:');f
```

计算结果:
输入当前股票价格: 20
输入协定执行价格: 25
输入上升比例 u: >> 1.5
输入下降比例 d: >> 0.5
输入无风险利率 r: 0.12
所求的合约价值为:
f =
    6.1288
Python 程序如下:

```
S0=float(input(' 输入当前股票价格:'))
E=float(input(' 输入协定执行价格:'))
u=float(input(' 输入上升比例 u:'))
d=float(input(' 输入下降比例 d:'))
r=float(input(' 输入无风险利率 r:'))
if any([ S0<=0,E<=0,r<0,u<=0,d<0,u<1+r,1+r<d]):
    print(' error,请输入 S0,E,u,d 和 r>0. 输入 u>(1+r)>d.')
fuu=max(u*u*S0- E,0)
fud=max(u*d*S0- E,0)
fdd=max(d*d*S0- E,0)
p=(1+r- d)/(u- d)
fu=(p*fuu+(1- p)*fud)/(1+r)
fd=(p*fud+(1- p)*fdd)/(1+r)
f=(p*fu+(1- p)*fd)/(1+r)
print(' 所求的合约价值为:')
f
```

计算结果：

输入当前股票价格：20

输入协定执行价格：25

输入上升比例 u：1.5

输入下降比例 d：0.5

输入无风险利率 r：0.12

所求的合约价值为：

6.128826530612247

推广思考

由于股票的价格变动是按月、按星期、按天、按小时变化的，如果时间步长为 Δt，当 $\Delta t = 1$ 时表示时间步长为 1 年，那么当 $\Delta t \to 0$ 时，其极限会是什么呢？

我们观察一下两周期二项式模型，在 $t = 1$ 和 $t = 0$ 时合约的价值为：

$$f_u = \frac{f_{u^2}p + f_{ud}(1-p)}{(1+r)}$$

$$f_d = \frac{f_{ud}p + f_{d^2}(1-p)}{(1+r)}$$

$$f = \frac{f_u p + f_d(1-p)}{(1+r)}$$

将 f_u 和 f_d 代入 f，得：

$$f = \frac{p\dfrac{f_{u^2}p + f_{ud}(1-p)}{(1+r)} + (1-p)\dfrac{f_{ud}p + f_{d^2}(1-p)}{(1+r)}}{(1+r)} = \frac{p^2 f_{u^2} + 2p(1-p)f_{ud} + (1-p)^2 f_{d^2}}{(1+r)^2}$$

依此类推，当 $\dfrac{T-t}{\Delta t} = n = 3$ 时，三周期二项式模型当 r 为单周期无风险利率时，期初 $t = 0$ 时机会合约的价值：

$$f = \frac{p^3 f_{u^3} + 3p^2(1-p)f_{u^2d} + 3p(1-p)^2 f_{ud^2} + (1-p)^3 f_{d^3}}{(1+r)^3}$$

实际上，当 $\Delta t \to 0$ 时，$\dfrac{T-t}{\Delta t} = n = \infty$ 是一个 n 期二项式过程，用二项式展开可以计算出期初的机会价格 f。

一般地，我们假设股票的价格变化遵循几何布朗运动，即若 S 为股价，$\dfrac{ds}{s} = \mu dt + \sigma dz$ 其中，μ 是预期收益率，σ 是股票价格波动率。布朗运动的假设意味着随机微分项，$dz = \sqrt{dt}$，其中 $\varepsilon \sim N(0, 1)$，于是有 $\dfrac{\Delta s}{s} = \mu \Delta t + \sigma \varepsilon \sqrt{\Delta t}$。

这就表明了在时间 Δt 后，股票的收益率是随机量 ε 的线性函数，从而也是一个随机量，且依旧服从正态分布，其中期望值是 $\mu \Delta t$，方差是 $\sigma^2 \Delta t$，从而，$\dfrac{\Delta s}{s} \sim N(\mu \Delta t, \sigma^2 \Delta t)$。当市场为风险中性，即股票预期收益率 μ 等于无风险利率 r，故有 $\Delta s \sim N(rs\Delta t, \sigma^2 s^2 \Delta t)$。

同时，

$$Se^{r\Delta t} = pSu + (1-p)Sd$$

$$e^{r\Delta t} = pu + (1-p)d \tag{1}$$

$$D(Q) = E(Q^2) - [E(Q)]^2$$

利用方差公式

$$E(Q^2) = p(su)^2 + (1-p)(sd)^2$$

$$[E(Q)^2] = [psu + (1-p)(sd)]^2$$

于是，

$$\sigma^2 s^2 \Delta t = p(Su)^2 + (1-p)(sd)^2 - [psu + (1-p)sd]^2 \tag{2}$$

$$\sigma^2 \Delta t = pu^2 + (1-p)d^2 - [pu + (1-p)d]^2 \tag{3}$$

以及股价上涨和下跌应满足：$ud = 1$

由式(1)、(2)、(3)可以解出：

$$\mu = e^{\sigma\sqrt{\Delta t}}$$

$$d = u^{-1} = e^{-\sigma\sqrt{\Delta t}}$$

$$p = \frac{e^{r\Delta t} - d}{u - d}$$

例如，$n = 4$ 时的二项式股票价格图如图20-3所示。

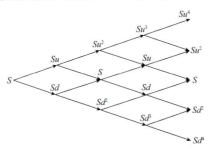

图 20-3　四期二项式股票价格图

例如，某种股票的现价为 $S = 42$ 元，该股票的年波动率 $\sigma = 0.2$，市场的无风险年利率 $r = 0.1$；若客户希望拥有在六个月（即 $T = 0.5$）后以约定价格 $X = 40$ 元购进该股票的权利，试问：为拥有这种购买的选择权，客户该付多少钱？即这种期权的价格为多少？

设 $T = 0.5$，$t = 0$，$n = 6$，$\dfrac{T-t}{\Delta t} = n$，$\Delta t = 0.0883$，用公式 $\mu = e^{\sigma\sqrt{\Delta t}} = \mu = e^{0.2\sqrt{\Delta t}} \approx 1.0594$，$d = u^{-1} = e^{-\sigma\sqrt{\Delta t}} \approx 0.9439$，$e^{r\Delta t} \approx 1.0084$，

$$p = \frac{e^{r\Delta t} - d}{u - d} \approx 0.5584,\ 1 - p = 1 - \frac{e^{r\Delta t} - d}{u - d} \approx 0.4416$$

图20-4是看涨期权的二叉树图，每个结点的上面数字是股票价格，比如 A 点的股价为：

C 点的股价为 $Su^2 d = Su = 42 \times 1.0594 \approx 44.49$ $Sud^4 = Sd^3 = 42 \times 0.94393 \approx 35.32$，同时结点下面的数字是期权价值，利用 $V = \max(S - X, 0)$ 和 $V = e^{-r\Delta t}[pV_u + (1-p)V_d]$ 计算，则 D 的期权价格是 47.14−40 = 7.14。

B 点的期权价格将从树图的末端开始向后倒推进行：

$$V = e^{-r\Delta t}[pV_u + (1-p)V_d] = e^{-0.1 \times 0.0883}(0.5584 \times 2 + 0.4416 \times 0) \approx 1.11$$

依次类推，最终我们得到初始点上的期权价值为4.83，也就是现时的期权定价。

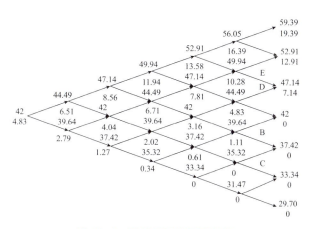

图 20-4　看涨期权的二叉树图

20.6　思考与练习

1. 某股票现行价格为 20 元，根据某些信息预知，一年后该股票的价格或者升到 30 元，或者下跌到 10 元，假设一年期间该公司股票不支付任何红利。现在有一个机会，可以签订一个合同，合同规定：购买该合同的一方在一年后有权以 22 元的协定价格购买一定数量的该公司的股票，但没有义务非购买不可。也就是说，一年后当股票价格上升为 30 元时，他可以只用 22 元购买，但是当股票价格下跌到 10 元时，他可以放弃购买(不赔钱，但损失购买机会合同的成本)，问：合同的卖出方，如何给合同定价？

2. 在上述简单二项式模型机会价值的计算过程中，$u = 1.5$，$d = 0.5$。现假设某股票价格仍为 20 元，每一步上升、下降的幅度不变，且时间步长为一年，年无风险利率为 12%。如果有一个购买该股票的机会合约，规定投资者在第二期(2 年后)有权以 25 元的协定价购买该公司的股票，在不存在套利机会时，试确定该机会合约的当前价格。

3. 进一步，由于股票价格的变动是按月、按星期、按天、按小时变化的，当时间步长 $\Delta t \to 0$ 时，以上情形的极限。

参 考 文 献

［1］William F. Lucas. 离散与系统模型［M］. 长沙：国防科技大学出版社，1996.

［2］William F. Lucas. 生命科学模型［M］. 长沙：国防科技大学出版社，1996.

［3］William F. Lucas. 生命科学模型［M］. 长沙：国防科技大学出版社，1996.

［4］William F. Lucas. 微分方程模型［M］. 长沙：国防科技大学出版社，1988.

［5］William F. Lucas. 政治及有关模型［M］. 长沙：国防科技大学出版社，1996.

［6］曾庆五. 保险精算技术［M］. 大连：东北财经大学出版社，2002.

［7］范淼，李超. Python 机器学习及实践［M］. 北京：清华大学出版社，2016.

［8］韩明，王家宝，李林. 数学实验：MATLAB 版［M］. 上海：同济大学出版社，2012.

［9］赫尔，等. 期权、期货和衍生证券［M］. 北京：华夏出版社，1997.

［10］洪毅. 经济数学模型［M］. 广州：华南理工大学出版社，1998.

［11］侯爱华，李元桢，费妮娜，等. 关于构建经济数学模型的探讨［J］. 生产力研究，2016（08）：14-16.

［12］胡良剑. 数学实验：使用 MATLAB［M］. 上海：上海科学技术出版社，2001.

［13］胡守信，李柏年. 基于 MATLAB 的数学实验［M］. 北京：科学出版社，2004.

［14］黄阿娜. 基于数学建模的经济金融优化模型［J］. 产业与科技论坛，2021，20（20）：39-40.

［15］江世宏. MATLAB 语言与数学实验［M］. 北京：科学出版社，2007.

［16］姜启源. 大学数学实验［M］. 北京：清华大学出版社，2005.

［17］靳旭东，方秀男. 浅谈数学建模在经济领域的应用［J］. 经济师，2020（07）：196+198.

［18］乐经良，向隆万，李世栋. 数学实验［M］. 2 版. 北京：高等教育出版社，2011.

［19］乐经良. 数学实验［M］. 北京：高等教育出版社，1999.

［20］李恒琦. 保险统计［M］. 成都：西南财经大学出版社，2003.

［21］李洪心. 经济数学模型［M］. 北京：中国财政经济出版社，1998.

［22］李继成. 数学实验［M］. 2 版. 北京：高等教育出版社，2014.

［23］李继玲，沈跃云，韩鑫. 数学实验基础［M］. 北京：清华大学出版社，2004.

［24］李军. 经济模型基础理论与应用［M］. 北京：中国社会科学出版社，2006.

［25］李尚志，陈发来，张韵华. 数学实验［M］. 北京：高等教育出版社，2006.

［26］李少猛，赵玉庆，等. 基金最佳使用计划［J］. 工程数学学报，2002。

［27］李璇，刘学智. 数学建模在经济活动中的应用分析［J］. 经济研究导刊，2021（33）：122-124.

［28］刘卫国. Python 语言程序设计［M］. 北京：电子工业出版社，2016.

[29]刘占国．利息理论[M]．北京：中国财政经济出版社，2006．

[30]路一凡，潘敏．会计金融经济领域数学建模能力培养及提升的探讨[J]．国际商务财会，2017(02)：74-78．

[31]罗伯特·S. 平狄克，丹尼尔·L. 鲁宾费尔德．计量经济模型与经济预测[M]．4 版．北京：机械工业出版社，1999．

[32]饶友玲．经管财金建模方法及应用：数学模型化[M]．北京：清华大学出版社，2005．

[33]申大维，美国数学及其应用联合会．数学的原理与实践[M]．北京：高等教育出版社，1998．

[34]司守奎，孙玺菁．Python 数学实验与建模[M]．北京：科学出版社，2020．

[35]孙祥．MATLAB 7.0 基础教程[M]．北京：清华大学出版社，2005．

[36]田润泽．基于多种机器学习算法的波士顿房价预测[J]．中国新通信，2019，21(11)：228-230．

[37]万福永，戴浩晖，潘建瑜．数学实验教程：MATLAB 版[M]．北京：科学出版社，2006．

[38]王兵团，桂文豪．数学实验基础[M]．北京：北方交通大学出版社，2003．

[39]王朝培，杨尚群．经济模型分析与实验教程[M]．北京：对外经济贸易大学出版社，2012．

[40]翁跃明．经济模型与实验[M]．上海：复旦大学出版社，2008．

[41]谢云荪，张志让．数学实验[M]．北京：科学出版社，1999．

[42]谢志刚，韩天雄．风险理论与非寿险精算[M]．天津：南开大学出版社，2000．

[43]杨德平，刘喜华．经济预测与决策技术及 MATLAB 实现[M]．北京：机械工业出版社，2016．

[44]杨桂元，李天胜，徐军．数学模型应用实例[M]．合肥：合肥工业大学出版社，2007．

[45]姚普选．大学计算机基础（第 4 版）实验指导书[M]．北京：清华大学出版社，2012．

[46]赵静，但琦．数学建模与数学实验[M]．2 版．北京：高等教育出版社，2014．

[47]赵雯晖．会计金融经济领域数学建模能力培养及提升的探讨[J]．商业经济，2022(11)：188-190．

[48]周晓阳．数学实验与 MATLAB[M]．武汉：华中科技大学出版社，2002．

[49]Oosterlee C W , Grzelak L A . Mathematical Modeling and Computation in Finance：With Exercises and Python and MATLAB Computer Codes[M]. World Scientific Publishing Co. Pte. Ltd. 2019.